이 책은 *Mapping the Origins Debate*라는 원제목대로, 기원 문제에 관한 여러 견해를 말 그대로 일관된 원리에 따라 맵핑(mapping) 해놓은 책이라 할 수 있다. 따라서 독자들은 저자가 구분한 여섯 가지 견해 각각을 특정한 견해에 미리 치우치지 않고 모두 같은 틀에서 살펴볼 기회를 얻게 된다. 사실 기원 문제를 바라보는 관점이 정확히 이 여섯 가지만 있는 것은 아니다. 그것은 각자의 철학과 가치 틀에 따라 다양한 방식으로 세분화될 수 있다. 이는 마치 무지개의 색깔을 어떤 민족은 일곱 가지로, 다른 민족은 여섯 가지 혹은 그 이상이나 이하로 구별하여 나누는 것과 유사하다고 하겠다. 다행히 저자는 이러한 문제를 사전에 독자에게 직시하게 한 다음 자신의 방식대로 구별된 여섯 종류의 견해에 대해 기원 문제에 관한 "어떤 증거가 있는가", "각 모델은 증거를 어떻게 해석하는가", "어떤 차이가 생기는가" 등을 설명하고 있다. 이와 같이 일관된 체계로 여러 견해를 차분하게 살피는 방식을 통해 독자들은 가치 있는 독서 능력 및 사고방식을 함양하는 데 큰 도움을 얻게 될 것이다. 다만, 여섯 가지 견해를 같은 출발점에 놓고 객관적인 관점에서 정리하려 해서 그런지는 모르겠으나, 특정 사안과 관련한 기술은 공감하기 어려운 부분도 있었음을 지적하고 싶다.

권영준
연세대학교 물리학과 교수

"창조냐 진화냐"로 대중의 기억에 각인된 기원 논쟁은 프레임을 바꿀 필요가 있다. 양자택일의 프레임은 복잡한 기원 논쟁을 심각하게 왜곡하기 때문이다. 이 책은 기원 논쟁에 관한 다양한 관점을 소개한다. 젊은 지구 창조, 오랜 지구 창조, 지적 설계, 세 종류의 유신 진화, 자연주의적 진화에 이르기까지 폭넓은 스펙트럼을 다루고 있다. 이 책은 특별히 하나의 관점을 지지하지는 않으며, 오히려 독자로 하여금 기원 논쟁에 대한 전체적인 조망을 얻고 본인의 신앙 색깔에 따라 관점을 선택할 수 있도록 돕는다. 젊은 지구 창조와 자연주의적 진화가 격돌하는 경직된 논쟁 상황을 개선하는 데 필요하다 여겨 일독을 권한다.

박희주
명지대학교 방목기초교육대학 과학사 교수

2004년부터 국내에서 지적 설계 모임을 주도하면서 기원 과학에 관심 있는 많은 이로부터 진화, 유신 진화, 오랜 지구, 젊은 지구, 그리고 지적 설계에 대해 일반인이 쉽게 이해할 수 있는 개론서가 있으면 좋겠다는 이야기를 듣게 되었다. 실제 이 작업을 위해 관련 자료를 많이 모으기도 했는데, 이 책을 접하게 되면서 그 생각을 접게 되었다. 이 책은 일반 독자의 눈높이에 맞춰 여섯 가지 기원 모델을 분석하여 우주, 생명, 종 그리고 인류의 기원을 탁월하게 비교 설명해준다. 유전학 박사 학위 취득 후 과학철학 석사 및 실제 과학 교사를 했던 저자가 오랜 기간 씨름하며 저술한 이 책은, 기원 과학에 관심 있는 일반 독자들이 다음 단계의 복잡하고 격렬한 기원 논쟁으로 넘어가기 위한 귀한 징검다리가 되리라 확신한다.

이승엽

서강대학교 기계공학과/융합의생명공학과 교수

우리가 살아가는 세계 내 모든 것은 어떻게 시작되고 변화되어왔을까? 우리 자신과 우리를 둘러싼 존재 및 우주의 기원에 대한 질문을 통해, 우리는 과학적인 이해를 추구함과 동시에 신앙과의 조화를 기대한다. 지금까지 가장 진지하게 탐구되어온 네 가지 기원, 즉 우주의 기원, 생명의 기원, 종의 기원, 그리고 인류의 기원에 대해, 이 책의 저자는 역사적으로 추구되어온 여섯 가지 모델을 소개하고, 각각의 모델이 주장하는 하나님과 자연계의 관계에 대한 전제와 관점, 그리고 그 논리적 결론과 함의를 최대한 간결하고 명확하게 정리하고 있다. 특히 "과학이란 무엇인가"를 고찰하며, 이 시대에 우리가 얼마나 "과학"이란 개념을 고전적인 의미로 느슨하게 사용하는지, 그리고 우리의 기대와 선이해를 과학에 투영해왔는지를 깨닫게 만든다. 여섯 가지 기원 모델 및 창조와 진화의 논쟁에 대해 신앙과 과학의 정합적인 이해를 추구하는 모든 분께 필독을 권한다.

장승순

조지아 공과대학교 재료공학과 교수

자연은 우리에게 여러 통로를 통해 자신의 존재를 알리고 있다. 인간인 우리는 그 알림을 여러 통로와 과정을 거쳐 정보로 축적한다. 이러한 정보를 증거 자료로 하여 우리는 어떤 학문 자본하에 어떻게 해석하느냐에 따라 같은 증거를 가지고도 자연을 다르게 인지한다. 이 책의 저자는 식물 육종학, 과학 교육, 신학과 과학철학을 공부하면서 자연과학, 사회과학, 인문학의 학문적 특성에 익숙하다. 따라서 증거를 기반으로 하는 기원에 대한 여섯 가지 모델을 차별 없이 기술할 수 있었다. 따라서 이 책이 창조와 진화에 대해 흥미를 가지고 융합 학문적으로 공부하고자 하는 모든 분에게 바른 길잡이 역할을 할 수 있으리라 기대하며 반드시 읽도록 추천하고 싶다.

최승언

서울대학교 사범대학 지구과학교육과 교수

이제는 이런 종류의 책이 나와야 할 때가 되었다! 이 책은 기원에 관한 "관점들"을 단순히 희화화하거나 "상대 진영"을 진부한 방식으로 호도하지 않는다. 오히려 이 책은 기원 논쟁의 현재 상황에 대한 진솔한 평가라고 할 수 있다. 비록 그 자신이 전문가이긴 하지만, 라우 박사는 불필요한 전문 용어를 남발하지 않음으로써 숙련된 티칭 기술을 보여줄 뿐 아니라 비전문가인 독자들이 관심을 잃지 않도록 돕는다. 만약 기원 논쟁에 대해 창조론이나 철학적 유물론 관점뿐만 아니라 또 다른 선택지가 있는지 궁금해하는 독자라면, 이 책은 당신을 위한 것이다!

니콜라스 G. 표트로프스키

크로스로즈 바이블 칼리지 신학과 교수

기원 논쟁에 관해 사려 깊고 포괄적인 묘사를 볼 때 이 책을 강력히 추천하지 않을 수 없다. 과학의 본질에 대한 유용한 묘사, 각각의 관점이 지닌 가정 및 관련된 결론, 그리고 공정하고도 객관적인 진술을 통해 라우 박사는 기원 논쟁 탐구를 더욱 가치 있는 작업으로 만들어준다.

레이몬드 J. 루이스

휘튼 칼리지 생물학과 부교수

톱클래스 대학교에서 유전학과 과학 교육을 전공해 우수한 성적으로 학위를 마친 제럴드 라우 박사는, 이 책을 통해 가능한 한 최선을 다해 중립적인 위치에서 기원 논쟁의 각 관점을 제시하려 했을 뿐만 아니라, 수많은 다른 학자는 말할 필요도 없고 천사들마저(?) 다루기 힘들어할 법한 주제를 다루는 데도 실제적인 성공을 거뒀다. 각자의 세계관이 과학 데이터에 관한 자신의 해석을 형성한다는 사실을 인정하려고 하지 않는 이가 너무나 많은 이 격렬한 논쟁의 현장 속에서, 그리스도인인 그는 사려 깊은 방식으로 자신의 목소리를 분명하게 전달하고 있다.

로버트 오스본

월버포스 아카데미 상임 이사

기원 논쟁과 관련해 여러 관점을 다루는 책들은 대개 다른 사람들에게 자신의 관점을 설득하려는 데 힘쓴다. 하지만 이 책은 독자로 하여금 이 논쟁에 작용하는 종교 및 과학의 논리 흐름을 이해하도록 돕는 데 초점을 맞춘다. 저자인 라우 박사는 기원 논쟁 자체뿐만 아니라 과학이 사용하는 전제와 방법론의 다양성을 잘 그려내고 있다. 이 책은 복음주의 내에서 진행되는 기원 논쟁의 방향을 재조정할 뿐만 아니라 건설적인 방향으로 전환하는 데 도움이 될 잠재력을 지녔다고 할 수 있다.

에이모스 용

풀러 신학교 선교 연구 센터 소장

이 책은 기원에 관한 대화 중 일어나는 혼란스러운 국면을 밝혀줄 유용한 지도와 같다. 독자들은 차분하고 합리적인 제럴드 라우의 인도를 따라 기원 논쟁을 이해하는 데 도움을 받게 될 것이다. 이 논쟁과 관련된 대부분의 책이 과열된 양상만을 전달하는 데 비해 이 책은 한줄기 빛을 비춰줄 것이다.

칼 W. 기버슨

스톤힐 칼리지 과학과신학과 교수

Mapping the Origins Debate

Six Models of the Beginning of Everything

Gerald Rau

한눈에 보는 기원 논쟁

우주, 생명, 종, 인간의 시작에 관한 여섯 가지 모델

제럴드 라우 지음 | 한국기독과학자회 옮김

Holy
WavePlus

사랑하는 아내 빅토리아 라우에게,
당신의 격려가 없었다면,
이 책도 없었을 것입니다.

차례

AAAS	American Association for the Advancement of Science
BSCS	Biological Sciences Curriculum Study
CMBR	cosmic microwave background radiation
COBE	Cosmic Background Explorer
DE	directed evolution
DNA	deoxyribonucleic acid
HGT	horizontal gene transfer
ID	intelligent design
MN	methodological naturalism
NAS	National Academy of Sciences
NE	naturalistic evolution
NOMA	nonoverlapping magisteria
NRC	National Research Council
NTE	nonteleological evolution
OEC	old-earth creation
PE	planned evolution
RNA	ribonucleic acid
SETI	Search for Extraterrestrial Intelligence
YEC	young-earth creation

송사에서는 먼저 말하는 사람이 옳은 것 같으나,

상대방이 와 보아야 사실이 밝혀진다(잠 18:17, 표준새번역).

진화와 창조에 관한 책은 너무나 많다. 이 책은 그것들과 어떻게 다를까? 또한 이 책을 왜 읽어야 할까? 이 주제를 다루는 저자는 대부분 자기 견해가 옳다는 것을 독자들에게 설득하려 애쓴다. 둘 이상의 견해를 두고 서로 논의를 전개하는 책은 소수에 불과하다. 대부분의 경우 포괄적인 과학 모델을 제시하여 충분히 설명해주기보다 상대방을 공격하는 데 집중한다. 하지만 이 주제에 접근하는 방식이 다양하고 자명한 전제들을 설명하는 데 실패하다 보니 초심자가 관련된 논의를 이해하기 어려울 뿐 아니라 이를 평가하기란 훨씬 더 힘들다. 이 책은 진화와 창조를 설명할 수 있는 모델 전체를 제시해주며, 증거에 기반을 두기보다 종교와 철학에 기반을 둔 우리의 전제가 어떻게 이 주제에 관한 우리의 선호도를 결정하는지를 보여준다.

최근에는 적어도 6가지 모델이 우주, 생명, 종과 인간의 기원을 설명하는 이론으로 제시되고 있지만, 그 가운데 2-3가지 모델조차 분명하게 설명할 수 있는 이들이 거의 없는 형편이다. 이 책을 통해 독자들은 (1) 이 모델들을 개관하고, (2) 각각의 모델이 자기를 정당화하기 위해 제시하는 증거를 살펴보며, (3) 각각의 자료가 증거로 제시될 수 없는 이유를 확인해볼 수 있을 것이다. 인간으로서 할 수 있는 최선을 다해서 나는 각각의 견해를 객관적으로 제시하려 애썼다. 중립적인 언어를 사용함으로써 각 모델에 대해 긍정적이거나 부정적인 표현을 자제하고 독자들로 하여금 이를 평가할 수 있는 기회를 주려고 했다. 아울러 나는 서로 다른 관점에서 제시되는 증거들을 고려함으로써 각각의 견해가 창조와 진화라는 주제를 이해하는 데 중요하다고 주장했다.

내가 고등학생이었을 때 한 강사가 우리 교회 중고등부에 와서 강의를 했던 적이 있다. 그는 노아의 홍수가 모든 화석 기록을 적절히 설명해줄 수 있으며 그것이 진화를 반박하는 증거라고 주장했다. 나는 이를 사실로 받아들였다. 하지만 대학에 가서 보니 진화가 견고한 사실로 제시되었고, 나는 혼란에 빠졌다. 진화란 마귀의 책략이라고 알고 있었지만, 제시되는 증거는 생명체가 오랜 기간에 걸쳐 점차 변해왔다는 점을 가리키는 듯했다. 나는 많은 책을 읽었고, 각각의 책은 설득력이 있었다. 하지만 어느 책도 내게 과학과 종교 사이에 명백히 드러나는 충돌을 설명해주지는 못했다. 결국 나는 이 문제를 추후에 살펴보기로 하고 제쳐둘 수밖에 없었다. 오늘날 많은 교회가 의심의 여지없이 내가 겪은 딜레마를 경험하고 있다.

물론 과학과 종교 사이에 중간 지점이 있을 것이라는 점을 직감했지만, 나는 그 지점이 어디인지 알 수 없었다. 코넬 대학교(Cornell University)에서 식물 육종학으로 박사 학위를 취득한 뒤 타이완으로 건너가서야 비로소 이 문제의 해답을 찾기 시작했다. 통하이 대학교(Tunghai University)에서 물리학 교수인 데이비드 뉴퀴스트(David Newquist)를 알게 되었는데, 거기서 그는 과학과 신앙에 관한 과목을 가르치고 있었다. 그는 내가 겪었던 경험과 똑같은 절차를 통해 비슷한 결론에 도달한 다른 이들이 많다는 수많은 자료를 제시해주었다. 그리고 그들의 견해를 지지해주는 훌륭한 증거와 논거도 소개해주었다.

그 무렵, 나는 링컨 미국인 학교(Lincoln American School)에서 가르치기 시작했는데 이후에 그 학교는 타이홍 미국인 학교(American School in Taichung)로 이름을 바꿨다. 진화를 어떻게 가르쳐야 할지 고심했던 나는, 오래된 지구 창조(old-earth creation)와 유신 진화(theistic evolution)를 다루는 책들을 탐독했다. 점차 나는 기원에 관한 관점을 4가지 및 5가지로 나타냈으며, 마침내 6가지로 구분한 뒤 각 관점이 주장하는 바를 개략하여 도표로 나타낼 수 있었다. 같은 시기에 나는 과학의 본질에 관해 탐구하기 시작했다. 과학이 실제로 발전해왔던 양상을 살펴보면서 나는 과학적 방법론에 관해 그동안 내가 배웠던 것들이 지닌 단점을 깨닫게 되었다. 이런 일련의 과정이 점차 과학 교육 과정에 대한 관심으로 집중되었으며 기원에 관한 이론을 가르치는 초석이 되었다.

순진하게도 나는 내가 무언가 특별한 주제를 두고 씨름하고 있다고 믿었다. 하지만 내 책을 출간하려고 할 무렵에야 비로소 나는 과학 교육 분야에서 과학의 본질에 대해 다루는 책이 무수히 많음을 알게 되었다. 내게 친숙하지 않았을 뿐, 그런 분야의 책이 많았던 것이다. 이것은 기원에 관한 분야도 마찬가지임을 의미한다. 다루려는 주제가 너무나 폭넓으므로 그렇게 많은 학문 분야에서 제시되는 수많은 증거와 양상에 전부 친숙한 사람은 없을뿐더러, 모든 분야에서 전문가가 되는 건 말할 필요도 없다. 종교와 철학이 (몇 가지 분야만 떠올려보더라도 적어도) 지질학과 천문학, 생화학과 유전학과 함께 머리를 맞대야 하지만, 오늘날 학계에서 다방면으로 능숙한 사람을 찾기란 너무나 어렵다. 내 경우에는 응용 유전학을 전공했으며, 이후 중고등학교에서 과학 전 분야를 가르쳤고, 같은 기간 여러 학술 분야의 정기 간행물을 편집하는 일을 맡기도 했으며, 결국 과학철학을 전공하여 과학 교육에 관한 석사 학위를 마쳤다. 이 모든 여정이 독특한 관점을 형성하는 밑거름이 되어 이 책을 쓰게 되었다.

어떤 한 분야의 전문가이거나 이 주제에 대해 폭넓은 독서를 한 독자라면 이 책이 너무 단순하며, 중요한 구분을 간과하고 있고, 핵심이 되는 차이를 놓치고 있거나 세부 사항을 충분히 제시하지 않는다고 생각할 것이 틀림없다. 죄송하지만, 나는 이 책을 그런 분을 위해 쓰지 않았다. 이 책은 뜨거운 논쟁 중에 있는 이 주제 안에서 고등학생이나 대학생 같은 이들이 길을 잃지 않도록 돕는 간략한 지도와 같다. 과학 교과서에서 들었든지 혹은 교회 강단에서 들었든지, 그들이 접했던 일방적이고도 과도하게 단순화된 논의에서 벗어나 과학적이면서도 신학적이고 철학적인 깊이를 지닌 논의를 접할 수 있도록 그들의 여정을 인도하려고 이 책을 썼다. 아울러 이 책은 이 주제에 대해 알고 싶지만 배운 지 너무 오래되어 과학 지식을 잊은 이들과, 그 이후 발전된 많은 기술/과학 발전을 이해하는 데 혼동을 겪는 이들에게도 유용할 것이다. 이 책은 배움을 위한 일종의 디딤돌일 뿐, 지식을 발전시키기 위한 전문 학술 자료가 아님을 염두에 두기 바란다.

바라기는 이 책이 누군가에게 기원이라는 주제에 관해 배우기 위한 좋은 입문서가 되기를 바란다. 다른 이에게는 견해를 분명히 하는 데 도움이 되기를 원하고, 이 주제와 관련된 논쟁에 휘말린 이들에게 자극이 되기를 희망한다. 물론 이 책이 기원 문제를 완전히 해결할 것이라고 믿을 만큼 내가 순진한 건 아니다. 다만 나는 적어도 기원 논쟁이라는 이 끝없는 논쟁에서 불공정한 책략을 사용하려는 논객을 청중이 인식할 수 있도록 돕고 싶을 따름이다.

감사의 말

책을 쓰는 이들이 그렇듯이 나도 내가 기억할 수 있는 것
보다 더 많은 사람에게 은혜를 입었다. 그럼에도 몇몇 분은
특별히 언급을 하고자 한다.

첫 번째로 가장 중요했던 사람 중 하나는 짐 후버(Jim Hoover)였다. 이전
에 그는 나와 함께 대학에서 기독학생회(InterVarsity) 간사로 섬겼으며, 현
재 IVP 출판사의 부편집장이다. 그는 2004년에 나온 이 책의 초고를 기
꺼이 검토하고 비평해주었다. (이 책이 반 정도 완성되었을 때) 그는, 이 책이
600페이지 정도 분량이며 너무 다양한 독자를 대상으로 너무 많은 주제
를 다루고 있음을 지적하면서 출판을 거절했지만, 그의 조언을 통해 나는
이 책을 어떻게 진행할지를 생각할 수 있었다. 2010년에 내가 일방적으로
수정된 원고를 다시 보냈을 때도, 그는 다시 바쁜 일정을 쪼개어 그것을
검토해주었고 다른 사람들에게도 그것을 보여주었다.

다음으로, 알려지지 않은 작가에게 기꺼이 기회를 준 IVP 선임 편집자
개리 데도(Gary Deddo)에게 감사한다. 개리는 단도직입적이지만 친절하
게 평가해주었고, 무엇보다 용기를 주었던 것이 내게는 가장 기억에 남는
다. 만난 적은 없지만 IVP의 다른 많은 직원도 이 책이 결실을 맺도록 최
선을 다해주었다. 그들에게 많은 빛을 진 셈이다.

휘튼 대학(Wheaton College)의 내 학생 중 한 명인 에드 미더스(Ed
Meadors)는 나와 같이 점심을 먹으며 그리스도인들이 왜 기원에 대해 의
견이 갈리는지를 물었다. 다른 많은 학생도 내 생각을 다듬는 데 도움을
주었지만, 그 점심때의 대화로 이 책의 초점이 분명해졌으며 꼭 이 책을

써야겠다는 의지가 불타올랐다. 그가 "마음을 나누는 식사"의 대가를 후하게 지불한 셈이다.

초고가 완성되었을 때, 레이먼드 루이스(Raymond Lewis), 케네스 룬드그렌(Kenneth Lundgren), 에릭 노레가드(Eric Norregaard), 제임스 오르메(James Orme)가 초고 전체를 읽어주었으며, 8주 동안 매주 1회씩 만나서 나에게 조언을 해주었다. 이 4명의 조언은 각 모델을 정확히 설명하는 데 상당히 도움을 주었을 뿐 아니라 젊은 지구 창조, 오래된 지구 창조, 진화적 창조를 각각 주장하는 신자들이 어떻게 이 주제를 놓고 건설적인 대화를 진행하고 서로의 의견을 진심으로 들으며 이 주제를 놓고 씨름할 수 있는지를 보여주는 모델이 되었다. 그것은 정말 좋은 경험이었다. 다른 이들도 이 과정을 열렬히 되풀이해보기를 바란다.

그 외에도 많은 이가 출판 과정 가운데서 원고 전체나 부분을 읽고 의견을 제시해주었다. 익명을 요구한 2명의 검토자가 오류와 잠재된 함정을 지적해주고 많은 제안을 해주었기 때문에 최종 원고가 헤아릴 수 없을 정도로 많이 개선되었다. 로버트 비숍(Robert Bishop)은 초기 원고의 첫 장을 읽은 뒤 잘못된 부분을 상당히 많이 지적해주었다. (그의 지적은 그저 옳은 정도가 아니라 그 이상이었다.) 그는 다른 2명의 과학철학자가 그랬듯이 내 글을 묵살하지 않았을 뿐 아니라 휴 거치(Hugh Gauch)의 책을 추천해주기까지 했는데, 그의 책은 과학적 논쟁을 사회적 논쟁과 한데 엮는 (이 책의) 첫 장과 마지막 장에서 핵심을 담당했다.

휘튼 대학의 다른 교수들 역시 시간을 내서 격려해주었는데 그중에는 패틀 펀(Pattle Pun), 제니퍼 부시(Jennifer Busch), 존 월튼(John Walton)도 있었다. 제프 홀워다(Jeff Holwerda) 목사와 니콜라스 표트로프스키(Nicholas Piotrowski)는 이 책의 초기 단계 때 폭스밸리신학협회(Fox Valley Theological Society)에서 강연할 수 있도록 기회를 주었고, 나는 이

강연을 통해 다양한 청중에게 피드백을 받을 수 있었다. 내 모교에서 웨슬리안크리스천펠로우쉽(Wesleyan Christian Fellowship)의 후원을 받아 연설했을 때도 마찬가지였다. 일일이 언급할 수는 없지만 몇 년간 질문을 통해 부록 1에 있는 표를 구성하고 표현하는 데 도움을 준 고등학생 및 대학생들도 언급하지 않을 수 없다.

연구를 하는 동안에 새로운 통찰력, 소위 세상을 바꿀 만한 계시를 찾아냈다고 믿었으나 6개월 뒤에 이미 누군가가 결국 같은 내용을 써놓았다는 사실을 발견했던 경우가 부지기수였다. 이런 발견으로 부족한 점을 깨닫기도 했지만, 격려가 되기도 했다. 이 책에서 그들의 연구도 언급했다. 내가 처음인 것처럼 제시한 생각이 다른 저자들이 먼저 표명한 생각인 경우도 얼마든지 있을 수 있다. 그런 경우가 있다면 이는 고의가 아니다. 장차 개정판이 나온다면 내가 그런 경우를 발견하는 한 기꺼이 수정할 것이다. 솔로몬이 깨달았듯이 하늘 아래 정말로 새로운 것은 없다. 하지만 어쩌면 이전 개념들을 종합하는 새로운 방식은 있을 수 있다.

마지막으로 꾸준히 나를 챙겨준 내 아내에게 감사를 전한다. 처음 이 책을 구상했던 때부터 완성된 책으로 여러분의 손에 전달되기까지 거의 10년 동안 내 아내는 이 책이 완성될 것이라는 사실을 추호도 의심하지 않고 계속 믿어주었다.

위에서 언급한 어느 누구도 내가 쓴 모든 내용에 동의하지는 않으리라 생각한다. 그들은 이 책에 크게 공헌했지만, 이 책에서 주장하는 견해는 전적으로 내 의견이며 어떤 실수라도 있다면 그것은 내 잘못이다.

일러두기

*표로 표시된 용어는 뒤에 수록된 용어 해설을 통해
그 의미를 간략히 정리했으니 참조하기 바란다.

1장

세계관, 철학과 과학

무엇이 영원한가? 이 질문에 대한 답으로 인류 역사상 과학이나 종교의 측면에서 여러 의견이 제시됐지만, 가장 근본적인 차원에서 오직 2가지 대답만이 존재하는데 하나는 자연 세계이며, 다른 하나는 초차연적인 어떤 것이다. 그러다 보니 기원에 관한 논쟁도 끝이 없다. 그 중심에 상반되고 양립할 수 없는 두 관점인 자연주의와 초자연주의가 자리 잡고 있기 때문이다. 하지만 두 관점 안에는 기원에 관한 *경험적(empirical) 증거와 *문헌적(documentary) 증거를 해석하는 다양한 방법이 있어 기원에 관한 견해의 범위를 넓히고 있다. 이 책의 목적은 그렇게 다양한 범위의 견해를 과학과 신학에 대한 배경 지식이 많지 않은 이들이 이해할 수 있도록 가능한 한 객관적인 방식으로 보여줌으로써 각 진영의 논리와 전제를 더욱 잘 이해하게 하는 데 있다. 그런 연유로 필연적으로 일반화 작업을 할 수밖에 없고, 따라서 각각의 견해를 완전하게 다 다룰 수는 없을 것이다. 하지만 더욱 자세히 알고 싶은 독자는 각주를 통해 각 견해를 대표하는 문헌을 찾아볼 수 있을 것이다.

2장에서 각 관점이 어떤 주장을 하는지 살펴보기 전에, 우선 우리가 무언가를 안다는 것이 무슨 의미인지를 간략하게 생각해보는 것이 중요하다.[1] 우리 지식의 많은 부분은 의식적으로 생각해보거나 평가해보지 않고 주변에서 가져온 의견에 바탕을 두고 있다. 무의식적으로 우리 마음속에 깊이 자리 잡은 신념이 논쟁의 중심에 있는 질문, 즉 무엇이 영원한가

---

1) 이것이 인식론(epistemology)이라 불리는 철학의 한 분야다. 그 연구의 전체를 다루는 것은 이 책 범위 밖의 일이다.

하는 질문에 대한 우리의 답에 영향을 준다.[2] 이 책에서 필자는 우리가 세상을 바라보는 시각에 영향을 주는 두 요소를 구별할 것이다. 하나는 문화의 일부로서 우리가 받아들이는 세계관(worldview)이며, 다른 하나는 우리 각자가 선택하는 개인의 철학(personal philosophy)이다.

하지만 이 책은 세계관이나 개인의 철학 자체에 초점을 맞추기보다 어떻게 이들이 과학적 증거에 대한 우리의 해석에 영향을 주느냐에 집중한다. 이 책의 기본 주제는 이렇다. 비록 모든 사람이 같은 과학적 증거를 접하겠지만, 어떤 이의 철학 속에 담긴 전제가 그/그녀가 자료를 바라보는 관점을 결정하므로 그 증거에 대한 최선의 설명이 무엇인가 하는 문제에 대해 서로 다른 결론을 이끌어낸다.

1장에서 나는 과학과 철학의 관계를 간단하게 설명할 것이다. 그다음으로는 과학의 기능에 따른 정의를 살펴본다. 이를 위해 자연 과학에서 증거, 논리 추론, 그리고 전제 등이 서로 어떻게 작용하는지를 독자에게 보여주고자 한다. 논쟁의 중심으로 곧장 뛰어들고 싶은 사람은 우선 1장 각 부분의 첫 문단을 읽고, 7장까지 읽은 뒤에 다시 돌아와서 더 넓은 시각으로 보도록 하자.

1.1 무엇이 영원한가?

어떤 질문의 답을 찾으려 할 때, 우선 그 질문에 대해 가능한 모든 대답을 나열해보는 것이 논리적인 출발점일 것이다. 하지만 이마저도 쉬운 일은 아니다. 우리가 생각할 수 있는 모든 것을 나열하더라도 미처 생각하지

---

2) "양측 논객이 벌이는 무수한 논쟁의 본질은 세계관에 의한 것이다"(Ratzsch, 1996: 182).

못한 다른 답이 있을 수 있기 때문이다. 그렇지만 보통 가능한 답을 **종류별**로 묶어 나열하기는 비교적 쉽다. 기원에 대한 질문도 마찬가지다. 우주가 지금 존재하므로, 우주는 항상 존재했거나 어떤 시점부터 존재하게 되었을 것이다. 만약 우주가 어느 순간 존재하게 되었다면 우주 외부에 있는 어떤 것이 반드시 존재했어야만 한다. 그것은 우주를 이루는 물질과 에너지의 다른 원천이거나 물질과 에너지를 창조하는 능력이 있는 무언가일 것이다. 더 간단하게 말하자면, 무엇이 영원하냐는 질문의 답은 단 2가지, 즉 자연적인(natural) 것 또는 초자연적인(supernatural) 것으로 압축된다.

이 두 부류 안에는 더욱 세분화된 제안들이 있는데, 그것들은 때때로 세계관이라 불리며 특정 종교나 믿음 체계와 관련된다. 그러나 세계관은 종교적 요소뿐만 아니라 사회적·문화적 요소도 포함하므로 한 종교 내에서도 다양해질 수 있다. 마치 한 종교 안에서 여러 분파가 각각 자신이 유래했던 특정 집단의 (인종별 및 시대별) 문화를 자주 반영하듯이 말이다. 그리고 문화적으로 공유하는 관점을 넘어서는 지점부터는 개인 철학의 바탕이 되는 개인의 생각이 있다.

세계관과 개인의 철학

이전 세대에서는 대부분 알지 못했던 세계관이란 단어가 최근에는 빈번히 쓰이고 있다. 제임스 사이어(James Sire, 2004)는 세계관을 다음과 같이 정의한다.

[세계관은] 실체의 기본적인 구성에 관해 우리가 (의식적으로나 무의식적으로, 일관되게 혹은 일관되지 않게) 마음의 중심에 품은 근본적인 지향, 즉 신념이며, 이는 하나의 이야기나 일련의 전제 형태로 표현될 수 있다(이 일련의 전

제는 전부 참일 수도, 일부만 참일 수도, 아니면 전부 거짓일 수도 있다). 이런 세계관은 우리의 삶, 행위, 존재의 근본을 제공한다.

　세계관을 개인의 신념으로 부르는 사이어의 정의는 지난 10여 년간 미국 복음주의 그리스도인의 생각에 큰 영향을 미쳤다. 하지만 우리의 세계관을 구성하는 요소는 대부분 우리가 미처 의식적으로 생각하지 못한 채 때로는 통째로 때로는 조금씩 우리 주위의 문화로부터 가져온 것이다. 사상이라는 것은 언어 속에, 그리고 문화의 조직 속에 깊이 새겨져 있기 때문이다. 그래서 혹자는 **세계관**이라는 용어를 문화적 수준으로 한정해서 논의해야 한다고 주장한다. 세계관이라는 용어 사용에 관한 이런 논쟁에 얽히고 싶지 않지만, 어쨌든 이 용어를 사용해야 하므로, 나는 세계관이라는 용어를 다음과 같이 지칭하고자 한다. 이 책에서 세계관은 전반적인 문화 현상을 나타낼 때, 그리고 개인의 철학은 세상을 보는 개인의 시각에 영향을 주는 철학 전제나 신념을 가리킬 때 쓰인다.[3] 한 개인의 철학은 경험을 통해 변할 수도 있지만, 어린 시절에 형성된 세계관은 대개 의심 없이 유지되어 한 사람의 일생에 큰 영향을 끼친다.

　개인 철학의 일부는 무엇이 진리인지, 그리고 어떤 것이 진리인지 실제로 어떻게 알 수 있는가를 포함한다. 최근 몇 년간 상대주의 철학이 특히 지성인 집단에서 명성을 얻고 있다. 이 시각에 따르면 절대 진리란 없으며, 진리가 무엇인지를 각자 스스로 결정해야 한다. 이는 전통적인 종교 대부분과 대다수 과학자의 기본 전제와는 극명하게 대비된다. 이 책의 기본 전제는 다음과 같다. 즉 관찰자와는 독립적으로 존재하는 진리가 있

---

3) 필자는 이 사안을 인식하게 해주고 두 성분 사이의 구별을 확실하게 해준 익명의 평론가에게 큰 도움을 받았다.

으며, 비록 우리의 지식이 불완전할지라도 할 수 있는 최선을 다해 진리를 찾고 그 진리에 따라 사는 것이 우리의 의무라는 것이다.

어떻게 세계관과 개인의 철학이 과학에 영향을 주는가?

세계관은 언어 속에 깊이 새겨져 있으므로 일찍이 형성된다. 여러 단어와 생각이 함께 묶여 언어라는 존재를 형성한다. 특정 단어들은 긍정적이거나 부정적인 의미를 함축한다. 부모의 단어 선택은 아이가 어떤 개념을 보는 방식에도 영향을 준다. 따라서 모든 아이는 어떤 형태의 과학에도 노출되기 훨씬 전에 자신의 개인의 철학을 발달시킨다. 물론 기원에 관한 어떤 직접적인 과학적 증거에도 노출되기 전에 말이다. 따라서 우리의 세계관과 철학은 우리가 어떤 증거를 처음 접하는 순간부터 그것을 바라보는 방식을 결정한다.

　자연주의, 유물론, 무신론을 주장하는 이들은 물질과 에너지가 영원히 스스로 존재한다고 가정하는 것이 필수다. 또한 그들은 우주와 생명의 복잡성이 증가하는 이유를 설명하기 위해 물질이 자기를 조직화하는 원칙 또는 원칙들을 찾아야 한다. 그 원칙이 필연에 기초하든, 개연성에 기초하든지는 관계없다. 이 견해에 따르면, 이론적으로 과거와 현재 또는 미래의 모든 일을 자연으로 설명할 수 있어야 하고 과학을 통해 연구하지 못할 것이 전혀 없어야 한다.

　유신론을 따르는 이들은 신이 얼마나 이 세상에 관여하는지를 믿는 정도에 따라 다양한 과학적 견해를 보일 수 있다. 미국 내 기원에 관한 유신론 측의 논거는 주로 다양한 그리스도인의 관점에서 다루어져왔으므로, 이 책도 그리스도인들의 견해를 중심으로 다룰 것이다. 그러나 2장에서 각 모델에 대해 설명하면서 보겠지만, 기독교가 아닌 다른 유일신교, 다신교 혹은 범신론 등도 과학적 증거에 대해 유사한 해석을 하리라고 생각한다. 과학적 증거에 대한 기독교의 해석이 하나 이상일 가능성이 다분한 것은, 성경 특히 창세기 전반 부분을 이해하는 데 어떤 해석 구조를 사용하느냐에 깊이 연관되어 있기 때문이다(Poythress, 2006: 82-85).[4]

1.2 과학이란 무엇인가?

우리는 모두 과학이 무엇인지를 직관으로는 알고 있지만, 이를 제대로 정의하기란 매우 어렵다. 기본적으로 과학은 자연 세계를 이해하기 위한 탐구를 가리킨다. 하지만 이론 과학, 실험 과학, 관찰 과학, 역사 과학을 포함해 각각의 탐구법과 기술을 지닌 너무나 다양한 종류의 과학이 있으므로 그 처음과 끝을 정확하게 서술하기란 어렵다.

　그럼에도 과학의 기본 성격을 정의하려는 시도는 꾸준히 이뤄지고 있다. 매우 성공적인 시도 중 하나로는, 집중적인 철학 훈련을 받고 과학자로 활동하는 휴 거치(Hugh Gauch, 2003: xv)의 저술 『실질적인 과학 방법론』(Scientific Method in Practice)을 들 수 있다. 이 책에서 그는 "공표된 모든 과학적 결론에는 전제, 증거, 논리 이 3가지 요소가 필요하다"라고 주장한다. 과학 이외의 지식 활동에도 전제와 논리가 포함되므로, 우리는 자연 과학의 독특한 요소인 경험적 증거를 먼저 살펴보고자 한다.

경험적 증거

*경험적 증거는 보조 장치의 유무를 떠나 무엇이든 우리의 오감으로 관찰할 수 있는 것을 말한다. 우리가 보고, 듣고, 만지고, 맛보고, 냄새 맡을 수

---

4) 창세기의 여러 해석에 대한 간단한 요약은 부록 2를 보라.

있는 모든 것은 직접 감지할 수 있다. 가끔 우리는 감각을 정량화하거나 확장시키기 위해 도구의 도움을 받기도 한다. 예를 들어 현미경이나 망원경은 우리의 시야를 확장시키고, 분광광도계(spectrophotometer)는 색에 대한 우리의 감각을 정량화하는 데 도움을 주며, 나침반은 우리가 영향은 받지만 직접 느끼지 못하는 자기장을 관찰할 수 있게 해준다.

경험적 증거가 수집되는 방법은 과학의 분야별로 차이가 있다. *실험 과학은 변수를 조작(操作)하여 그 효과를 입증함으로써 반복되고 규칙적으로 발생하는 현상을 검증한다. 이 실험 과학이 근래 대부분의 사람이 과학이라고 생각하는 바로 그 과학이다. 실험 과학은 대개 실험실에서 수행되는 과학과 연관되지만, 다른 영역인 농업이나 생태학에서도 수행될 수 있다. 지나치게 거대한 현상이거나 실험에 너무 많은 시간이 소요되거나 윤리적인 제약이 있는 경우에는 관측/관찰을 통해 연구해야 한다. *관찰 과학의 예로는 별, 지진, 또는 질병의 확산 등이 있다. *역사 과학은 빙하기나 기원과 같이 반복될 수 없는 물리적 사건을 연구한다. *이론 과학은 수학 계산을 바탕으로 위의 3가지 실증 과학 중 하나로 검증해 예측하는 것이다.[5] 이론 과학의 유명한 예로 상대성 이론을 들 수 있는데, 중력에 의한 빛의 굴절이 먼저 예측되었고 훗날 실험으로 검증되었다.

뒤따르는 장들에서 다루겠지만 자연 과학의 모든 분야에서 나온 경험적 증거들은 기원 논쟁을 심화시켰고, 어느 누구도 다양한 모든 계열의 증거를 완전히 섭렵하기 힘들게 만들었다. 엄밀한 의미에서 경험적 증거를 초월하는 것들, 이를테면 수학적 요소가 강하며 통계와 같은 수

---

5) 실험, 관찰, 역사 과학은 각기 다른 방식으로 가설을 세우고 검증한다(Haarsma & Haarsma, 2007: 3장; Cleland, 2002).

학 도구가 필요한 우주론(cosmology)과 집단 유전학(population genetics) 같은 이론 과학은 오랫동안 논쟁의 대상이었으며, 확률과 정보 이론 (information theory)을 포함하는 다른 수학 분야의 주장도 증거로 채택되는 빈도가 증가하고 있다.

논리적 추론

경험적 증거는 그 자체로만으로는 충분하지 않다. 과학은 논리적 *추론을 이끌어내는 과정을 포함한다. 그러므로 하나의 추론은 증거를 바탕으로 한 결론, 설명 혹은 판단이라고 할 수 있다. 과학의 모든 분야가 실제로 그러하듯이 증거와 추론을 구별하는 것은 기원에 관해 질문할 때 반드시 필요하다. 따라서 우리는 반드시 이 둘을 구분하는 법을 배워야 한다.[6] 이것이 3-6장의 핵심이 될 것이다.

　논리적 추론의 기본 형태는 연역 추론과 귀납 추론, 2가지가 있다. 자연 과학에서 연역은 주로 일반적인 경우에서 시작해 특정한 경우로 마무리되는 추론을 말하는데, 특정 모델에서 출발해 예상되는 자료를 통해 추론하는 방식이다. 반면 귀납은 특정한 경우에서 일반적인 결론을 이끌어내거나 실제 자료를 통해 모델을 세우는 방식이다(Gauch, 2003: 157-159). 두 논리 방식의 차이 때문에 연역적 주장은 타당하거나 타당하지 않다(valid or invalid)고 판단하고, 귀납적 주장은 완전히 타당하거나 타당하지 않은지를 알 수 없으며 단지 강하거나 약하다(strong or weak)고 말할 따름이다.[7]

---

6) 과학 교육에서 과학 철학은 "과학의 본질"이라는 용어로 논의된다. 이 분야에서 널리 인용되는 한 저자에 따르면, 학생들이 과학이 무엇인지를 이해하는 데 가장 중요한 것은 "첫째로, 학생들이 관찰과 추론의 결정적인 차이를 깨닫는 것이다"(Lederman, 2006: 304).

7) "타당한 연역 논증의 경우 전제들이 참이면 그 결론은 반드시 참이다. 반면 귀납 논증에서는 전제들이 참일 경우에도 결론의 참이 보장되지는 않고 다만 참일 가능성을 (즉 확률을) 높여준다"

이 구별은 기원을 연구하는 데 중요하다. 기원과 관련된 모델들은 귀납 논리에 의해 창안되므로 진실인지 거짓인지를 증명할 수 없기 때문이다. 반면에 어떤 모델에 근거해 특정한 예상을 하는 과정은 연역 논리로 이루어지기 때문에 그 모델의 진실성을 검증하는 데 유용하게 쓰인다. 그러나 예상이 빗나갔다고 해서 그 모델이 단숨에 잘못된 모델로 여겨지지는 않는다. 예상이 빗나가는 일은 그 모델 자체가 아니라 모델을 보조하는 소전제가 틀렸을 때도 일어날 수 있기 때문이다.

몇몇 저자가 언급한 바 있는 세 번째 유형인 귀추(abductive inference)는 때때로 가장 적절한 설명을 위한 추론으로도 불린다. 귀추는 다양한 증거에서 하나의 결론을 끌어내는 추리인데 연역이나 귀납처럼 수학적으로 형식화될 수는 없다. 우리가 진실이라고 생각하는 것 대부분과 우리가 내리는 대부분의 결정은 어느 정도 귀추에 의존한다.

논리와 수사는 모두 논증에 사용되지만, 다른 분야에서도 그렇듯이 기원 논쟁에서도 반드시 서로 구별되어야 한다.[8] 적절한 예로는 재판을 들수 있다. 법정에서는 증거나 추론이 모두 독립적으로 존재할 수 없으며, 반드시 일관된 논점으로 합쳐져야 한다. 하지만 종종 증거 자체의 무게보다 발표자의 수사적 기교가 배심원으로 하여금 증거를 특정 방향으로 바라보도록 유도한다. 기원 연구도 마찬가지다.[9]

(Gauch, 2003: 158).

8) 수사와 논리는 문법과 함께 고대 그리스에서 교양 학문의 기본이자 다른 모든 지식(*scientia*)의 근간으로 여겨졌던 삼학과(*trivium*)에 속했다. 어떻게 논증이 연역과 귀납 추론을 뒷받침하기 위해 사용되었는가에 관해, 그리고 과학에서 논증이 지닌 중요한 역할에 관해서는 Duschl & Grandy(2008)를 보라.

9) 무엇이 증거로 허용될지를 결정하는 일도 중요한데, 이에 대해서는 4, 5, 7장에서 다룰 것이다.

필수 전제

20세기 초반에 논리적 경험주의자, 즉 실증주의자들은 과학이 어떤 *전제 (presupposition)도 없이 오직 증거와 논리에 의존한다고 주장했다. 이런 주장은 과학철학자들과 과학사학자들에 의해 오류로 드러났다. 휴 거치 (2003: 112)에 따르면, 과학은 어떤 철학적 가정이나 전제 없이 수행될 수 없지만, 필수 전제는 상식이며 당연한 것으로 받아들여지므로 보통은 발표되지 않는다. 거치(2003: 127)는 전제를 가리켜 "어떤 가설이 유의미하고 참임을 가리기 위해 필요한 믿음이지만, 전제 자체가 개별 가설의 신뢰도에 영향을 주는 것은 아니다"라고 말했다.

과학 안에는 특정 분야에 관한 국소(local) 전제와 보편(global) 전제가 있다. 필수 보편 전제는, 예컨대 물질세계가 실재하고 우리는 우리의 감각을 믿을 수 있다는 신념 같은 것을 말한다(Gauch, 2003: 128). 극단적인 회의론을 제외한 대부분의 철학 사조는 이를 받아들인다. 따라서 필수 전제는 철학적 관점과는 (거의) 별개이며 과학의 객관성을 위한 필수 기준이다. 국소 전제는 "일련의 가설 안에 있는 모든 가설에 의해 공통으로 지니게 되는 믿음이며, 자연히 드러난다." 그러므로 국소 전제들만으로는 가설의 참/거짓을 구별할 수 없고, 따라서 증거만을 토대로 참/거짓이 결정된다(Gauch, 2003: 131-32).

여기서 강조해야 할 것은, 과학의 객관성은 전체로 보았을 때 특정 세계관으로부터 독립적일지도 모르지만 과학자 개개인은 그렇지 못하다는 사실이다. 거치가 "심오한 해답"이라 부르는 가치를 다루는 기원 영역에서는 과학자 개개인의 객관성 유지를 기대하기가 사실상 불가능하다. 이제는 널리 받아들여지는 것으로 데이터가 이론을 "불충분하게 결정한다"(underdetermine)라는 논제가 있는데, 이는 어떤 특정한 데이터 집합이라 하더라도 그것을 설명할 수 있는 수많은 이론이 존재한다는 주장이다. 과학자들은 각자 특정한 한 이론의 시각에서 과학을 하는데, 이는 자료 수집과 해석에 영향을 준다. 그리고 실험 과학은 역사 과학보다 객관성과 통일성을 유지하기가 비교적 쉬울 수도 있다. 특히 기원과 같이 우리의 철학적 신념과 밀접하게 연관되어 있는 사안은 더욱 그렇다.[10]

이 책에서 다룰 수는 없겠지만, 실재의 본질에 관한 전제를 포함해 과학이란 무엇이며 그것이 철학과 어떻게 상호 작용을 하느냐는 질문 안에는 흥미로운 측면이 많다. 21세기 미국은 *기계론적(mechanistic) 세계관을 당연하게 받아들이지만, 미국이 항상 그래왔던 것도 아니고 세계 다른 곳에서는 이 시각이 필수인 것도 아니다. 이에 관한 연구에 흥미가 있는 독자들을 위해 더 깊이 있는 주제도 있다는 점만을 언급하고 넘어가려고 한다.[11]

과학이 앎의 유일한 방법인가?

에드워드 윌슨(Edward O. Wilson)은 인간의 지적 활동을 과학 및 창의적인 예술로 나눴는데, 과학은 전달 가능한 지식을 대표하고 예술은 개인의 사상을 대표한다(Wilson, 1998: 12). 이것은 모든 지식이 결국 과학이라는 우산 안에 포섭될 것이라는 그의 관점을 반영한다. 다른 이들은 자연 과학과 사회 과학이 서로 다른 방법론을 사용한다고 주장하면서, 자연의 섭리에 의한 보편 현상을 연구하는 자연 과학과 인간의 변화무쌍함에서 초래되는 독특한 사건을 연구하는 사회 과학으로 구별한다(Pearcey & Thaxton, 1994: 50). 또한 어떤 경험적 증거도 언급하지 않은 채 특정한 공리로부터 추론한 논리만을 바탕으로 하는 수학도 앎의 또 다른 방식을 대표한다고 주장하는 것도 옳다. 그렇지만 앎의 방법이란 일정 부분 서로

---

10) 역사 과학은 결국 역사적 요소와 관련되고, 극소수만이 역사를 객관적이라고 믿는다.

11) 자연에 관한 신플라톤주의, 아리스토텔레스학파, 그리고 기계론적 관점이 어떻게 서양사 구석구석에 연관되어 작용하는지를 간략히 분석한 내용은, Pearcey & Thaxton(1994)에서 볼 수 있다.

겹치므로 그 경계가 모호하기 마련이다.

이 책의 전제 중 하나는 이렇다. 밝혀질 수 있는 한 실재에 관한 지식에는 결국 통일성이 있지만, 그 지식을 탐구하는 우리는 다양한 방식을 사용한다. 수학과 철학은 기본 전제 위에 논리적 주장을 구성하고, 자연 과학과 사회 과학은 경험적 증거나 인공적 증거 위에 그렇게 하며, 종교는 경전 위에 그렇게 함으로써 모두 실재에 관한 지식을 탐구하는 데 이바지한다.

모든 전제와 마찬가지로 이 전제도 증명되거나 반박될 수 없다. 단지 그것은 개인의 철학에 준하여 수용되거나 거부당할 뿐이다.[12] 그러나 과학의 전제와 마찬가지로 그것은 연구가 진행되면서 세워지는 일련의 가설에서 드러난다. 모든 학문 분야가 기원 연구에 어떤 식으로든 이바지한다고 볼 수 있다. 그 기여가 크건 작건 모든 분야가 각자의 소리를 낼 수 있도록 허용하는 것이 바람직하다.

1.3 어떤 질문에 대답해야 하는가?

기원이라는 주제는 광범위하다. 질문의 범위가 넓을 뿐만 아니라 그 질문에 답을 하고자 하는 분야의 수도 많아서 어느 누구도 모든 영역에 걸쳐 전문가가 되기란 사실상 불가능하다. 모든 사람은 자신의 분야를 선호하는 경향이 있어서 어떤 것이 가장 설득력 있는 증거로 여겨지는지는 각자 다를 수밖에 없다.

---

12) "2가지 믿음 중 택할 수 있다. 과학의 전제를 받아들이는 믿음, 또는 과학의 전제를 거부하는 믿음이 그것이다. 이것은 믿음과 불신 사이에서 선택하는 것이 아니라 한 믿음과 다른 믿음 사이에서 선택하는 것을 뜻한다." Gauch(2003: 152)를 보라.

이 책에서 주장하는 2가지는 이렇다. 어떤 증거든 중요하지 않은 증거는 없으며, 어떤 견해를 지지할 때는 가능한 모든 분야의 증거를 통해 그 견해가 내적 일관성이 있어야 하며 논리적으로 방어할 수 있는 관점이어야 한다는 점이 중요하다.[13] 이 두 주장을 경험적 증거를 근거로 들면서 과학적으로 설명할 수는 없다. 가치에 대한 다른 주장처럼 이 두 주장도 비경험적(nonempirical) 범주에 속한다. 어떤 증거도 중요하지 않은 것이 없다는 주장은 어느 누구도 모든 영역에서 전문가가 될 수는 없다는 사실과 상통하며, 가능한 정확한 증거를 제공하고자 최선을 다하는 각 영역의 전문가들을 우리가 믿어야 한다는 뜻이다. 따라서 우리는 그들이 제시하는 증거를 중요하지 않다고 여기고서 무시하지 말고 반드시 다뤄야 한다. 비록 우리에게 익숙한 다른 영역의 증거를 고려할 때 그들이 제시하는 추론이 부정확하거나 불완전하게 느껴지더라도 말이다.

4가지 기원

기원 모델은 적어도 4가지 주요 기원을 설명해야 한다. 그것은 각각 우주, 생명, 종, 인류의 기원이다. 어떤 모델이든 정합성을 지니려면 이 4가지 기원을 논리적 일관성을 지닌 방식으로 설명할 수 있어야 한다.

2장에서 나는 관련 문헌에서 사용되는 여타 용어와 구분되는 **모델**이라는 용어를 정의하고, 그 후에는 서로 다른 6개의 모델이 어떻게 증거를 각기 달리 해석하고 주장하는지, 각 모델이 얼마나 논리적으로 각자의 철학적인 토대로부터 나오는지, 그리고 어떻게 각 모델이 모든 것의 시작을 완벽하게 설명하고자 노력하는지 보여줄 것이다. 뒤따르는 4개의 장에서

---

13) 철학자들은 우리가 알고 있는 모든 것을 고려해야 한다고 말하면서 이를 가리켜 "전체 증거의 원리"(principle of total evidence)라고 부른다.

는 차례로 기원에 대한 각각의 견해를 살펴볼 것이다.

우주의 기원은 천문학과 관련된 문제다. 어떻게 우주의 기본 요소인 물질과 에너지가 (그리고 그 외에도 아직 감지되지 않았지만 있을지도 모르는 무엇이) 이곳에 처음 자리 잡게 되었는가? 어떤 의미에서 이 질문은 궁극적이고도 가장 기초적인 질문이다. 왜냐하면 이 질문의 근원에는 무엇이 영원한가, 다시 말해 물질세계가 영원한가 아니면 비물질적인 어떤 것이 영원한가 하는 질문이 담겨 있기 때문이다. 우리는 각기 다른 모델이 이 질문에 어떻게 대답하는지를 3장에서 알아볼 것이다. 이를 위한 증거는 천문학과 이론물리학에 속한 다양한 분야에서 나온다.

한편, 생명이 없는 물질로 채워져 있는 우주가 존재할 수 있다는 가정은 충분히 그럴 듯하다. 4장에서 언급하겠지만, 사실 이는 어떤 종류든 생명이 존재한다는 가정보다는 훨씬 가능성이 커 보인다. 생명의 기원에 대한 질문은 일차적으로 생화학의 범주이며, 지질학과 그 밖의 여러 분야도 이 질문에 대한 탐구에 이바지한다.

어떤 방법을 통해서든 일단 생명이 존재하면 그것은 오랜 시간에 걸쳐 다양해진다. 어떻게 이런 일이 일어났는가? 이것은 종의 기원에 관한 질문으로, 생물학의 다른 분야뿐만 아니라 고생물학과 유전학에서 나온 많은 증거를 통해 다룬다. 종의 기원은 가장 많이 공론화된 논쟁 영역이다. 그 이유는 관련 증거가 앞의 2가지 기원보다 대중에게 더욱 가시적이고 그들이 다루기 쉽기 때문이기도 하지만, 이 논쟁이 바로 기원 논쟁 중 싸움터의 최전선에 처음 돌입한 질문이기 때문이기도 하다. 이 주제는 5장에서 다룰 것이다.

6장 인류의 기원에 관한 질문은 종의 기원의 하위 분야지만, 별도의 장으로 다뤘다. 인간을 다른 생물과 구별해주는 특징이 많고 하나의 종인 우리 인간에게 이 특징들이 중요하기 때문이다. 언어, 문화 및 종교의 기원은 자연 과학보다는 사회 과학과 더욱 연관이 있으므로, 나는 인간 발생의 기원으로 논의를 한정하고자 한다. 6장에서 다룰 증거 대부분은 고생물학과 유전학에서 가져온 것이지만, 인간의 기원에 대한 더욱 폭넓은 질문은 인류학, 심리학, 언어학 등에서도 나타난다.

7장에서 나는 서로 다른 견해를 보이는 과학자들이 기원 논쟁에 기여한 바를 평가할 것이다. 또한 각각의 모델이 어떤 식으로든 우리가 이해하는 데 무언가 기여했다는 점을 밝히고, 아울러 어떤 부분이 여전히 미흡한 부분으로 남아 있는지를 이야기할 것이다.

마지막 8장에서는 1장의 일부로 되돌아와 이 논쟁에서 **과학**에 대한 정의가 얼마나 중요한지, 그리고 과학이 신의 존재나 기독교 신앙의 진실성에 대한 증거를 제공해주는지 다시 한 번 살펴볼 것이다.

모델들의 평가

이유가 무엇이든 간에 우리의 뇌는 논리적으로 일관된 설명을 좋아하도록 설계되어 있다. 철학자들은 어떤 것이 왜 그러한지를 두고 논쟁할지도 모르지만, 과학자들에게 최고의 설명이란 내부적으로는 정합하고 과학 안팎의 다양한 분야에서 드러난 증거와 일관되는 설명을 의미하며, 그들은 이를 당연한 것으로 받아들인다. 과학은 주어진 증거를 바탕으로 논리적으로 추론하는 활동으로, 논리적 일관성이라는 원칙 위에 세워진다. 그런데 기원 문제에서는 신이 존재하는지 아닌지, 만약 존재한다면 어떻게 그리고 얼마나 자주 자연 세계에 간섭하는지와 같은 문제를 두고 상이한 전제에 기반을 둔 상이한 견해가 모두 각각 내적으로는 일관되고(Sober, 2008: 113), 아울러 주어진 증거와도 논리적으로 상치되지 않는다는 사실을 보게 된다.

많은 이가 자기 **자신의** 개인 신념으로 **다른 사람의** 모델을 평가하고 논리적으로 말이 안 된다고 결론을 내리고는 한다. 물론 이것이 완전히 잘못되었다고 볼 수는 없다. 각각의 모델은 특정한 철학적 전제 위에 있고 그것과 밀접하게 연결되어 있어 그 둘을 분리할 수 없기 때문이다. 하지만 그런 전제를 배제하면 그 모델 자체는 이치에 맞지 않는다. 그래서 우리는 특정한 어떤 모델을 평가할 때 그것이 얼마나 논리적으로 일관되어 있는가, 혹은 증거를 얼마나 잘 설명하는가를 평가하기보다는 주로 그 철학적 뿌리나 종교적 뿌리를 평가하고는 한다.

이 책의 목적으로 다시 돌아와 보자. 나는 누구에게든 그/그녀의 기원 모델이 잘못되었다고 설득할 의도가 없으며, 그런 시도조차 하지 않을 것이다. 그 대신, 이 책의 목적은 6가지 모델을 세밀하게 살펴보고 그 바탕에 깔린 특정 가정에 근거해서 각 모델이 어떤 점에서 서로 비슷하고 다른지, 또한 얼마나 논리적으로 일관되고 지지받을 만한지를 보여주는 데 있다. 희망하기로는 각 모델을 논의하는 과정에서 여러분이 독자로서 자신의 철학적 견해와 그것이 만드는 가정 및 그 논리적 결과를 점검해볼 수 있기를 바란다. 아울러 다른 사람이 당신과 다른 관점을 취하는 이유에 설사 동의할 수 없더라도 그/그녀를 이해하는 데 도움이 되기를 바란다. 이 논의를 위한 초석을 놓았으니, 이제 다양한 기원 모델을 살펴보도록 하자.

2장

모델의 범위

첫 장에서 우리는 이 책의 초석을 놓는 작업을 했다. 기원 논쟁에서 철학의 중요성을 간략히 살펴보았고, 과학을 경험적 증거로부터 논리적 추론을 이끌어내는 과정으로 정의했다. 그런데 기원의 문제에서는, 추론을 도출하는 이들의 철학적 전제가 추론의 방향에 영향을 주거나 심지어 아예 결론을 결정지어버리기도 한다. 이 장에서 우리는 기원에 관한 여섯 종류의 모델을 살펴볼 것이다. 그리고 각 모델이 그 배경에 놓인 철학적 전제와 얼마나 직접 그리고 인과적으로 관련되는지를 보게 될 것이다.

　6가지 모델을 이야기하기 전에 우선 모델이라는 용어의 과학적 개념을 설명해야 할 것 같다. 특히나 과학 밖의 맥락에서 통상 정의하는 어떤 **모델**과 과학적 모델에는 큰 차이가 있기 때문이다. 이를 위해 나는 **모델**이라는 용어를 과학적 설명을 위해 사용되는 여러 다른 용어와 비교해볼 것이다. 그중 대부분은 과학에서 쓰일 때와 다른 일반적인 의미도 아울러 지니고 있다.

2.1 모델이란 무엇인가?

보통 **모델**이라고 할 때는 작게 축소된 모사품이나 어떤 범주의 완벽한 사례를 가리킨다. 기차나 자동차 모델은 전자의 의미고, 시민 모델이나 슈퍼 모델 등은 후자의 의미다. 하지만 과학이 말하는 모델에는 세 번째 의미가 있다.

　과학이 말하는 *모델(개념 모델로 불리기도 한다)은 어떤 상황이나 현상을 이상화 및 단순화시킨 대리물로서 실제 대상이 어떻게 또는 왜 작동하는지를 우리에게 알려준다. 여러 종류의 개념 모델이 있으며, 그중에는 (자동차 모델과 같은) 물질 모델, (도표와 같은) 재현 모델, 그리고 (기후 변화 모델과 같은) 컴퓨터 모델 등도 있다(Gilbert & Ireton, 2003). 통상적으로 정의된 모델 개념과 과학적 모델의 핵심적인 차이는, 후자의 경우 어떤 특정 현상이 어떻게 또는 왜 일어나는가를 이해하는 데 도움을 준다는 점이다. 다시 말해 과학적 모델의 목적은 설명에 있다. 과학자들이 특정 현상에 관해 더 많이 이해할수록 처음에는 그저 마음속에서 모호하게만 구성했던 모델로부터 더욱 주의 깊게 규정한 개념 모델로 옮겨가게 된다.[1]

가설, 이론, 법칙, 모델

이 4가지 용어는 모두 데이터를 과학적으로 설명할 때 쓰이는데, 이 책에서 우리가 이들의 관계를 완전히 논의하기란 불가능하지만 그래도 각각의 용어가 어떻게 사용되는지를 구분해놓아야 한다. 불행히도 대중을 상대로 한 과학 저술들을 보면 종종 위 용어들이 뒤바뀌어 쓰이기도 하고 잘못 쓰이기도 해서 배경 지식이 없는 독자에게는 저자가 무엇을 의도하는지를 정리해내기가 매우 어려운 일이 되곤 한다. 심지어 같은 용어를 다른 분야에 몸담은 과학자들이 서로 다르게 사용하기 때문에, 특히 다양한 분야가 연관된 기원 문제에서 혼란이 매우 가중된다. 게다가 위의 4가지 용어 중 셋은 지칭하는 바가 유사하지만 함축된 의미는 다르다 보니 논쟁에서 용어 선택이 수사적인 이유로 이루어지곤 한다. 따라서 이 용어들이 어떻게 **사용되고 있고** 또한 어떻게 **사용되어야 하는지**를 명확하게

---

1) "개념 모델은 과학자들이 마음속에 지니고 있는 모델을 외부로 구체적으로 표현해낸 것으로, 개념 모델과 마음속 모델은 강하게 상호 연관되어 있다"(National Research Council, 2012: 56).

하는 것이 더더욱 중요하다.[2]

　*가설(hypothesis)은 보통 위의 4가지 용어 중 가장 잠정적이다. 통계 검정(statistical testing)에서 가설은 제안된 설명을 의미하는데, 특정한 실험을 통해 검증되며 데이터에 따라 지지를 얻거나 기각된다. 이런 종류의 가설은 비교적 쉽게 반증할 수 있어서, 일반적으로 가설이라는 용어는 매우 잠정적이라는 의미를 포함하고 있다. 그렇다고 해서 가설을 단순한 억측이나 지레짐작으로 볼 수는 없다. 하나의 가설은 현재 연구 중인 대상에 관해 어느 정도 이해를 제공해주는 과거의 연구에 기반을 두고 세워지기 때문이다.[3]

　*이론(theory)은 위의 4가지 용어 중 아마 가장 정의하기 힘든 용어일 것이다. 통상 쓰이는 의미가 과학적 의미와는 매우 다를뿐더러 과학 내에서도 분야마다 다르게 쓰이기 때문이다. 과학 밖의 맥락에서 이론이라는 단어는 모호한 근거만을 지닌 채 하는 어림짐작을 가리키곤 한다. 마치 "그 문제에 관해서라면 내게도 생각(theory)이 있지"라고 말하듯이 말이다. 과학의 맥락에서 **이론**은 흔히 검증된 가설, 법칙, 정의, 그리고 넓은 범위의 경험적 데이터 등과 같이 관련된 많은 지식을 한데 아우르는 하나의 사상을 일컫는다. 예컨대 진화 이론의 장점을 강조하는 생물학자들은 종종 위의 정의만이 이론이라는 용어를 나타내는 유일하고 올바른 과학적 정의라고 단언하지만, 실제로 그렇지는 않다. 현대의 이론 물리학에서

---

2) 이어서 등장하는 정의들은 서술적(descriptive)이면서도 규범적(prescriptive)이다. 전자는 이 용어들이 실제로 어떻게 사용되는지를 보여준다는 의미로서 필자가 수십 년간 접한 학술 논문, 대중 과학 저술, 교재 및 과학 교과서 등에 근거한다. 후자는 이 용어들이 어떻게 사용되어야 하는가에 관한 문제로서 현재 과학 문헌에 나타나는 합의를 따른다.
3) 아울러 가설과 예측(prediction)도 같은 용어가 아니다. 과학 실험실 안내문에서는 가설과 예측이 구분 없이 쓰이곤 하겠지만 말이다. 예측은 현재 고려하는 가설이 맞는다면 무엇을 관찰해야 하는가를 나타내는 진술이다.

이론은 종종 실증을 통해 검증되지 않은 수학적 설명을 가리킨다. 어느 경우이건 과학 분야에서는 대부분 **이론**이라는 용어를 **가설**보다는 훨씬 많은 지지를 받는다는 의미로 사용한다. 그런데 바로 이 의미 때문에 특정한 어떤 설명을 옹호하는 사람들은 그것을 이론이라 부르고 반대자들은 그것을 가설이라 부르는 일이 일어난다.[4] 과학의 모든 것이 그렇듯이, 물론 이론도 임시적이며 따라서 추후의 발견으로 수정될 수도 있지만, 대체로 이론이라는 용어는 경험적 증거나 수학적 근거가 충분히 많은 설명을 가리키도록 지정되어 있다.

과학에 대해 가장 널리 퍼진 오해 중 하나는, 하나의 과학적 설명이 가설로부터 시작하여 점차 증거가 모이면 이론이 되고 더 나아가 결국 법칙(law)이 된다는 생각이다.[5] 심지어 과학자들이나 과학 교재들도 이런 잘못을 저지른다. 실제로 법칙과 이론은 완전히 다른 두 개체다.[6] 하나가 절대로 다른 하나가 될 수 없으며, 보통은 법칙이 관련 이론보다 선행한다. *법칙은 데이터 속 패턴으로 종종 수학적으로 표현된다. 법칙은 **무엇**이 일어나는가를 설명하고 예측한다. 그러나 법칙은 그것이 **어떻게** 또는 **왜** 일어나는가를 설명해주지는 않는다. 그것은 이론의 역할이다. 명백히 어떤 패턴이 먼저 인식되고(법칙), 그다음에 설명되며(이론), 패턴이 존재

---

4) 진화를 반대하는 이들은 진화 **이론** 대신 진화 **가설**이라 말하고, 또 어떤 이들은 **지적 설계 가설**, 다른 이들은 **지적 설계 이론**이라는 용어를 사용하기도 한다.

5) McComas는 과학 교육이 퍼뜨린 과학에 대한 15가지 "미신" 중 첫 번째가 "가설이 이론이 되고 그다음에 법칙이 된다"라는 미신이라고 말한다. 그는 계속해서 다음과 같이 말한다. "법칙은 일반화로서 자연에 나타나는 원칙이나 패턴을 가리키며, 이론은 그 일반화에 관한 설명이다"(McComas, 1998: 54). 또한 Lederman에 따르면, "법칙은 관찰 가능한 현상들 사이의 **관계에 대한 기술이나 진술**이고…그에 비해 이론은 관찰 가능한 현상들에 대해 **추론된 설명**이다"(Lederman, 2006: 305).

6) 용어들을 다른 방식으로 쓸 때도 이론과 법칙의 개념적 구분은 명확하게 남아 있는 편이다. 예컨대 철학자 Ratzsch는 "경험적 또는 현상적" 이론과 "설명적" 이론을 구분했는데, 그가 전자의 예로 든 모든 사례는 기체 법칙처럼 모두 "법칙"으로 이미 알려진 것들이었다(Ratzsch, 1996: 121).

한다는 사실(법칙)이 왜 그것이 존재하는가(이론)보다 언제나 더욱 큰 확실성을 지닌다.[7]

최근 들어 과학철학자들은 과학의 모든 분야에 있어 모델의 중요성에 더욱 주목하고 있다.[8] 모델은 현상을 이해하는 기준틀을 제공한다. 예를 들어 태양계를 바라볼 때 지구 중심(geocentric, 천동설) 모델은 달과 별들이 실제로 지구 주위를 움직인다고 여기며, 태양 중심(heliocentric, 지동설) 모델은 천체의 겉보기 움직임을 지구의 공전에 따른 것으로 간주한다. 우리의 세계관과 철학이 우리의 생각을 미묘하게 규정하는 것과 마찬가지로, 암묵적으로든 명시적으로든 우리가 받아들인 모델은 우리의 연구 방향에 영향을 준다. 어떤 자료를 수집할지 그리고 수집된 데이터를 어떻게 해석할지를 결정하는 데 그 연구자가 어떤 모델을 받아들이는지가 직접 영향을 끼친다는 것은 이미 잘 알려져 있다. 이 모델이라는 용어는 (이론이나 가설과는 달리) 중립적인 의미를 지니며 과학 연구와 패러다임의 문제에 관한 과학철학의 논의에서 선호되는 용어이므로, 나는 앞으로 살펴볼 기원에 대한 증거를 바라보는 서로 다른 관점들을 논의하기 위해 모델이라는 용어를 사용하기로 하겠다.

---

7) 법칙이 이론을 선행하는 경우로는, 예컨대 일정성분비 법칙(화합물을 구성하는 각 원소의 질량비가 항상 일정하다는 법칙—역자 주)과 배수비례 법칙(두 종류의 원소가 화합해서 두 종류 이상의 화합물을 만들 때 한 원소와 화합하는 다른 원소의 질량 사이에는 간단한 정수비가 성립한다는 법칙—역자 주)이 Dalton의 원자 이론(모든 물질이 더는 쪼개지지 않는 원자로 이뤄졌다는 이론—편집자 주)보다 먼저 나왔다는 점을 들 수 있다. 또 다른 예로 멘델의 분리 법칙과 독립 법칙이 먼저 나온 이후에 이 법칙들이 염색체 이론으로 설명되었다.

8) 20세기를 거치며 과학을 실험으로 보는 기존의 시각에서 벗어나 모델을 세우고 그 모델을 계속 수정하는 과정으로 보는 시각의 전환이 일어났다. 감각을 통한 지각(sensory perception)에 근거하는 과학에서 이론이 주도하는(theory driven) 과학으로의 전환인 것이다(Duschl & Grandy, 2008: 1-2). 따라서 이제는 "암시적이건 명시적이건 어떤 모델을 준거 기준으로 삼지 않고 어떤 과학 문제를 다루기란 불가능하다"(Windschitl & Thompson, 2006: 786).

왜 용어의 문제가 중요한가?

언어는 우리 인식을 반영할 뿐 아니라 영향을 미친다. 누군가는 자살 폭탄 공격을 감행한 사람을 테러리스트라고 부르고 다른 누군가는 같은 사람을 순교자라고 부른다. 두 단어는 동일인을 지칭하지만 다른 한편으로는 무엇이 용인될 만한, 심지어 칭찬받을 만한 행위인가 하는 질문에 대해 매우 상반된 2가지 가치를 강조하여 드러낸다. 기원 논쟁에서도 특정 견해와 그 견해를 지지하는 이들을 깎아내리기 위해 비슷한 방식의 언어가 종종 사용된다. 누군가를 테러리스트 또는 신앙심이 없는 자라고 부르는 것이 해당 논점에 관한 의사소통에 도움이 되지 않는다는 사실은 말할 필요도 없을 것이다. 마찬가지로 경멸조의 용어를 쓰는 것은 과학적 논쟁을 발전시키지 못한다. 따라서 이 책에서 나는 각 모델을 기술할 때 최대한 중립적인 용어를 사용함으로써 독자들이 각 모델을 객관적으로 평가하는 데 도움을 주고 또 서로 다른 견해를 보이는 이들 간의 논의가 어떻게 생산적인 방식으로 이루어질 수 있는지 한 예를 제공하고자 한다.

자료를 바라볼 때도 같은 상황이 벌어지곤 한다. 하나의 화석이 전이 형태, 즉 과도기 화석이거나 단순한 중간물 화석으로 간주될 때, 둘 사이에서 선택하는 일은 그 화석 자체의 물리적 특성보다는 그것을 바라보는 사람의 관점에 더 의존하게 된다. 따라서 이후의 논의에서는 특정 과학 집단이나 종교 집단에서 사용하는 용어를 의도적으로 피하는 경우도 있을 것이다.[9] 이는 내가 그 집단에 꼭 동의하지 않아서가 아니라, 논점에 대해 선입견을 품게 하는 용어나 생산적인 대화를 막아버리는 그런 용어들을 피하고자 하는 노력의 일환임을 밝혀둔다.

---

9) 모든 모델에는, 그리고 모든 연구 집단에는 각자 선호하는 용어가 있게 마련이다. 어떤 특정 분야의 전문가라면 무기명으로 제출된 논문에서도 단어 선택을 보고 어떤 연구 집단, 심지어 어느 연구자가 그 논문을 작성했는지를 한눈에 알아낼 수 있다.

2.2 견해의 스펙트럼이란 무엇인가?

기원 논쟁을 잘 들여다보면 논쟁 참여자들이 서로 적대적인 용어를 사용하여 이 논의를 더욱 극단으로 이끌었음을 알 수 있다. 어떤 집단이 자신이 공격받거나 존중받지 못한다고 느낄 때는 자연히 더욱 방어적이 되고 자신의 대의를 더 홍보하려고 노력하게 되는 법이다. 이것이 바로 현재 기원 논쟁에서 벌어지는 일이다. 기원에 관한 공개 토론에서 주도적인 두 진영은 상대를 악으로 규정하며 비난한다.

하지만 대부분의 공개 논쟁거리에는 양극단의 두 견해만 존재하는 것이 아니다. 양극단 사이의 범위나 영역에 걸친 견해들도 존재한다. 대부분의 경우 중간에 상대적으로 많은 수의 집단이 있지만, 양극단에 있는 집단이 훨씬 쉽게 인식되는 미사여구를 사용하기 때문에 대중의 인식을 주도하게 된다. 그 와중에 중도적인 견해를 옹호하려는 사람들이나 양극단 간 논의를 발전시켜보려는 사람들은 종종 양쪽 모두로부터 공격을 받는 처지에 놓인다.

극단적인 견해들이 대중의 의견을 주도한다

어떤 논쟁에서건 논쟁을 양극화해버리는 것이 양극단에 있는 사람들의 이익에 부합하기 마련인데, 왜냐하면 만약 사람들이 그 둘만이 유일한 선택지라고 느끼게 되면 결국 둘 중 어느 한쪽으로 끌리게 되기 때문이다. 무엇에 관한 논쟁이든 상관없이 갈등을 유발하고 지속시켜야 하는 극단론자들의 전략은 항상 이러했다.

기원 문제의 경우, 양극단에 해당하는 견해는 각각 자연주의적 진화(naturalistic evolution: 이하 NE, 종종 단순히 "진화"로 불린다), 혹은 창세기 첫 두 장을 직설적으로(straightforward) 해석하는 데 기반을 둔 6일 창조(흔히

"창조"로 불린다)를 주장한다.[10] 오랫동안 이 양극단이 기원에 관한 공적 토론을 주도해온 바람에 법조계와 언론에서도 나머지 모든 중간 견해를 두 극단 중 하나로 분류해버렸고, 이에 대중의 눈에는 선택지가 둘밖에 없다는 식의 잘못된 이분법이 자리 잡았다.

중간에 있는 견해들

사실 이 양극단 사이에는 여러 스펙트럼의 견해가 존재한다. 그리고 각각의 견해는 특정한 철학적 전제에 기반을 두고 있어서 자체적으로는 논리적 일관성을 보인다. 빛의 스펙트럼을 예로 들어보자. 한 색의 중간 부분과 그다음 색의 중간 부분은 상대적으로 구분하기 쉽다. 예컨대 녹색과 노란색처럼 말이다. 그러나 색 간 경계로 가까이 갈수록 어디에 구분을 두어야 하는지 알기가 더 어려워진다. 노르스름한 초록과 푸르스름한 노랑은 구분하기 어렵다. 기원에 관한 모델들을 구분하는 일도 마찬가지다. 이것들은 마치 전자기파 스펙트럼처럼 연속하여 분포한다. 그렇지만 편의상 그 연속하는 스펙트럼을 별개의 조각들로 쪼개어보는 것이 이름을 붙이는 데 도움이 되고 논의를 촉진하는 데도 유용할 것이다. 빛의 예로 돌아가서, 빛의 또 다른 성질은 빨강과 초록을 섞으면(물감이 아니라 빛말이다) 관찰자에게 노랑으로 보인다는 점이다. 이와 유사하게 기원 문제에서 누군가가 어떤 범주에 속한다고 분류할 때는 그가 해당 범주 내 모든 주장에 전부 동의해서가 아니라 그 주장들을 한데 놓고 볼 때 하나의

---

10) 현재의 창조 모델 지지자들은 "문자 그대로"(literal)라는 용어보다 "직설적"(straightforward) 라는 용어를 선호한다. 왜냐하면 성경의 몇몇 부분은 명백히 문자 그대로 해석할 것이 아니라 예컨대 은유로 읽도록 의도되어 있기 때문이다(Ham, 2006: 202). 이를 반대하는 이들은 우리에게 가장 직설적인 해석이 반드시 원독자들에게 가장 직설적인 해석은 아니라고 주장한다. 그들이 우리와 다른 장르를 사용했으므로, 어떤 이야기들을 해석할 때 우리와 다른 생각을 보였을 것이라는 뜻이다.

특정 모델로 분류할 만한 특징을 보이기 때문에 그렇게 분류하는 것이다. 이를 염두에 두고 이제부터 기원에 관한 견해들의 스펙트럼을 별개의 모델들로 나누어보도록 하자.

오랫동안 기원 논쟁을 유심히 지켜본 사람들은 자연주의적 진화와 젊은 지구 창조(young-earth creation: 이하 YEC)라는 양극단 사이에 있는 2가지 중간 견해, 즉 유신 진화(theistic evolution: 이하 TE)와 오래된 지구 창조(old-earth creation: 이하 OEC)를 알고 있을 것이다.[11] 그러나 유신 진화 내에서도 성경의 증거와 경험적 증거를 두고 매우 넓은 범위의 다양한 해석이 존재한다. 그래서 나는 몇 가지 구별되는 특징을 근거로 유신 진화를 다음과 같은 세 모델로 나누자고 제안한다. 그들은 각각 비목적론적 진화(non-teleological evolution: 이하 NTE), 계획된 진화(planned evolution: 이하 PE), 그리고 인도된 진화(directed evolution: DE)다. 혹자는 더 많은 모델로, 다른 누군가는 더 적은 모델로 나누어야 한다고 주장할 것이다. 이는 생물학에서 종(species)의 이름을 붙일 때와 같은 성격의 문제다. 과연 얼마나 달라야 새로운 종으로 불릴 수 있는가? 예컨대 과일 등급을 나눌 때도 마찬가지다. 중요한 특징을 구분하기 위해 과일의 크기나 품질에 대해 얼마나 많은 종류의 분류가 필요한가? 등급을 너무 많이 세분화하면 제대로 다 이해하기 어렵다. (이것은 기원 논의도 마찬가지다.) 특정 저자들을 한 범주로 묶는 것은 그들이 모든 측면에 서로 동의한다는 뜻이 아니라 다른 모델들과 구별하기에 충분할 정도로 공통된 특징을 보인다는 뜻일 뿐임을 유념하자.

---

11) 나보다 이전에 기원에 관한 다양한 모델을 완전히 분류하려 했던 세 저자는 Scott(1999, NCSE 웹사이트에서도 확인 가능함), Wise(2002), M. R. Ross(2005)가 있다.

전제들과의 관계

어떤 철학을 받아들이느냐와 기원에 관해 어떤 모델을 선택하느냐는 밀접하게 관련되어 있다. 문제는 둘 중 어느 것이 우선시되어야 하며 다른 것에 영향을 주느냐다. 어느 정도 선까지는 영향을 양방향으로 주고받는 것이 명백해 보이나, 나는 대부분의 경우 우리의 철학 관점이 모델 선택을 결정한다고 주장한다.

내 주장을 뒷받침할 첫 번째 논증은 문화 정체성(cultural identity)에 기반을 둔다. 한 인간은 특정한 문화 속에서 성장하게 되는데 여기에는 기원 문제에 관해 중립적이지 않은 용어를 사용하는 가정의 문화도 포함될 수 있다.[12] 이 경우 그/그녀는 무의식적으로 그 문화의 가치 체계를 받아들이게 되는데, 거기에는 초자연적인 세계가 과연 존재하는가, 그리고 만약 그것이 존재한다면 자연계와 어떻게 상호 작용을 하는가에 관한 믿음도 포함된다. 때로는 자신이 자라면서 습득한 가치들을 수정하거나 버리기도 하지만, 이는 대부분 위기 상황을 겪으며 경험하게 되는 일종의 종교적 또는 비종교적 회심의 결과로 다른 믿음 체계를 가진 다른 집단에 가입하게 될 때 일어나는 일이다.

관련된 논증으로 철학적 전제의 형성 시기를 들 수 있다. 인간의 양육 단계를 생각해보면, 우리 모두는 기원 문제에 관해 어떤 직접적인 증거를 접하기 한참 전에 이미 특정한 일련의 철학적 전제에 대한 신념을 형성한다.[13] 사실, 학교 교재나 대중적인 과학 저술 이상을 찾아보지 않는 사람들은 아마 직접적인 증거를 아예 접해보지도 못할 것이다. 게다가 교과서나

---

12) 한 극단에 위치한 사람들은 종종 창조를 사이비 과학이라고 칭한다. 반대로 창조 쪽의 극단에 서 있는 사람들은 창 1장에서 나오는 하루를 24시간으로 이해하는 것 이외의 어떤 해독 방식도 "복음을 저해하는 타협"이라고 부른다.

13) "미국 문화에서 기원에 대한 논의는 사람들이 기원 문제 자체를 숙고해보기도 한참 전에 이미 지니게 된 다양한 종교적 신념 때문에 완전히 복잡하게 얽혀 있다"(Giberson & Yerxa, 2002: 181).

대중 저술은 특정 추론을 마치 정립된 사실인 양, 증거와 추론의 구분도 없이 싣곤 한다. 이 경우, 현대 사회에서는 대부분 진화와 관련된 추론이다. 반대편 관점을 미리 접해본 적이 없는 사람들은 대부분 그런 교재에 실린 견해를 의심 없이 받아들일 것이다. 반대로 진화를 받아들이지 않는 가정에서 자란 이들은 진화라는 단어가 언급되는 순간 바로 반박할 것이다. 아마 많은 교사가 강단에서 이런 경험을 해봤을 것이다.

내가 보기에 기원에 관한 모델 선택을 결정짓는 척도는 바로 **초자연계와 자연계의 상호 작용이 어느 정도인가**에 달려 있다. 만약 자연주의가 주장하듯이 초자연적인 것이 없다면 당연히 그런 상호 작용은 존재하지 않을 것이며, 따라서 우리는 우주의 기원을 포함하는 모든 현상에 대해 자연주의적인 설명을 모색해야 한다. 반면 반대쪽 극단이 주장하는 바로는, 하나님이 존재하여 그분이 세계를 창조한 방식과 시점을 성경의 첫 몇 장 속에 초자연적으로 계시해주었다. 이런 주장은 성경의 창조 이야기를 문자 그대로 24시간짜리 하루 단위로 보는 견해로 이어진다. 이 두 극단 사이에 나머지 중간 견해가 놓여 있는 것이다.

2.3 어떤 모델이 있는가?

연속적인 기원 모델 스펙트럼을 각각 구분되는 개별 단위로 나누려면 우선 얼마나 많은 단위가 있어야 하는지, 그리고 각 단위 사이의 합리적인 경계선이 어디인지를 결정해야 한다. 앞서 말했다시피, 각 모델 안에도 하위분류가 있긴 하지만, 크게 나누어 4가지 종류의 모델이 오랫동안 알려져 있었다. 그것들은 각각 자연주의적 진화(NE), 유신 진화(TE), 오래된 지구 창조(OEC), 젊은 지구 창조(YEC)다. 그러나 사실 유신 진화는 과학적 증거의 해석이라는 측면과 그 기저에 놓인 신학적 차이라는 측면에서 다양한 관점을 포함하는 모델이다. 첫 번째로 *이신론적인(deistic) 모델과 전적으로 *유신론적인(theistic) 모델의 차이가 있다. 전자는 신의 역할이 오직 우주 창조의 순간에만 한정되고 그 이후부터는 우주가 창조된 시점에 확립된 자연법칙에 따라 우주가 전개된다고 본다. 아울러 동물의 종 분화 과정에서 신의 개입 정도에 대해서도 유신론자들 사이에 큰 견해 차가 있다. 이런 이유로 나는 유신론 모델을 더 나눠야 한다고 본다.[14] 유신 진화라는 용어와의 혼동을 피하기 위해 나는 다음과 같은 3가지 분류를 제안한다. 비목적론적 진화(NTE), 계획된 진화(PE), 그리고 인도된 진화(DE)가 그것이다. 이 명칭에 대해서는 뒤에서 상세히 설명하겠다.

연속하는 변수를 구분하는 모든 방식이 그러하듯이, 연속하는 스펙트럼을 여러 개의 개별 범주로 구분할 때도 범주의 선택은 어느 정도 자의적인 측면이 있고 특히 그 구분 작업을 수행하는 사람의 의도에 의존하게 된다. 따라서 어떤 범주화 작업도 단지 유용한 도구로 생각해야 할 뿐, 참과 거짓을 가려주는 무언가로 봐서는 안 된다. 또한 두 범주 간 경계선에 위치하여 어느 쪽에도 속하지 않는다고 느낄 사람들도 분명히 있을 것이다. 특히 동시에 고려하는 변수가 하나 이상일 경우에는 더욱 그렇다. 기원 논쟁의 경우에는 철학, 신학, 과학적 증거의 해석과 같이 연속적인 변수들이 포함된다. 세 변수가 같은 패턴을 따라가는 경향이 있긴 하지만, 반드시 그런 것은 아니기에 내가 제안하는 구분법이 불편한 사람도 분명

---

14) Giberson & Yerxa(2002: 8장)도 나와 비슷한 방식으로 유신 진화를 세 부류로 나눈다. 그들의 분류는 Ian Barbour의 책 *Religion in an Age of Science*에 근거하는데, 약간 다른 분류 기준을 사용한다. 이 책의 원고를 넘기기 전까지 나는 그들의 책을 읽어본 적이 없었으므로, 이런 유사성을 볼 때 내가 제안한 분류에 신뢰를 더해준다고 본다. 그들과 내 견해가 지닌 또 다른 유사성으로는 기원 문제에 대한 견해들을 하나의 연속체로 간주해 객관적으로 소개한 것이나, 한 사람의 모델 선택과 그의 철학적 또는 종교적 신념 간 관계 등을 제시한 것 등이 있다.

히 있을 것이다. 하지만 내 주된 관심사는 기원에 대한 과학적 증거를 서로 다르게 해석하는 문제이므로, 서로 매우 다른 종교 간 관점들이라 해도 유사한 과학적 관점을 공유할 경우에는 같은 범주로 묶을 것이다.

기원 모델 개관

여섯 모델을 구분 짓는 요인을 정리해 표 2.1에 실었다. 이 책의 나머지 장에서 이렇게 다양한 철학적 신념이 기원에 관한 증거에 대해 어떤 상이한 해석을 불러오는지를 명확하게 볼 수 있을 것이다. 이 책에서 우리가 살펴볼 4가지의 기원 문제는 우주의 기원, 생명의 기원, 종의 기원, 그리고 인간의 기원이다.

첫 번째 모델인 자연주의적 진화는 초자연적인 것이 아예 존재하지 않거나 그 존재 여부를 우리가 알 수 없다고 주장한다. 나머지 다섯 모델은 공통적으로 초자연적인 대상의 존재를 인정하지만, 성경이나 여타 종교 문헌에 대한 해석에서는 큰 차이를 보인다. 이 책의 초점은 그리스도인의 다양한 시각에 있기는 하지만, 다른 종교도 과학적 증거에 대해 유사한 관점을 갖고 있다는 점을 말해둔다.[15]

진화라는 용어는 네 모델의 이름에 등장한다. 이 용어는 때때로 종의 기원에 관해서만 한정해 사용하기도 하는데, 이때는 정의상 *자연 발생 (abiogenesis, 생명의 기원)과 *우주론(cosmology, 우주의 기원)에는 적용하지 않는다.[16] 그럼에도 진화는 대중 논쟁의 핵심에 자리 잡고 있으며, 진화라는 개념이 이미 생물학적 진화를 넘어서서 생화학적 진화와 항성 진화로

---

15) 그리스도인 과학자의 모임인 미국과학연맹(American Scientific Affiliation)에서 인정하는 상이한 기독교 견해들에 대한 요약은 "Commission on Creation"(2003), American Scientific Affiliation, www.asa3.org/ASA/topics/Evolution/commission_on_creation.html에서 볼 수 있다.

16) 진화에 대한 상세한 정의는 5장에서 다룬다.

표 2.1 6가지 기원 모델의 특징 구분하기

모델명	자연주의적 진화	비목적론적 진화	계획된 진화	인도된 진화	오래된 지구 창조	젊은 지구 창조
신학	초자연적 존재 없음	창조주	창조주	창조주	창조주	창조주
목적	무목적	무목적	목적	목적	목적	목적
하나님의 개입 여부	비게임	비게임	비게임	게임	게임	게임
계보	공통 조상	공통 조상	공통 조상	공통 조상	새로운 창조	새로운 창조
우주론	오래된 우주	오래된 우주	오래된 우주	오래된 우주	오래된 우주	젊은 우주
과정	우연히 일어난 자연 과정으로 형성됨	창조 시 생명에 필요한 환경이 조성됨	하나님의 목적을 자연적으로 성취하는 온전한 창조	시간의 흐름에 따라 인도되는 우주와 생명의 급작스러운 변화	주요 계획을 통해 오래 전에 창조됨	모든 "종류"가 6일 동안 창조됨 (우주 나이는 1만 년 이내)

까지 확장되었으므로 기원의 전반을 다루는 모델의 이름으로 적합한 용어다.

내가 **진화**와 **창조**를 각 모델을 기술하는 어구로 사용하는 이유가 중요하므로 이를 설명하고자 한다. 특히 내가 계획된 진화(PE)라고 부르는 모델을 지지하는 많은 이는 "진화적 창조"(evolutionary creation)라는 이름을 더 선호한다. 이 명칭을 선별하여 명사인 "창조"를 핵심 개념으로 전달하고, 반면에 "진화적"이라는 형용사를 써서 창조 메커니즘을 설명하기 위해서다(Lamoureux, 2008: 30). 이런 용어 사용을 보자면, 이 집단은 유신론 진영에 위치해야 하며 실제 그들의 의도도 그렇다. 같은 논리로, 자연주의적 진화를 제외한 모든 모델이 창조주의 존재를 전제하므로 모두 창조 모델이라고 부를 수도 있을 것이다. 그러나 나는 계획된 진화 모델과 인도된 진화 모델 둘 다를 넓은 의미에서 진화에 포함시키기로 했다. **이 책의 일차 초점은 과학적 증거를 해석하는 방식에 있고, 신학적 견해는 부수적이기 때문이다.** 해당 증거를 설명하는 메커니즘의 측면에서, 공통 조상으로부터 변화를 동반한 후손(즉 진화)을 제안하는 모델과 서로 다른 유기체의 불연속적인 개별 기원(즉 창조)을 제안하는 모델 사이에는 매우 큰 차이가 있다. 여기서 진화와 창조라는 명칭은 스펙트럼 상에서 주요 구분 지점을 더욱 두드러지게 하려고 선택되었다.[17] 그러므로 필요에 따라 나는 첫 네 모델을 진화 관련 모델로, 나머지 두 모델을 창조 관련 모델로 칭할 것이다.

이제 각 모델을 더 세부적으로 살펴보자. 각 모델의 기본 견해와 더불어 그 모델의 흔한 변종도 함께 언급하고 가능한 여러 저자와 그들의 문

---

17) 진화에 기반을 둔 관점과 창조에 기반을 둔 관점을 이런 식으로 구분하는 것은 때때로 생물학적 연속성과 불연속성에 따른 구분으로 지칭되기도 한다(M. R. Ross, 2005).

헌을 인용할 것이다. 또 각 견해의 신학적 바탕에 대해서도 간략하게 설명할 것이다. 각 모델의 요약은 부록 A1.1, 오늘날 각 모델을 지지하는 대표자들은 부록 A1.6을 보라.

자연주의적 진화

사람들이 **진화**라는 용어를 쓸 때 그들은 대부분 *자연주의(naturalism) 철학에 기반을 둔 자연주의적 진화를 지칭한다. 자연주의란 모든 것을 자연 인과 과정으로 설명할 수 있다는 확신을 말한다. 자연주의는 물질세계 이외에는 실재가 없다는 주장인 유물론(materialism)과 밀접하게 연결되어 있다. 따라서 자연주의적 진화는 유물론적 진화라고 부를 수도 있지만, 진화가 세계의 기반에 놓인 실재에 대한 설명이 아니라 변화 과정에 대한 설명이라는 점에서 **자연주의적** 진화라는 용어가 더욱 선호된다.

자연주의적 진화와 그 근저에 있는 세계관 사이의 관계는 매우 명백하다. 만약 초자연적인 대상이 존재하지 않거나(*무신론의 주장) 초자연적인 존재에 대해 알 수 있는 바가 없다면(*불가지론의 주장), 논리적으로 시간의 시작부터 모든 과정이 전부 자연주의적이라는 결론이 나온다. 과학이 오직 자연주의적인 설명만을 인정해야 한다는 견해는 자연 세계만이 유일한 실재이자 앎의 대상이라는 철학적 전제를 바탕으로 해야 합당할 것이다. 또한 신의 계시 같은 것은 존재할 수 없으므로, 종교 문헌들은 인간의 작품일 뿐이고 창조 이야기도 신화로 취급해야 한다는 결론도 위의 견해로부터 논리적으로 도출될 것이다.

이처럼 무신론자들과 불가지론자들이 과학적 증거에 대해 같은 접근법을 취하고 있지만, 종교적 믿음의 가치에 대해서는 견해가 서로 다르다. 무신론 진영의 든든한 옹호자들인 리처드 도킨스(Richard Dawkins, 1996, 2006)와 대니얼 데닛(Daniel Dennett, 1995) 등은 종교를 과학적 진리의 해방을 통해 극복해야 할 악으로 본다. 스티븐 제이 굴드(Stephen Jay Gould, 1999, 2002) 같은 불가지론자들은 종교의 사회적 역할을 허용하기는 하지만 과학과 종교에는 각각 *겹치지 않는 교도권(NOMA: NonOverlapping MAgisteria)이 있어 그 둘은 서로 겹치지 않는 별개의 질문에 답하는 *상보적인(complementary) 지식 영역을 형성한다고 본다. 에드워드 윌슨(Edward O. Wilson, 1998)을 비롯한 몇몇 이는 지식의 모든 영역이 통합되어 있으며 따라서 언젠가 종교가 과학 밑에 편입될 날이 오기를 기대하고 있다. 자연주의적 진화를 지지해온 이들, 이를테면 진화의 과학적 측면에 대해 저술해온 에른스트 마이어(Ernst Mayer, 2001)나 공립학교에서 진화를 가르쳐야 한다는 주장을 옹호하는 유지니 스캇(Eugenie Scott) 등은 종교에 관한 견해를 직접 표현하지는 않았지만, 그들의 저작속에는 무신론이 드러난다.[18] 과학 교재를 저술하는 많은 이도 암묵적으로든 아니든 자연주의를 고수하고 있다.[19]

자연주의적 진화의 특징을 다음과 같이 요약할 수 있다.

- **철학적 공리**. 초자연적인 것은 없다. 또는 초자연적인 것에 대해 알수 있는 바는 없다.
- **추론**. 자연계로부터 온 증거, 즉 경험적 증거만이 지식의 유일한 기반이다. 따라서 과학은 지식을 획득하는 유일한 통로이고, 자연 과정에 근거한 설명만이 허용된다.

---

18) Eugenie Scott은 미국 국가과학교육연구협회(National Center for Science Education)의 이사직을 오랫동안 역임해오고 있다. http://ncse.com을 보라.

19) 많은 고등학교 교과서가 진화는 사실로 여겨질 만큼 충분히 확립되었지만 그 진화를 신이 인도했는지에 대해서 과학은 아무것도 말하지 않는다는 식으로 유신론자들을 달래기는 한다. 하지만 대학교에서 사용하는 문헌들은 명백히 철학적인 의도를 지닌 채, 진화는 인도되지 않은 것이 명백하다고 말함으로써 외관상의 객관성도 개의치 않는다(Rau, 미 출판된 자료).

- **논리적 결론.** 우리가 알 수 있는 바는 오직 자연적인 것뿐이므로 그 밖의 어떤 대상, 이른바 초자연적이라는 것은 단지 짐작에 불과하거나 아니면 완전히 거짓이다.

비목적론적 진화

비목적론적 진화(NTE)는 우주의 근간이 놓인 이후로는 초자연적인 대상의 개입이 없다고 본다. 따라서 이는 기본적으로 이신론(deism)에 따른 관점이다. 대부분은 그렇게 불리기를 싫어하겠지만 말이다. 이 모델을 지지하는 많은 저자는 과정 신학과 같은 자유주의 기독교 신학을 옹호한다. 불교든 힌두교든 아니면 뉴에이지든 초자연적인 것과 자연적인 것이 다 같이 하나라는 범신론(pantheism) 세계관을 배경으로 하는 과학자들은 논리적으로 이 비목적론적 진화와 유사한 견해를 보이게 된다.[20] **비목적론적**(nonteleological)이라는 용어를 사용하는 것은, 우주가 스스로 진화할 능력을 지닌 채 창조되긴 했으나 그 시작 때 특정한 목적이나 방향(*telos*)은 없었다는 의미를 나타내기 위해서다.[21]

우주의 기원에 대한 견해를 제외한다면, 비목적론적 진화는 과학적 증거를 해석하는 방식에서 자연주의적 진화와 거의 유사하다. 비목적론적 진화 모델도 자연주의적 진화와 마찬가지로 우주의 시작 그다음 순간

---

20) 보통 동양 종교나 범신론에 기반을 둔 종교들은 기원 논쟁에 잘 끼어들지 않는다. 물질세계를 그저 허상이나 일시적인 것으로 보기 때문이다. 이런 종교를 믿는 과학자들은 NTE와 유사한 견해, 즉 지식의 두 영역이 서로 다른 질문을 탐구한다고 주장할 것이다. 반면에 헌신적인 (기독교) 신자들이라면, YEC와 유사하게 종교만이 중요한 해답을 제시한다고 주장할 개연성이 높다.

21) Lamoureux(2008)는 비슷한 용어인 dysteleological evolution(무목적 진화)을 사용한다. 언어적 순수성 측면에서는 이것이 낫다. nonteleological은 라틴어 부정어와 그리스어 어원을 혼합시킨 단어이기 때문이다. 하지만 이미 영어에 이런 식의 혼합이 가득하고 일반 대중에게도 더욱 친숙한 용어라고 생각한다. Lamoureux의 dysteleological evolution은 NT와 NTE를 포괄한다.

부터 일어난 모든 자연 현상에 대해서는 자연에서 그 원인을 찾으려 하기 때문이다. 따라서 공식적으로 과학을 자연적 원인을 찾는 활동으로 한정하는 주요 과학 단체와 과학 교육 단체에서도 이런 형태의 유신 진화는 용인된다. 그리고 자연주의자들도 비목적론적 진화 모델과 크게 다툴 일이 없는 까닭은 양측 모두 자연법칙이 우주가 시작된 그 순간부터 구분되어 나왔다는 데 동의하기 때문이다.[22]

비목적론적 진화는 과학과 종교가 별개이며 상보적인 지식 영역이라는 점은 받아들이지만, 자연주의적 진화와는 달리 그 둘이 같은 가치를 지니거나 종교의 가치가 더 우월하다고 본다. 따라서 논쟁의 지점은 종교에 있으며 과학에 있지 않다. 비목적론적 진화를 옹호하는 이들은 대부분 과학에 관한 자신의 견해 못지않게 종교를 지지하는 글도 많이 쓴다. 크리스티앙 드뒤브(Christian de Duve, 1995), 이안 바버(Ian Barbour, 2000), 존 호트(John Haught, 2010) 등이 이에 해당한다.

비목적론적 진화의 특징을 다음과 같이 요약할 수 있다.

- **철학적 공리**. 초자연적인 것은 있다. 하지만 그 힘의 성질이 무엇이든 그것이 우주에 대해 어떤 계획을 갖고 있지는 않으므로 우주에 개입하지 않는다.
- **추론**. 오직 자연적인 힘만이 우주의 시작부터 우주에 개입한다.
- **논리적 결론**. 초자연적인 것이 자연적인 것을 인도하지 않으므로, 어떤 자연 현상도 자연주의적으로 설명하면 충분하다.

---

22) NSTA, NABT, AAAS의 선언들은 내셔널아카데미오브사이언스(National Academy of Science) 1998의 부록 C에서 찾아볼 수 있다. NABT는 1997년 선언문에서 "비인격적"(impersonal), "감독되지 않은"(unsupervised)과 같은 용어들을 뺐다(Chapman, 1998).

계획된 진화

위의 두 모델과 지금 살펴보는 계획된 진화(Planned evolution)와의 차이는 과학에 대한 관점의 차이라기보다는 신학에 대한 관점의 차이다. 그래도 별개의 모델로 구분해야 하는 이유는 바로 이 모델들을 구분해주는 *목적론(teleology)에 관한 질문이 이 논쟁의 핵심이며 결국 중요한 차이를 낳기 때문이다. 계획된 진화에 따르면, 신은 명확한 **계획**을 마음속에 품고 있었고 창조 시점에 그것을 가동시켰다. 계획된 진화는 넓은 의미에서 목적론적 진화라고 불릴 수도 있겠지만, 그럴 경우 다음에 살펴볼 또 다른 목적론적 관점의 진화 모델(인도된 진화)과 구분이 되지 않는다. 비목적론적 진화와는 달리 계획된 진화는 본질적으로 일신론(monotheism)을 따르는 견해다. 일신론을 따르는 다른 세 모델(인도된 진화, 젊은 지구 창조론, 오래된 지구 창조론—역자 주)과 마찬가지로 계획된 진화를 옹호하는 미국인들은 주로 기독교 관점으로 저술 활동을 하지만, 유대교나 이슬람교의 관점도 비슷한 견해를 취할 수 있다.

신학적으로 보자면 계획된 진화를 지지하는 이들은 대부분 자기를 온건하다고 여길 테지만, 종교적으로 강한 보수주의자들은 그들을 자유주의(수사적으로 볼 때 경멸조로 선택한 이름이다)로 낙인찍을 것이다. 계획된 진화를 옹호하는 이들은 흔히 창세기 초반의 창조 이야기를 가리켜 행위 자체보다는 행위자에 강조점을 둔 이야기, 즉 창조의 과정보다는 신이 곧 창조주임을 강조하는 고대 문학의 한 장르로 여긴다. 이들의 가장 통상적인 창세기 1장 해석은 이렇다. 태초에는 **땅이 형태가 없었고**(without form) **생명이 존재하지 않았다**(void of life). 첫 3일 동안 신이 대기, 바다, 육지를 **만들었고**(formed), 그다음 3일 동안 **각각을 생명으로 채워 넣었다** (filled each with life). 아담과 하와에 대한 견해는 다양한데, 이 모델을 지지하는 많은 이는 아담과 하와를 모든 인간의 시조인 개인으로 보기보다는 다수의 개인이 모인 한 집단 또는 인류를 나타내는 일종의 상징으로 간주한다(Lamoureaux, 2008: 290). 계획된 진화 모델이 창세기를 해석하는 내용을 간략히 요약하여 다른 모델들의 성경 해석과 비교해 부록 2에 실었으니 참조하기 바란다.

계획된 진화 모델에 따르면, 신은 자연에 개입할 능력이 있지만 그럴 필요가 없다. 왜냐하면 최초의 창조가 완벽하기 때문이다. 하워드 반 틸(Howard Van Till, 1999)은 이를 "능력으로 충만한 창조"(fully gifted creation)라고 불렀는데, 이는 변화하는 환경에 반응하며 다양한 형태의 생명체가, 궁극적으로는 인간에 이르기까지 오랜 기간을 거쳐 나타나게 할 능력이 있는 창조를 가리킨다. 이 모델은 최근 프랜시스 콜린스(Francis Collins, 2006)의 저작과 그가 설립한 바이오로고스 재단(BioLogos Foundation, Biologos.org) 등에 의해 유명세를 얻었지만, 사실 여러 법정 다툼에서 진화와 유신론이 상호 배타적이지 않다고 주장했던 케네스 밀러(Kenneth Miller, 1999) 등에 의해 꽤 오래전부터 제창되었다.

과학의 측면에서 보자면, 이 계획된 진화는 자연주의적 진화와 비목적론적 진화 등과 거의 같다. 이 견해들에 따르면, 생명이나 종의 발전에 신이 개입하지 않으므로 자연 과정으로 경험적인 증거를 설명하면 충분하기 때문이다. 하지만 계획된 진화의 경우 하나님을 경배할 수 있는, 지각을 지닌 존재를 창조하려는 하나님의 계획을 성취하려는 특정 목적을 위해 세워진 계획이 이미 창조 시에 확립되었다는 점에서 다른 진화 관점과는 다르다.

계획된 진화 역시 창조 시점 이후부터는 오직 자연적 원인만을 찾으려 하므로, 이 모델의 과학적 추론들도 많은 경우 자연주의적 진화 및 비목적론적 진화와 구별이 안 될 정도로 유사하다. 그러나 계획된 진화의 신학적 전제는 무신론자에게는 불만의 대상이 되는데, 무신론자가 보기

엔 그 자체로 완벽하게 돌아가는 계(system)라면 거기에 굳이 어떤 창조자의 존재를 상정할 필요는 없기 때문이다. 또 계획된 진화의 특징인 목적론적 양상은 자연주의적 진화와 비목적론적 진화를 옹호하는 이들을 언짢게 하는데, 이 두 견해는 진화를 본질적으로 어떤 목적하에 인도되는 현상으로 보지 않기 때문이다. 앞선 두 모델과 마찬가지로 계획된 진화도 과학과 종교를 서로 분리되고 상보적인 지식의 영역으로 보지만(따라서 NOMA 개념을 받아들인다), 아무래도 종교는 종교 연구 내에서, 과학은 과학 연구 내에서 각자 우월성을 점유한다고 보는 경향이 있다.

계획된 진화 모델의 특징을 다음과 같이 요약할 수 있다.

- **철학적 공리.** 신은 어떤 계획을 갖고 우주를 창조했고 그 창조는 완벽하여 더는 개입하지 않아도 그 계획이 열매를 맺을 수 있게 되어 있다.
- **추론.** 신에 의해 창조된 자연법칙과 과정만으로 창조 시점 이후의 모든 자연 현상을 설명하기에 충분하다.[23]
- **논리적 결론.** 창조 이후에 신이 자연 과정에 개입하지 않았으므로, 과학은 자연 현상에 대한 자연적 설명을 언제나 찾을 수 있다.

인도된 진화

*인도된 진화와 계획된 진화는 대체로 창세기 1장에 대해 비슷한 해석을 공유하지만, 차이는 인도된 진화의 경우 아담과 하와를 모든 인류의 시조인 각각의 개인으로 본다는 데 있다. 인도된 진화에 따르면, 신이 우주를

---

23) 신의 계획이 결정론적인가 하는 질문, 즉 예정론과 자유 의지에 관한 신학적 질문은 과학적 논쟁과는 별개 문제다. 하지만 칼뱅주의 전통에 서 있는 많은 이는 PE 또는 DE를 선호한다.

창조했을 뿐 아니라 계속 그 안에서 일하며, 기도에 대한 응답으로 개인의 삶에 개입할 뿐 아니라 창조 사건에도 개입하면서 자신의 계획을 실현하고자 한다. 많은 경우 신의 개입은 자연법칙을 대체하는 방식이 아니라, 낮은 확률의 사건이 발생하도록 **인도하는** 방식으로 이루어진다. 이런 의미에서 인도된 진화라는 명칭이 붙었다.

인도된 진화 모델은 신이 자연 사건에 개입할 능력이 있고 또 실제로 가끔씩 그렇게 한다고 가정한다. 따라서 신의 개입을 과학으로 탐지할 수 있느냐는 질문을 합당하게 제기할 수 있다. 인도된 진화를 옹호하는 이들 가운데 어떤 이들은 신이 했던 작업의 증거를 탐지할 수 있을 것이라고 생각하지만, 다른 이들은 이에 동의하지 않는다.[24] 신의 개입을 과학적으로 탐지할 수 있다고 생각하는 이라면 주어진 어떤 사건이 자연적 원인을 갖는지, 아니면 초자연적 원인을 갖는지를 질문할 수 있다. 이 질문의 대답으로, 자연 사건은 대부분 자연 인과에 의존하겠지만, 기원의 각 단계에서 낮은 확률의 사건이 아주 많이 일어났다는 점이야말로 이들에게는 신이 개입한 증거로 여겨진다.

인도된 진화 관점은 과학과 종교를 서로 구별되는 상보적인 지식의 영역이 아니라 서로 *상호 작용하는 지식의 영역으로 간주하는데,[25] 이는 핵심적인 차이다. 상보적인 영역에는 겹치는 부분이 없다. 상보적인 영역은 각각 분리된 종류의 질문을 다루며 그 질문에 답하는 방법론도 이질적이다. 반면에 상호 작용하는 영역에는 교집합이 있다. 이런 견해를 따른다

---

24) 신의 개입을 탐지할 수 있다고 생각하는 이들은 흔히 지적 설계를 옹호한다. 반면에 복음주의 관점에서 성경 무오를 주장하며 근본주의자인 B. B. Warfield는 자연 속에서 신이 계속 일한다는 견해가 마치 기계론처럼 보이지만(따라서 차이가 없어 보이지만), 인간에게 영혼이 존재한다는 사실 같은 것은 신의 직접 개입을 보여주는 명백한 증거라고 주장한다(Livingstone, 1984: 115-22).

25) 상보적 관점 대 상호 작용적 관점은 Moreland & Reynolds(1999: 9-10)를 따른다. 과학과 신학의 상호 작용을 바라보는 또 다른 관점에 대해서는 Dembski(1999: 7장)에게서 논의된 바 있다.

면, 최소한 몇몇 질문에는 양쪽 영역의 증거를 모두 사용하는 것이 최선의 접근 방식이다. 인도된 진화의 경우, 성경의 증거 가운데서 기원에 대한 증거로 유일하게 인정하는 것은 신비로운 방식으로 때때로 개입하는 신의 존재뿐이며, 그 메커니즘에 대한 증거는 과학이 제공한다고 본다. 우리가 나중에 살펴볼 두 창조 모델은 여기서 더 나아가 성경이 창조의 방식에 대해서도 말해주는 바가 있다고 보지만, 인도된 진화는 이를 거부한다.

이 견해를 받아들이는 이는 대부분 한편으로는 보수 그리스도인들에게 진화와 관련된 기원 관점이 가능하다는 점을, 다른 한편으로는 방법론적 자연주의자들에게 인도되지 않은 진화라는 것은 개연성이 희박하다는 점을 설득하려 애쓴다. 전자의 예로는 헨리 쉐퍼(Henry Schaefer, 2003), 데보라 하스마와 로렌 하스마(Deborah Haarsma & Loren Haarsma, 2007) 등이 있다. 후자의 예로는 마이클 비히 (Michael Behe, 1996, 2007)를 들 수 있다. 그러나 그중 누구도 자신이 옹호하는 모델이 무엇인지를 완전하게 기술하고 그 타당성을 논증한 바 없으므로, 이들이 인도된 진화를 받아들인다고 확언할 수는 없다. 하지만 그들의 저술에서 유추해보면, 또는 양측에서 서로를 반박하는 이들이 그들을 어느 지점에 두는지를 통해 유추해보면, 그들은 인도된 진화에 속하는 듯하다. 이 책을 집필하는 현 시점에, 내가 아는 어느 누구도 인도된 진화에 대해 완벽하게 과학적·종교적 정당성을 입증한 적이 없다.[26]

인도된 진화 모델의 특징을 다음과 같이 요약할 수 있다.

---

26) 내가 확인한 가장 근접한 경우는 Poe & Davis(2012)다. 비록 이들이 어떤 특정 견해를 제시하기보다는 그 질문을 탐구하는 편이긴 하지만, 이들은 신이 특히 양자(quantum) 차원과 카오스 효과(Chaos effect)의 수준에서 지속해서 우주와 상호 작용하고 있다는, 더욱 발전된 진화 이론을 언급한다.

- **철학적 공리**. 신에게는 이 세계를 위해 예정된 목적이 있고, 성경은 신이 그 계획을 성취하기 위해 필요한 대로 자연계에 개입한다는 점을 보여준다.
- **추론**. 성경에 기록된 기적들은 신이 구원 역사 속에서 종종 개입한다는 점을 보여준다.[27] 따라서 자연의 역사에서도 마찬가지로 신이 종종 개입했을 것이라고 생각하는 것이 합리적이다.
- **논리적 결론**. (목적론적인) 어떤 목표를 향한 것처럼 보이는 낮은 확률의 사건이 많이 발생한 것은 신의 개입으로 보는 것이 최선이다.

오래된 지구 창조

우리가 지금까지 살펴본 4가지 진화 모델은 자연 과정 속에는 신의 창조의 손길이 명백하게 드러나는 틈새가 없다고 주장한다. 반대로, 이제부터 살펴볼 두 창조 모델은 창조 세계에서 직접 창조 행위를 보여주는 경험적 증거를 찾을 수 있다고 주장한다("틈새의 신"[God of the gaps] 개념은 창조 모델이 종종 사용하는 개념으로, 자연 현상 중에는 자연적 설명만으로는 설명이 안 되는 틈새가 있고 이 틈새가 바로 신의 개입으로 설명된다는 주장이다). 이 두 모델은 각각 *오래된 지구 창조(OEC)와 *젊은 지구 창조(YEC)로 불리는데, 이 명칭은 지구의 나이를 얼마라고 주장하느냐에 따라 각각 붙여진 것으로, 관련된 여러 문헌에서 확실히 정립된 명칭이다. 이 창조 모델들은 성경이 창조의 목적뿐 아니라 그 메커니즘도 설명해준다고 주장한다.

오래된 지구 창조는 과학과 종교를 상호 작용하는 지식 영역으로 본다는 점에서 인도된 진화와 같지만, 이 관점은 더 나아가 창세기가 과학

---

27) 기적은 성경 곳곳에서 나타나지만, 가장 많이 나타나는 곳은 모세 안에서 옛 언약이 세워질 때와 (예수의 부활이라는 가장 위대한 기적을 포함해) 그리스도 안에서 새 언약이 세워질 때다.

으로서 명확한 가치를 지니므로 창세기 1장에 등장하는 사건의 순서가 실제로 일어난 사건 순서를 정확하게 반영한다고 주장한다. 이들에 따르면, 창조 기사의 순서는 과학이 앞으로 무엇을 발견하게 될지를 정확히 예측해주고 있으며 성경이 초자연적인 영감에 의해 기록되었다는 증거이기도 하다(Ross, 2009).

계획된 진화, 인도된 진화, 오래된 지구 창조, 그리고 젊은 지구 창조는 최소한 성경과 자연 세계가 똑같이 중요한 신의 계시이며 이 둘이 올바로 해석되기만 한다면 서로 충돌할 일이 없다고 믿는다.[28] 하지만 이 모델들은 성경을 어떻게 해석하느냐에 따라 차이를 보인다. 오래된 지구 창조는 경험적 증거와 종교 텍스트라는 두 지식 자료 간 긴장을 반영하여, 때로는 성경을 과학적 증거에 비추어 해석하고 다른 때는 과학을 성경에 비추어 해석한다. 전자의 예로는 지구의 나이를 들 수 있는데, 오래된 지구 창조는 지구 나이가 수십억 년이라는 표준 지질학 연대기를 받아들여 창세기 1장의 **날**(day)이라는 단어가 불특정한 기간을 지칭한다고 본다. 다른 한편으로 신이 지구를 뚜렷한 단계들(즉 날들)을 거쳐 창조했다는 생각을 고수하면서, 오래된 지구 창조는 종들이 갑자기 출현하는 시기를 보여주는 화석 기록을 창조의 증거로 본다.

오래된 지구 창조 모델에는 다양한 분파가 있는데, 점진적 창조 (progressive creation), 날-시대 창조(day-age creation), 그리고 간격 모델 (gap model) 등이 있다.[29] 현재 가장 왕성하게 활동하는 오래된 지구 창조

---

28) 과학적 증거와 성경 둘 다를 올바로 해석한다면 충돌하지 않는다고 보는 견해는 최소한 Augustine까지로 거슬러 올라간다.

29) 간격 모델(혹은 간격 이론)을 간략히 설명하면 다음과 같다. 간격 이론은 스코필드 성경 (Scofield Bible) 덕분에 유명해졌는데, 이 성경은 창 1:2을 "지구가 형태가 없고 공허하게 **되었다**(became)"로 번역한다. 즉 [1절에서 언급된] 먼저 있었던 창조 세계가 파괴되었는데 이것이 화석 기록과 오래된 지구를 설명해주고, 그 다음으로 일어난 창조의 결과가 현재의 창조 세계로

옹호자는 휴 로스(Hugh Ross)와 리즌투빌리브(Reasons to Believe, reasons. org)의 회원들이다. 또 스티븐 마이어(Stephen Meyer. 2009)와 디스커버리 재단(Discovery Institute) 내에 있는 과학과 문화 센터(Center for Science and Culture, discovery.org/csc)의 많은 회원이 오래된 지구 창조를 따른다.

오래된 지구 창조 모델의 특징을 다음과 같이 요약할 수 있다.

- **철학적 공리**. 신은 성경과 창조를 통해 자신을 드러내기로 선택했다. 성경과 창조 모두 신의 존재와 정체성을 확실하게 드러낸다.
- **추론**. 우리는 신이 6일 동안 창조를 수행했다는 성경의 진술과 우주와 지구의 나이가 수십억 년으로 보인다는 경험적 증거를 조화시킬 수 있는, 가능한 한 가장 직설적인(straightforward) 성경 해석을 찾아야 한다.
- **논리적 결론**. 신은 자신의 행위가 명확히 드러나기를 원하므로 지구의 나이는 실제로 수십억 년임이 틀림없고, 그의 창조는 성경에 나타난 것과 같은 순서로, 확실히 구분 가능한 개별 창조 행위가 시간을 거쳐 이루어졌음이 밝혀질 것이다.

젊은 지구 창조. 젊은 지구 창조는 그 옹호자들에게는 "과학적 창조"(scientific creation)로, 반대자들에게는 "창조론"(creationism)으로 불린다. 이는 반대쪽 진영을 폄하하는 의도로 "다윈주의"(Darwinism)라고 부르는 데 따른 반발로 쓰이는 명칭으로, 윌슨(Wilson, 1998)은 이처럼 상대

서 이는 젊은 지구를 설명해준다. 날-시대 이론과 점진적 창조 이론은 모두 창세기에 기록된 순서대로 창조가 일어났지만 창 1장의 하루가 오랜 기간을 의미한다고 본다. 20세기 중반까지는 날-시대라는 용어가 더 흔하게 사용되었고 이후에는 점진적 창조라는 용어가 더 많이 쓰였다. 두 견해의 논증은 당시 어떤 증거가 있었는지에 따라 다르지만, 기본적인 주장은 유사하다.

편의 이론에 "~ism"이라는 접미사를 붙이는 관행을 두고 "야유 접미사"라 부르기도 했다.[30] 학교에서 창조를 가르치는 것을 금지한 많은 법정 판결이 지목한 것은 바로 이 젊은 지구 창조다. 하지만 이 점을 이용해 젊은 지구 창조와는 상당히 다른 모델들임에도 "창조론자"(creationist)라는 말을 무차별로 붙여서 그 신뢰도를 떨어뜨리려는 수를 쓰는 사람들도 있다.[31]

젊은 지구 창조에는 내가 *겹치는 지식 영역들(overlapping domains of knowledge)이라고 부르는 철학적 배경이 있다. 다른 모델들이 가정하는 상보적 영역 개념이나 상호 작용적 영역 개념과는 반대로, 이 겹쳐진 영역 개념은 한쪽 영역에서 온 증거, 특히 자연 과학에서 온 증거가 성경이 말하는 바와 충돌한다고 여겨진다면 후자에 우선권을 두고 신뢰해야 한다는 주장을 가리킨다. 이는 성경이 하나님의 말씀으로 무오하기에 신뢰해야 한다는 주장과 과학은 항상 변하므로 온전히 신뢰할 수는 없다는 주장이 합쳐져 전제로 사용될 때 자연히 따라 나오는 결론이다.[32]

이 겹치는 지식 영역 개념은 젊은 지구 창조와 자연주의적 진화의 강한 적대감을 잘 설명해준다. 앞서 나는 자연주의적 진화 모델이 (불가지론자인 굴드에 의해 대중화된) 서로 구분되고 상보적인 지식 영역이라는 개념에 근거한다고 말한 바 있다. 그런데 실상 그 모델을 지지하는 무신론자들은 명목상으로만 상보적 지식 개념을 받아들이면서 실제로는 과학과 종교가 겹치는 지식 영역이고 둘 중 과학이 상위에 있다고 여긴다. 이들은 궁극적인 권위는 과학에 있으며 내세, 윤리 등과 같이 종교가 제기하

---

30) Wilson은 우리가 동의하지 않는 주장에 "~ism" 접미사를 붙여서 그 신뢰도를 떨어뜨리려는 행태에 관해 언급한 바 있다(Wilson, 1998: 11).

31) Beckwith(2003: 67-68)이 창조론자라는 용어가 수사적으로 사용된 경우들을 기록했다.

32) "과학자의 자료 해석이 성경 텍스트의 명백한 의미와 맞지 않을 때 절대로 성경을 재해석해서는 안 된다." "회의주의자들은 '성경은 과학 교재가 아니다'라고 주장하곤 하는데, 사실 맞는 말이다. 과학 교재는 매년 변하지만, 거짓 없는 하나님의 말씀인 성경은 변하지 않는다"(Ham, 2006: 78, 141).

는 모든 질문을 궁극적으로 과학이 대답해줄 것이라고 주장한다.[33] 따라서 젊은 지구 창조와 자연주의적 진화는 양극단의 대척점에 위치하고 있으며, 전자는 성경이 과학적 증거 위에 있다고 말하고, 후자는 과학적 증거가 성경이 틀렸음을 증명해준다고 본다.

물론 젊은 지구 창조 이야기는 기독교만의 것은 아니다. 모든 전통 문화에는 일종의 창조 이야기가 있다. 젊은 지구 창조에 관한 이후의 논의에서 나는 미국에서 흔히 통용되는 기독교적 관점을 주로 다루겠지만, 이슬람교나 유대교의 보수 진영도 비슷한 견해를 보인다는 점을 지적해두고자 한다. 다른 문화권의 전통 종교들은 대부분 굳이 자신들의 창조 이야기를 과학과 조화시키려고 노력하지 않지만, 만약 그렇게 하고자 한다면 그들도 결국 젊은 지구 창조와 유사한 논지를 펴게 될 것이다.

기독교가 주장하는 젊은 지구 창조 모델은 다음과 같다. 성경이 명백히 우리에게 가르쳐주는 대로, 하나님은 대략 6천 년 전에 세상과 그 안에 있는 모든 것을 문자 그대로 하루 24시간인 6일 동안 창조하셨다. 성경에 대한 그 밖에 어떤 견해도 "죄인들이 만들어낸, 오류의 가능성이 있는 이론에 근거해 하나님의 말씀을 재해석하려는" 시도다(Ham, 2006: 88). 젊은 지구 창조의 또 다른 핵심 주장으로는, 아담과 하와는 하나님에 의해 **새로이**(de novo) 창조된 2명의 개인으로서 모든 인류의 선조이며, 그들이 죄를 저지름으로써 인류의 타락으로 이어졌고, 타락 전에는 죽음이 없었으며, 세계를 휩쓴 홍수가 있었고, 인간의 언어가 여럿으로 갈린 것은 바벨탑 사건 때문이라는 주장 등이 있다. 이런 주장을 옹호하는 사람 중 잘 알려진 이로는 앤서즈인제너시스(Answers in Genesis, answersingensis.

---

33) Dawkins처럼 직설적인 이들은 아주 분명하게 겹치는 영역 모델을 지지한다. 이런 견해는 "과학주의"(scientism)로도 알려져 있다.

org)의 켄 햄(Ken Ham)과 그의 동료들,[34] 크리에이션미니스트리즈인터내셔널(Creation Ministries International, creation.com)의 조나단 사르파티(Jonathan Sarfati)와 그의 동료들, 크리에이션리서치 재단(Institute for Creation Research, icr.org)의 존 모리스(John D. Morris), 과학적 창조 연구 센터(Center for Scientific Creation, creationscience.com/onlinebook)의 월트 브라운(Walt Brown, 2001), 디스커버리 재단(Discovery Institute, discovery.org/csc)의 폴 넬슨(Paul Nelson), 존 마크 레이놀스(John Mark Reynolds), 스티븐 오스틴(Steven Austin), 제리 버그먼(Jerry Bergman), 러셀 험프리스(D. Russell Humphreys), 마이클 오어드(Michael Oard), 존 샌포드(John Sanford), 커트 와이즈(Kurt Wise) 등이 있다.

젊은 지구 창조 모델의 특징을 다음과 같이 요약할 수 있다.

- **철학적 공리.** 성경은 하나님의 무오한 말씀이며, 성경의 각 단어는 성경 자체 내에서 명백한 모순을 야기하지 않는 한 그것의 가장 일반적이고 정상적인 의미에 따라 이해해야 한다.
- **추론.** 하나님이 6일 동안 모든 것을 창조했다고 성경이 말할 때는 하루 24시간인 연속된 6일을 의미한다. 하나님이 모든 종류의 동물을 창조했으며 인간(남자와 여자)을 창조했다고 말할 때는 남자와 여자가 개별 존재로서 완전한 형태로 창조되었음을 의미한다.
- **논리적 결론.** 하나님이 모든 것을 6일 동안 창조하셨고 피조물을 각각 개별 존재로서 창조하셨다고 성경이 말해주므로, 이 계시된 진리에 부합하는 과학적 관찰의 해석만이 옳다.

---

34) 앤서즈인제너시스(AIG)와 연계된 저자로는 John Baumgardner, Gary Parker, Andrew Snelling 등이 있다.

2.4 지적 설계는 무엇인가?

기원 논쟁을 지켜본 사람이라면 상당히 영향력 있는 관점 하나가 언급되지 않았다는 사실을 눈치챘을 것이다. 그것은 바로 *지적 설계(intelligent design: 이하 ID)다. 아마 독자 중 몇몇은 지적 설계 운동에 연계된 저자들의 이름이 3가지 다른 모델에 대한 논의에서 등장했다는 점도 알아챘을 것이다. 이에 대해 약간 설명을 해야겠지만, 그전에 우선 설계라는 개념 자체와 지적 설계 운동을 구분해야 한다.

지적 설계 개념과 지적 설계 운동

설계(design)는 고대부터 있었던 개념이자 오늘날 사회 운동이기도 한데, 전자를 받아들이는 사람이 꼭 후자를 받아들이는 것은 아니다. 설계는 초기 교회 때와 다윈이 활동했던 시대에도 잘 알려져 있던 개념으로, 자연 신학에 그 근거를 둔 개념이자 기원 논쟁의 시작부터 논쟁의 한 부분을 담당했다.[35] 반면에 현대 지적 설계 운동은 일반적으로 찰스 택스턴(Charles Thaxton; Thaxton, Bradley & Olsen, 1984)의 저작을 그 시작으로 본다. 이 운동은 필립 존슨(Philip Johnson, 1991, 1995, 1997)에 의해 대중화되었고 현재 디스커버리 재단(Discovery Institute) 산하 연구소인 과학과 문화 센터(Center for Science and Culture)와 밀접하게 연결되어 있다.

그 뿌리를 보자면 설계는 목적론적 개념이다. 따라서 목적론을 받아들이는 네 모델(PE, DE, OEC, YEC) 모두 설계의 기본 개념을 지지한다.[36] 그

---

35) 자연 신학의 역사를 William Paley가 아니라 그 이전인 Thomas Aquinas와 Augustine까지 추적해 올라가는 경우도 있다(Ruse, 2004).

36) 예컨대 Denis Lamoureux(2008)는 *Evolutionary Creation*에서 내가 PE로 분류한 모델을 지지하면서 창조의 지적 설계라는 개념을 자주 언급한다. 다만 Lamoureux 본인을 비롯해 PE 모델을 지지하는 대다수가 ID 운동의 목표 자체는 지지하지 않는다.

들 간 차이는 설계가 어떻게 드러나는가, 즉 느린 자연 과정을 통해서인가 혹은 아예 새로운 창조를 통해서인가에 달려 있다. 하지만 그들은 모두 자연계가 창조자의 어떤 의도된 설계를 반영한다는 데 동의한다. 이는 나머지 두 비목적론적 모델(NE, NTE)과 극명하게 대비된다. 이 두 모델은 자연적 과정이 질서를 낳았고, 그 질서가 외견상으로는 마치 설계에 의한 것처럼 보일지 모르나 진짜 설계라면 있어야 하는 어떤 의도성이 있는 것은 아니라고 주장한다.

지적 설계 운동은 자신을 가리켜 "생명의 기원과 관련해 철저히 유물론적인 진화론에 대항하는, 증거에 기반을 둔 과학 이론"으로 정의한다 (Meyer, 2009: 4). 이 운동을 하나로 묶는 핵심은 자연 속에서 실증을 통해 설계를 탐지할 수 있다는 신념이다. 다시 말해 원칙상 설계를 탐지할 수 있다는 주장이 아니라 이를 확인시켜줄 경험적 증거가 존재한다는 뜻이다. 이 운동에 따르면, 신다윈주의가 주장하는 무작위적인 작은 돌연변이의 점진적인 누적으로는 새로운 종이 발생할 수 없다. 물론 이런 주장이 꼭 진화 자체를 완전히 부정하는 것은 아니더라도 말이다(이에 대해서는 5장에서 더 다루려 한다). 지적 설계 운동을 옹호하는 이들은 거시적으로 과학, 철학, 신학, 사회 관련 요소를 조합하여 자연주의가 사회에 끼치는 악영향이라고 자기들이 주장하는 바에 대항하여 싸우고자 한다.[37]

지적 설계 운동의 특징을 다음과 같이 요약할 수 있다.

---

37) "자연주의를 물리치려면 창조를 다음과 같이 단순한 4가지 방식으로 다뤄야 한다. ① 자연주의를 과학적·철학적으로 비판할 것. 과학적 비판으로 자연주의적 진화 이론이 경험적으로 부적절하다는 점을 지적하고, 철학적 비판으로 자연주의는 모든 지적 영역을 전복시키려 한다는 점을 보여준다. ② 지적 설계로 알려진 과학 연구 프로그램을 적극적으로 연구하여 지적 설계의 인과를 탐구한다. ③ 자연주의에 의해 오염된 모든 지식 활동 영역을 설계 개념을 통해 재정립하는 문화 운동을 전개한다. ④ 지적 설계가 추론하는 설계자와 성경의 하나님을 연결시켜 자연에 대해 정합적인 신학을 정립하려는 끊임없는 신학적 탐구를 수행한다"(Dembski, 1998: 28-29).

- **철학적 공리**. 자연 속 설계는 실증을 통해 탐지할 수 있다. 설계는 초자연적인 것이 존재한다는 증거를 제공한다.

- **추론**. 진화의 각 단계마다 자연 선택을 통해 유용한 가치가 유지되며 각 단계가 점차 발전하여 자연계 안에 복잡한 구성체가 형성될 수는 없다. 자연계 안에 있는 이 복잡한 구성체의 존재야말로 다윈주의가 틀렸고 설계가 존재한다는 증거다.

- **논리적 결론**. 우리가 자연 속에서 관찰하는 복잡성에 대해 인도되지 않는 과정이란 개념보다는 지적 설계가 더욱 적절한 설명을 제공한다. 이 설명은 경험적 근거에 기반을 두므로 과학적 설명이라 불릴 자격이 있다.

다른 모델들과의 관계

지적 설계 운동은 그 태생부터 "커다란 우산"의 역할에 전념해왔다. 지적 설계 운동 지지자 중에는 오래된 지구 모델, 젊은 지구 모델, 창조 모델, 진화 모델 진영 등 각종 모델에서 온 이들이 있다. 구성원의 상당수는 오래된 지구 창조 모델에서 왔지만, 어떤 지지자들은 젊은 지구 창조, 다른 한편으로는 인도된 진화에서 온 지지자도 찾아볼 수 있다. 따라서 지적 설계를 반대하는 이들이 종종 지적하듯이 지적 설계는 기원에 대한 어떤 단일한 설명 메커니즘을 제시하지 않으며, 그런 의미에서 과학적 모델이라고 불리기는 어렵다. 또한 지적 설계의 많은 주장이 과학적이라기보다 철학적이며, 탐지 가능한 설계라는 개념 역시 명백하게 설계자의 존재에 대한 신학적 의미를 이미 지니는 것도 사실이다. 그러나 반대자들이 지적하듯이 지적 설계가 반드시 종교를 최우선으로 하는 모델인 것도 아니다.

어떤 모델이 지적 설계 운동을 옹호할 수 있을 것인가에는 명확한 한계선이 존재한다. 앞서 말했듯이 지적 설계 운동의 중심 주장은 설계를 과학적으로 탐지할 수 있다는 것이다. 이 철학적 주장에 근거하여 지적 설계는 철학적(형이상학적) 자연주의와 *방법론적 자연주의 둘 다에 반대한다.[38] 이에 대한 반박으로, 철학적 자연주의에 뿌리를 둔 자연주의적 진화(NE)와 방법론적 자연주의를 과학의 본질로 받아들이는 비목적론적 진화(NTE) 및 계획된 진화(PE)는 지적 설계 운동에 강하게 반대한다.[39]

방법론적 자연주의는, 신이 우주를 창조했기는 했지만 그 운행에 개입하지는 않으므로 모든 자연 현상을 물리적 인과로 설명할 수 있어야 한다는 철학적 주장에 근거한다. 이 개념은 기독교가 서구 사회에서 지배적인 종교적·사회적 동력이었던 때에 근대 과학을 발전시킨 중요한 요인 중 하나였다. 이 맥락에서 신의 합리성은 곧 창조의 합리성에 대한 믿음의 기반이 되었으며, 창조는 합리적이므로 창조된 세계 속에 있는 규칙성을 연구하고 발견할 수 있을 것이라는 의미로 받아들여졌다. 그래서 이 시기의 과학자들은 과학적 메커니즘을 탐구하는 것이 곧 하나님이 하신 일을 더욱 상세히 밝히는 일이라고 여겼다. 현재도 비목적론적 진화와 계획된 진화를 받아들이는 과학자들은 여전히 그렇게 믿고 있다. 반면에 지적 설계 운동에 따르면, 방법론적 자연주의는 우주의 운행에 직접 개입하는 하나님의 사역을 과학적으로 탐지할 수 있는지를 경험적으로 조사하기보다는 선험적으로(a priori) 배제하는 관점이므로 잘못되었다.

비목적론적 진화와 계획된 진화가 주장하듯이, 현대적인 형태의 방법론적 자연주의는 과학과 철학이 **상보적인** (따라서 분리되고 개별적인) 지식의 두 영역이라는 철학적 주장과 밀접하게 닿아 있다. 반면에 지적 설계

---

38) "그러나 한 문화 속에서 과학만이 보편타당한 지식이라고 여겨지고 난 후부터는 방법론적 자연주의와 형이상학적 자연주의가 기능상 동치가 되어버린다"(Dembski, 1998: 19-20).

39) "지적 설계는 완전히 불연속인 창조로부터…가장 광범위한 진화에 이르기까지…논리적으로 모두 양립 가능하다. 하지만 지적 설계는 흔히 유신 진화라 불리는 견해와는 양립할 수 없다"(Dembski, 1998: 19-20).

는 진리 탐구를 과학과 종교라는 분리된 두 영역으로 나눌 수 없고, 더 넓게는 지식 획득을 경험적인 방식과 비경험적인 방식으로 나눌 수 없다고 본다. 지적 설계를 옹호하는 이들이 보기에, 과학과 철학에는 앞서 말했듯이 **상호 작용하는** 부분이 있다.[40] 이와 같은 철학적 주장이야말로 지적 설계 운동을 옹호하는 이들이 대부분 오래된 지구 창조 모델로부터 연유했음을 보여준다. 오래된 지구 모델도 바로 똑같은 철학적 전제를 기반으로 하기 때문이다. 이는 상대적으로 지적 설계를 옹호하는 이들 중 소수만이 젊은 지구 모델을 지지하는 이유 역시 설명해준다. 그 이유란, 젊은 지구 창조 모델이 과학과 종교가 상호 작용하는 지식의 영역이 아니라 아예 **겹치는** 영역이라는 철학적 전제 위에 서 있기 때문이다. 인도된 진화의 경우 상호 작용하는 지식 영역이라는 개념을 그 철학적 기반으로 삼기는 하지만 지적 설계에 대해서는 그들끼리도 의견이 갈리는데, 이는 실증을 통해 하나님의 인도를 탐지할 수 있는가 하는 문제에 대해 의견이 일치하지 않기 때문이다. 이외에도 철학적인 이유로 방법론적 자연주의를 반대하는 종교와 무관한 이들(non-theists)도 소수지만 지적 설계 운동을 지지하곤 한다.[41]

지적 설계를 반대하는 사람들은 지적 설계가 방법론적 자연주의를 거부하기 때문에 과학이 아니라고 주장한다. 하지만 여기에는 주의해야 할 점이 있다. 방법론적 자연주의를 반대하는 것도, 그것을 받아들이는 것도 둘 다 철학적 관점이고 이 점에서는 서로 마찬가지라는 사실이다. 마찬가지로 우리가 주의해야 할 지적 설계에 대한 또 다른 비판으로는, 지적 설계를 지지하는 많은 이가 과학적 논증의 원칙을 따르지 않는다는 주장이

---

40) "더 일반적으로는 자연 신학과 마찬가지로 지적 설계 이론은 지식 탐구의 근본 문제를 잘 짚어준다. 그 문제란 무비판적으로 학문 분파를 너무 세분화시켜버리는 행태를 말한다"(Nord, 2003: 57).
41) 예컨대 Discovery Institute의 선임연구원이자 불가지론자인 David Berlinski가 있다.

있다. 사실 지적 설계 운동을 설파하는 핵심이라 할 수 있는 사람 중 여럿
은 훈련된 과학자이지만(예. 마이클 비히[Michael Behe], 폴 치엔[Paul Chien],
귈레르모 곤잘레즈[Guillermo Gonzalez], 딘 케넌[Dean Kenyon], 찰스 택스턴
[Charles Thaxton], 조나단 웰스[konathan Wells]), 또 다른 이 중 다수는 철학
자(예. 스티븐 마이어[Stephen C. Meyer], 데이비드 벌린스키[David Berlinski]),
수학자(예. 윌리엄 뎀스키[William A. Dembski]), 법률가(예. 필립 존슨[Philip
E. Johnson], 데이비드 드볼프[David DeWolf]), 역사학자(예. 토머스 우드워드
[Thomas Woodward])이기도 하다. 이 사람들은 각자 자기 활동 분야의 원
칙을 따르므로, 지적 설계가 과학적 논증의 원칙을 따르지 않는다는 비
판이 일견 맞을 수도 있다. 그러나 이 비판은 자연 과학이 다른 지식 획득
방식과 완전하게 분리될 수 있는가 하는 질문에 호소하지만, 지적 설계가
제기하는 핵심 질문도 바로 같은 지점이다. (이렇게 비판하는 이들은 이 질문
에 "그렇다"라고 이미 답을 전제하지만, 저자가 앞서 언급하듯이 지적 설계를 주장하
는 이들은 과학과 신학의 상호 작용을 주장한다—역자 주.)

지적 설계가 과학적 논증이자 철학적 논증일 수도 있다. 그러나 반대
자들이 종종 비판하듯이 "겉으로 드러내지 않고 숨기지만, 실상은 창조
론"인 것은 분명히 아니다. 지적 설계 운동이 젊은 지구 창조 모델에서 사
용되는 많은 수의 논증을 같이 사용하는 것은 맞지만, 이것은 다윈식의
점진주의와 통상적인 과학에 대한 정의에 도전하고자 하는 공통 목적 때
문일 뿐 기원에 대한 어떤 특정 모델이나 종교적 견해를 지지하기 위함은
아니다.[42] 마찬가지로 지적 설계 운동이 종교, 신학, 또는 기원에 대한 특
정 모델을 학교에서 가르쳐야 한다고 주장하는 것도 아니다.

---

42) ID에서 사용되는 많은 논증이 YEC에서도 발견된다. 예컨대 "유기체의 환원 불가능한 성질들"이
   라는 개념(ID의 "환원 불가능한 복잡성"과 매우 유사한 개념)이나 캄브리아기 대폭발(Cambrian
   explosion)의 중요성을 강조하는 것 등이 있다(Morris & Parker, 1987: 34, 129).

종교와 철학 모두 비경험적이라는 점은 같지만, 둘 사이에는 차이가 있다. 철학은 각각의 지식 탐구 영역에서 어떤 논증이 허용되고 어떤 논증이 그렇지 않은지를 규명함으로써 모든 지식 획득 방식의 기반을 제공하려고 한다. 그러므로 암묵적으로 어떤 철학적 관점을 권장하지 않으면서 과학을 가르친다는 것은 불가능하지만, 특정 종교를 믿는 믿음을 권장하지 않으면서 과학을 가르치는 것은 가능하다. (이는 무신론을 믿는 믿음 역시 마찬가지다.) 지적 설계 운동은 바로 어떤 특정 설명 방식이라도 미리 배제하지 않는 과학철학 관점을 권장함으로써 모든 종교를 같은 선상에 놓자고 주장하는 것이다. 이에 대해서는 8장에서 다시 살펴보도록 하자.

3장

우주의 기원

제대로 된 기원 모델이 되려면 우주의 기원, 생명의 기원, 종의 기원, 그리고 인류의 기원이라는 이 4가지 개별 사건에 대해 일관성 있는 설명이 필요하다. 서로 다른 여섯 이론의 바탕에 깔린 철학적·신학적 주장을 통해 이번 장에서는 각각의 이론이 내세우는 관련 증거를 검증하고자 한다. 앞으로 네 장에 걸쳐 우리는 순서대로 우주, 생명, 종, 인류의 기원을 살펴보고, 각각의 기원 모델에 대한 증거를 요약한 뒤, 이후 다른 방면의 다양한 모델로 이를 해석해볼 것이다.

설명 가능한 모든 증거와 해석을 담아 자그마한 한 권의 책으로 선보이기란 불가능하다.[1] 지금까지 나온 책은 모두 하나의 기원 및 이와 관련된 증거를 두고 하나의 모델을 사용해 해석해왔다. 이 책에서는 관련된 폭넓은 주제를 모두 포함하는 큰 그림을 그려보고자 한다. 이를 위해 각각의 기원에 대한 증거를 2-3가지 부류로 나누고 각 증거에 대한 예를 든 다음, 그에 대한 여러 주요 해석을 요약해보고자 한다. 상세한 내용을 원하는 분은 이 책에 첨부된 부록과 참조를 보기 바란다. 이 책이, 독자들이 더욱 자세한 설명에 접근하는 데 자신감을 가질 수 있도록 충분한 발판을 제공하기를 희망해본다.[2]

---

1) 데이터와 증거를 구분하는 것은 중요하다. 데이터가 어떤 모델에 의해 기대되는 패턴과 꼭 맞지 않을 경우 이는 측정 오차나 오류로 간주할 수도 있지만, 그렇게 되면 그것들은 해당 연구와 무관한 것으로 여겨져 증거에서 제외된다. 이 문제에 대해서는 5장에서 다시 살펴보기로 하자.

2) 앞으로 나는 특정 논지를 기술하기 위해 주석을 사용할 경우에는 권위 있는 참고 문헌을 인용하도록 하겠다. 그렇지 않은 경우라면, 독자가 관련 자료에 쉽게 접근할 수 있도록 배려하는 차원에서 온라인 자료를 인용할 것이다.

나는 가능한 한 객관적인 위치에서 양측 모두의 증거와 해석을 제공하기 위해 애썼다. 이처럼 객관성을 유지하며 글을 쓰고자 할 때 한 가지 어려운 점은 왜 그 증거가 중요한지, 그리고 그것이 어떤 결론을 가리키는지를 함께 말하지 않고 증거 자체만 제시하기가 어렵다는 데 있다. 특정한 해석 렌즈만을 통해 증거를 보지 않으려면 어떤 보정의 과정을 거쳐야 하는지, 그리고 어떤 저자의 관점과 그에 수반되는 전제를 확인하는 일이 얼마나 중요한지 독자들이 알게 되기를 바란다.

첫째, 결국 어떤 모델이든 애초에 우주가 왜 존재하는지, 그리고 왜 현재의 우주가 생명을 지탱해주는 방식으로 존재하는지를 설명해줘야 한다. 이 주제에 대한 개요는 표 A1.2에 있다. 기원에 대한 여섯 모델은 관련 증거를 어떻게 해석하느냐에 따라 세 범주로 나뉜다. 다섯 모델은 지구와 우주의 나이에 대해 동의한다. 그중 네 모델은 우주 뒤에 놓인 원인에 대해서도 상당 부분 동의한다.

대중은 진화와 종의 기원에 관심을 기울이기 때문에, 기원의 네 영역 중 우주의 기원은 기원 논쟁에서 큰 주목을 받지 못했다. 고등학생들이 대부분 천문학 수업을 듣지 않을뿐더러 대학교에서도 필수 교양 과목이 아니기 때문일 것이다. 아마도 우주론의 증거가 너무나 전문적으로 표현되어 비전문가는 대부분 이해하기 어렵고, 효과적으로 질문하기도 어렵기 때문일 것이다. 그러나 우주야말로 창조주의 존재를 가장 크게 보여주는 증거가 많은 영역이며, 그 증거의 기초가 되는 기본 메커니즘에 대해 다양한 영역의 모델이 가장 많이 동의하는 부분이기도 하다. 흥미로운 사실 하나는, 기독교적 관점에서 빅뱅 우주론을 가장 강력하게 지지하는 목소리 중 하나가 오래된 지구와 창조를 지지하는 단체에서 나오고 있지만, 오래된 지구에 가장 신학적으로 가까운 모델인 젊은 지구 창조는 오히려 빅뱅 우주론을 받아들이지 않는 유일한 모델이라는 점이다. 어쨌든 어떤

설명이 있는가를 보기 전에 어떤 증거가 있는지를 먼저 살펴보자.[3]

3.1 어떤 증거가 있는가?

많은 사람이 수학에 의존하는 물리학, 화학 등을 물리과학으로, 수학에 의존하지 않는 생물학, 생태학 등을 생명과학으로 구분하지만, 나는 이 같은 분류에 동의하지 않는다. 그러나 전통적으로 이들 두 종류의 과학에서 다른 분야의 수학을 사용하는 경향이 있는 것은 사실이며, 고등학교나 대학교 저학년 수준까지는 여전히 그렇게 다른 수학을 사용한다. 20세기 중반까지 물리학과 화학은 대수학과 기하학 및 미적분학과 같은 비확률론적인 수학을 기초로 했다.[4] 따라서 물리과학의 많은 문제에는 고정된 해[解]가 있고, 제안된 가설들은 예상된 패턴을 따르는지 관찰함으로써 매우 엄격하게 시험할 수 있다. 반면에 생명과학은 확률과 최적화 이론, 복잡성 이론, 심지어 카오스 이론(그중 어떤 것도 일반 고교 과정에 포함되지 않기 때문에 생명과학이 수학을 사용하지 않는다는 인상을 준다) 등에 기반을 두는데, 이들은 특성상 고정된 해가 없다.[5] 따라서 생명과학의 예측은 물리

---

3) Edwards(2001)는 과학적 증거와 철학적 질문 양쪽을 구분하기 위해 둘 다를 주의 깊게 살펴본다. 수정된 과정 신학(NTE) 관점을 가진 Edwards는 빅뱅과 미세 조정된 다양한 상수들, 자연주의의 철학적 주장, 정상 상태, 진동하는 우주, 그리고 다양한 형태의 빅뱅에 대한 다양한 자연주의 모델의 강점과 약점에 대한 자세한 분석 등에 관한 증거를 요약하여 제공했다. 기원에 대한 다른 모델의 지지자들도, 과정 신학이 가장 좋은 설명을 제공한다는 그의 결론에 동의하지 않는 경우에도, 그의 과학적 증거에 대한 요약에는 아무 문제없이 동의할 수 있을 것이다.

4) 화학의 오비탈 개념과 마찬가지로 양자 역학, 유체 역학 및 다른 새로운 영역의 고급 물리학은 확률론에 바탕을 둔 수학에 근거한다.

5) 현재 미국의 공립학교에서 강조하는 수학은 주로 물리과학과 연관이 있는 종류인데, 이는 현재의 교육 과정이 물리와 공학이 필요했던 냉전 시대라는 상황에 큰 영향을 받은 결과물이기 때문이다. 아마도 이제는 고등학교 수학에서 확률, 논리, 그래프 이론 등을 더 다뤄야 할지도 모르겠다.

과학의 예측처럼 확정적(definitive)이지 않다.[6] 나중에 살펴보겠지만, 일반적으로 물리학과 천문학(우주의 기원)으로부터 화학(생명의 기원)을 거쳐 생물학(종의 기원)을 지나 인류학(인류의 기원)으로 갈수록, 예측성은 감소하고 역사적 우발성의 중요도는 커진다.

우주의 기원에 대한 증거는 주로 천문학에서 비롯한다. 전통적인 물리학이 그러하듯이 천문학도 결정론적(deterministic)이다. 처음부터 예측은 천문학에서 매우 중요한 요소였다. 이런 예측의 요소 때문에 고대 천문학자들은 매우 정확하게 춘분, 일식 및 우주에서 일어나는 여러 사건을 예측할 수 있었다. 천문학 법칙이나 그와 관련된 많은 이론은 수학적으로 표현되므로, 천문학 법칙과 이론을 구분하기란 생명과학에서만큼 분명하지 않다. 천문학에서는 이론이 만들어내는 예측을 수학을 써서 높은 정확도로 확증할 수 있다. 그러므로 다른 물리과학과 같이 천문학은 적어도 한 세기 동안 명백하게 이론을 중심으로 수행되었다. 이론을 확증할 경험적 증거나 반증할 반례를 찾으면서 말이다.

당연히 천문학은 별들을 실험실로 가지고 와서 몇 가지 변수를 조작하는 실험을 할 수 없으므로 기본적으로 실험 과학이 아니라 관측 과학이다. 그러나 많은 경우에 별까지의 거리 문제 때문에 직접 관측하거나 측정하기는 힘들다. 그러므로 천문학자들은 특정 이론을 검증하기 위해 간접적인 방식을 발달시켰다. 이런 간접 측정법은 정확성을 위해 직접 측정값으로 보정하지만 숨겨진 가정 때문에 비전문가가 그 논증이 유효한지를 판단하기는 어렵다. 더욱이 우리가 증거라고 부르는 것이 우리의 감각

---

6) Wilson(1998)은 모든 지식이 언젠가는 과학적 지식으로 환원될 것이라고 주장한다. 물리학과 화학의 방법론을 생물학이나 사회 과학에 적용함으로써 말이다. 하지만 생물학이나 사회 과학에서 확률론에 근거한 수학이 많이 사용된다는 점을 생각해보면, (아무리 물리학과 화학의 방법을 적용한다 해도) 물리학이나 화학만큼 포괄적인 예측력을 갖게 될 것이라고 보기는 어렵다.

으로 직접 관측한 것이 아닌 경우, 이를 증거라 할지 추론이라 할지 그 구분이 모호하다.[7] 이는 과학이 인간의 감각 또는 그 확상을 통해 직접 관찰할 수 있는 영역에서 벗어나 점차 전통적인 의미의 경험적 증거와 직접적인 관련이 덜한 영역으로 옮겨가면서 모든 과학 분야에 영향을 미치는 문제가 되었다.

유사 이래 주로 사람들은 우주가 당연히 고정되어 있고 변하지 않는다고 믿었으며, 지구를 우주의 중심으로 생각했다. 그러나 17세기 이후 지구는 우주의 중심에서 벗어났고, 우주가 영원히 불변한다는 우주론은 20세기에 들어 사망을 고했다. 현재의 패러다임인 빅뱅 이론에 대한 비방과 풀리지 않는 문제가 없는 것은 아니지만, "변화하는 우주"(changing universe)라는 개념에 대한 증거는 압도적이다. 마찬가지로, 생명이 존재하기 위해 정교하게 균형 잡힌 많은 요소가 필요하다는 사실은 지난 반세기의 연구를 통해 점차 명확해졌다. 비록 간접 증거가 많이 포함되어 비전문가들이 그 세부 내용을 이해하는 것이 매우 힘들다 하더라도 전체 그림을 이해하기는 어렵지 않을 것이다.

---

7) 간접 증거는 천문학 및 지질학과 같이 특정 사건을 직접 관찰하기 어려운 분야에서 광범위하게 사용된다. 증거라고는 하지만, 한 사건의 관찰을 다른 사건의 관찰을 위한 대용품으로 사용한다는 점에서 증거가 아니라 추론이다. 이 작업을 수행하려면, 두 사건이 인과적으로 연결되어 있어야 하고, 첫 사건의 관찰을 두 번째 사건으로 연결시키는 것 이외에 가능한 다른 설명이 없거나 가능한 다른 설명이 있다고 하더라도 그것이 반증될 수 있어야 한다. 과학에서 우리는 대체로 항상 이렇게 한다. 아침에 밖을 볼 때 우리는 "지난밤에 비가 내렸어"라고 말할 수 있다. 비록 밤에 비가 내리는 것을 보거나 듣지 못했더라도 말이다. 잔디밭이나 도로, 길, 나무 등 모든 것이 똑같이 젖어 있는 모습을 보았을 때, 이를 설명할 수 있는 다른 이유를 생각할 수 없기 때문이다. 훨씬 전문적이기는 하지만, 이 책에서 "증거"라고 말하는 것 대부분이 이와 같다. 지구 과학 및 우주 과학에서 사용하는 간접 증거의 원리는 Gonzalez & Richards(2004: 2장)에 훌륭하게 설명되어 있다.

변화하는 우주

과학 역사상 자주 언급되는 사건 중 하나로는, 인간을 중심으로 회전하던 우주의 중심에서 인류를 제거했다는 이유로 교회로부터 거센 박해를 받은 갈릴레이 사건을 들 수 있다.[8] 갈릴레이 사건을 이렇게 이해하는 것은 우주의 중심에 관한 오늘날의 개념을 반영할 뿐 아니라, 서로 경쟁하는 해석 사이에서 어떤 해석을 선택할 것인가 하는 문제가 자연과학에만 국한되는 문제가 아니라는 점을 보여준다.

고대 그리스부터 코페르니쿠스 시절까지 지구는 우주의 중심으로 여겨졌고 이를 뒷받침하는 많은 문헌이 존재한다. 그러나 우주의 중심인 지구는 가장 타락한 것들이 위치하는 가장 낮은 장소로 여겨졌다. 반대로 하늘은 물리적으로나 형이상학적으로나 완전한 구로 생각되었다. 인간은 4가지 원소(흙, 물, 공기, 불. 하나를 더하자면 아리스토텔레스가 제시한 천상의 제5원소인 순결한 에테르가 있다) 중 가장 무겁고 불순한 요소인 흙으로 만들어진 존재였다. 천국으로 갈 영혼은 하늘로 올라가고, 그렇지 않은 영혼은 밑으로 떨어진다. 사탄을 지구의 중심 한가운데 놓은 단테의 신곡은 그냥 우화가 아니라 그 당시 사람들이 지구를 실제로 이해했던 방식을 보여준다. 이런 분위기 안에서 코페르니쿠스와 갈릴레오는 지구가 태양계의 중심이 아니라고 주장했고, 이는 죄 많은 인간을 천상 세계로 끌어올렸을 뿐만 아니라 동시에 천계를 불완전한 모습으로 상상함으로써 당시 주류를 이루던 모델(천동설)을 전복시켰다.[9] 갈릴레오의 모델에서 부족한 요소

---

8) Dennis Danielson, "Myth 6: That Copernicanism Demoted Humans from the Center of the Cosmos"; Maurice A. Finocchiaro, "Myth 8: That Galileo Was Imprisoned and Tortured for Advocating Copernicanism" in Numbers (2010).

9) Johannes Kepler는 행성의 궤도가 완벽한 원이 아니라 타원임을 보여주었고, Galilei는 달이나 다른 별들의 표면이 완벽하지 않다는 사실을 관찰했다. 이런 관찰을 통해 그들은 완벽한 하늘이라는 개념을 파괴했다.

는 이 운동에 대한 메커니즘이었지만, 18세기 초 뉴턴이 만유인력이라는 요소를 첨가하여 이 메커니즘이 마련되었고, 지동설(태양 중심 모델)이 완전히 받아들여지게 되었다.[10]

뉴턴의 모델은 20세기 초 아인슈타인의 일반상대성 이론이 제시되면서 심각한 도전을 받았다. 당시를 지배했던 패러다임에 따르면, 우주는 고정된 것으로 생각되었다. 아인슈타인은 우주 상수를 자신의 방정식에 첨가했는데, 이는 우주 상수가 없는 상태의 방정식으로는 우주가 팽창하고 있어야 한다는 예측이 나왔으므로 그 당시 우주 모델에 부합하기 위해 첨부한 것이었다. 이는 모델이 어떻게 과학에 영향을 주는지를 보여주는 좋은 예라고 할 수 있다. 그로부터 15년도 되지 않아서 에드윈 허블(Edwin Hubble)이 멀리 떨어진 별들로부터 온 빛을 관찰함으로써 우주가 실제로 팽창한다는 첫 번째 증거를 제공하여 정상 우주론과 우주 상수 모두에 오류가 있음을 보였다.[11]

적색 편이(Red shift). 허블은 우리로부터 멀리 떨어진 별일수록 그 별에서 오는 빛의 스펙트럼이 적색 쪽으로 치우친다는 것을 발견한 뒤 이 현상을 *적색 편이(Red shift)라 이름 지었는데, 이는 이후 허블 법칙으로 공식화되었다.[12] 허블은 세페이드 변광성(Cepheid variable stars)으로 알려진 성단의 별들을 관측했다. 이 별들은 일정한 간격으로 색이 변했는데, 이는 그들의 밝기를 나타내는 지표인 광도(luminosity)와 관련이 있다. 실제 별의 밝기는 별의 크기와 관측자로부터 얼마나 멀리 있는가에 영향을

---

10) 코페르니쿠스 혁명에 관한 더 많은 정보는 Gonzalez & Richards(2004: 11장)을 참조하기 바란다. 왜 **혁명**이라는 단어에 오해의 여지가 있는지와 더불어 이 사건에 관한 전체 분석은 Howell(2003)을 참조하라.

11) 좀 더 자세하지만, 연혁을 간략히 기술한 Coles(2001)를 참조하라.

12) 이것이 바로 이론(상대성 이론)이 법칙(허블 법칙)에 앞서는 경우로서 내가 유일하게 알고 있는 경우다. 물론 다른 예가 더 많다는 사실에는 의심의 여지가 없다.

받는다. 실제 밝기(Actual luminosity)와 겉보기 밝기(Apparent luminosity)를 비교하여 우리는 별이 얼마나 멀리 떨어져 있는지를 판별할 수 있다.[13]

별에서 온 빛은 분광계(spectrophotometer)를 통해 분석할 수 있는데, 이를 통해 별빛은 스펙트럼으로 나타난다. 이 스펙트럼 라인과 유사한 스펙트럼이 지구상에서 열을 내는 요소를 통해서도 거의 유사하게 만들어진다.[14] 이 두 스펙트럼을 비교하여 천문학자들은 매우 정밀한 전자기 파장으로 보이는 별의 구성 요소를 구별할 수 있다. 허블은 지구로부터 더 먼 거리에 있는 세페이드 변광성에서 방출된 빛이 더 가까운 거리에 있는 별들이 내는 빛보다 더 긴 파장으로 편이된다는 사실을 관측했다. 이 현상의 기저에는 도플러 효과(Doppler effect)와 유사한 원리가 숨어 있다. 마치 사이렌 소리가 우리에게서 멀어질수록 소리가 낮아지듯이 말이다. 이 현상에 대한 허블의 해석은, 우주 상수를 뺀 상대성 이론에 그도 동의하며, 따라서 우주는 팽창한다는 것이다. 이와 유사한 현상을 야간 운전을 통해 경험할 수 있는데, 자동차 후미등의 크기, 간격, 그 밝기를 통해 우리는 실제로 내 앞에 있는 차와 내 차가 얼마나 떨어져 있는지, 그리고 그 거리가 멀어지는지 혹은 가까워지는지를 통해 앞차와 내 차 중 누가 더 빠른지를 직관적으로 알 수 있다.

우주 배경 복사(Cosmic microwave background radiation; CMBR). 과학계 외부에서는 상대적으로 덜 알려져 있긴 하지만, 뉴턴과 아인슈타인 사이에는 또 다른 유명한 물리학자인 제임스 클락 맥스웰(James

---

13) 많은 다양한 요소가 밝기에 영향을 주지만, 어떤 별의 밝기를 결정하는 데는 크기와 거리가 가장 큰 영향을 미친다. 매우 멀리 떨어져 있는 천체를 더욱 정교하게 측정한 최근 연구 결과에 따르면, 허블 상수의 추정치가 좀 더 낮게 잡히지만 그 원리는 같다(Coles, 2001: 50).

14) 똑같진 않지만, 유사한 스펙트럼을 보인다. 이 둘이 서로 역의 관계이기 때문이다. 다시 말해 지구에서 생성된 요소는 발산 스펙트럼인 반면에 별은 흡수 스펙트럼을 생성하는데, 이는 같은 파장에서 별의 대기가 흡수한 에너지 때문이다.

Clerk Maxwell)이 있다.[15] 19세기 후반 맥스웰은, 현재는 전자기 복사 (electromagnetic radiation)로 알려져 있는 전기, 빛, 그리고 자기는 모두 파장이라는 현상이 다르게 표현된 것이라고 추론했다. 전파(radio wave)와 전자기파(microwave radiation)는 저에너지인 긴 파장에 해당하고, 고에너지인 짧은 파장은 X-선과 감마선을 포함하며, 그 중간 영역에는 적외선, 가시광선, 자외선이 있다.[16] 이 발견은 적색 편이(세페이드 변광성과 지구의 상대적 움직임에서 기인하는, 관측된 빛의 진동수 변화)를 발견하는 토대를 마련했을 뿐 아니라, 팽창하는 우주에 대한 논의의 중심이 되는 *우주 배경 복사(CMBR)의 발견에도 크게 이바지했다.

여러분은 난로를 사용한 후에 그 위로 손을 지나쳐본 경험이 있을 것이다. 난로가 식어가면서 난로를 둘러싼 방의 온도에 도달할 때까지 난로는 점점 더 낮은 에너지를 방출한다. 처음에는 난로가 붉게 타오르고, 이후에는 적외선을 방출한다. 우리는 그 적외선을 느낄 수는 있지만 볼 수는 없다(따뜻함을 느끼는 게 그 증거다―역자 주). 실험을 통해 우리는 버너를 끄고 난 후 얼마나 지났는지를 추정해볼 수도 있다. 이것이 바로 우주 배경 복사(CMBR)를 설명하는 기본 원리다.[17]

배경 복사는 별들 사이의 우주 공간에서 발견되는 전자기파와 그 온도로 간주할 수 있는데, 둘은 원인과 결과로서 서로 관련되어 있다. 배경 복사는 1964년에 처음 감지되었으며, 1992년에 우주 배경 복사 탐사선

---

15) 내가 가장 좋아하는 인용구 중 하나는 Maxwell이 마르샬 칼리지(Marischal College)에서 1856년 11월 3일에 했던 강의에서 한 말이다. "우리는 지금 가르칠 것이 너무 많지만, 그것을 가르칠 시간이 없다." 나는 과거 150년 간 폭발적으로 증가한 정보의 양을 맥스웰이 본다면 지금 무슨 말을 할지 궁금하다.

16) 자기장은 전기장의 진동에 직각으로 진동하는 면에서 검출된다.

17) 빅뱅에서 온 방사선은 자외선과 가시광선 영역의 스펙트럼 파장으로부터 적외선 마이크로파 영역의 스펙트럼 파장으로 냉각된 것으로 예측되는데, 후자 부분이 그 이름의 근원이 되었다 (Coles, 2001: 61).

(COBE)을 보내어 하늘 상당 부분에 걸쳐 측정한 결과 매우 균일하고 광범위하게 배경 복사가 일어난다는 점을 확인했다.[18] 이후 더욱 세밀하게 관측된 측정값들은 어떤 특정 패턴에 꼭 맞는 미세한 정도의 파동이 존재함을 보여주었다. 이것의 중요성은 뒤에서 논의하겠다.

상대적으로 풍부한 빛의 요소. 우주가 팽창한다는 점이 명백해진 20세기 중반 무렵, *정상 우주론(steady-state cosmology)과 빅뱅 이론으로 알려진 2가지 메커니즘이 팽창하는 우주를 설명하기 위해 제안되었다. 공식적으로 이 두 이론 중 어느 것도 과학 영역 밖의 문제인 우주 기원 자체에 대한 설명은 아니라는 점에 주의하자. 오히려 이 이론들은 각각 어떻게 우주가 팽창하는가를 설명하고자 할 뿐이다.[19] 하지만 각 모델이 우주의 기원에 대해 함축하는 바가 있는데, 이에 대해서는 뒤에서 살펴볼 것이다. 현실에서는 두 모델 중 어느 것도 그냥 단일한 하나의 이론이 아니라, 우리가 살펴보고 있는 여섯 모델과 마찬가지로 내부적으로 상당한 불일치가 존재하는, 서로 관련된 일련의 모델을 한데 묶어 일컫는 이름이라는 데 주목해야 한다.[20]

만일 우주가 지금 팽창한다고 가정하고 거꾸로 시간을 거슬러 돌아가 보면, 우주는 응축되어 한 점으로 존재할 것이다. 우리가 충분히 시간을 되돌려볼 수 있다면 그곳에는 하나의 기원, 즉 우주의 시작점이 있어야 한다. 이렇게 매우 단순한 해석은 결국 빅뱅 이론으로 알려진 모델을

---

18) Smoot & Davidson, 1993. 간결한 요약은 Ross(1993: 3장)에서 찾을 수 있다.
19) 비유하자면 이는 천문학판 진화와 생명기원론인 셈이다. 종종 생물학자들은 진화란 오직 생명이 존재한 이후 어떤 일이 일어났는지에만 관련된 탐구라고 주장하면서 생명의 기원에 대해 대화하기를 거부한다. 물론 이는 초기 시작점이 어디에서 왔는지를 논의하고자 하지 않고 빅뱅의 메커니즘에 대해서만 이야기하겠다고 하는 것과 같은 문제다.
20) 빅뱅 이론의 변형에 관해서는 Edwards(2001)의 글을 참조하라.

만들어내었다.[21] 빅뱅이라는 이름에는 오해의 소지가 있는데, 마치 시공간 속에 이미 존재하던 물질이 폭발하여 더 넓은 공간에 덜 균일한 형태로 퍼지게 되었다는 식의 인상을 주기 때문이다. 하지만 사실 빅뱅 이론은 우주가 팽창하기 시작하면서 시간과 공간이 생겨났고 물질도 점차 정돈되어갔다고 가정한다.

다른 대안 설명인 정상 우주 모델은 우주가 팽창함에 따라 새로운 물질이 생겨난다고 본다. 따라서 우주가 팽창하더라도 그만큼 새로운 물질이 생기므로 전체 밀도의 총합은 변하지 않고, 따라서 우주는 시간과 공간 속에서 무한할 것이다.[22] 그 새로운 물질은 양자 유동(quantum flux)에 의해 형성되며, 우주가 팽창하면서도 안정된 상태를 유지하는 데 필요한 새로운 물질의 양은 별로 크지 않아서 우주의 생애 전체를 통틀어도 제곱미터 당 수소 원자 하나면 충분하다(Coles 2001: 58).

이 두 모델을 구분하기 위해 첫 번째로 제안되는 증거 중 하나는 가장 가벼운 세 원소인 수소, 헬륨, 리튬과 수소의 동위원소(isotope)인 중수소(수소 핵 안에 양성자와 중성자가 각 하나씩 있는 수소)가 상대적으로 풍부하다는 사실이다. 이 원소들을 볼 때, *항성 핵 합성 이론(stellar nucleosynthesis theory)은 다른 모든 무거운 원소들이 별이나 초신성(supernova)의 중심에서 만들어질 수 있었을 것이라고 추정한다. 다양한 등급의 별에 나타나는 원소들을 관측해보면 그 결과는 이 합성 이론을 지지하는 듯하다. 반

---

21) 이 이름은 정상 우주론을 신봉했던 Fred Hoyle이 냉소적으로 지은 것인데, 현재는 이 이름으로 고착되었다.
22) 정상 우주 모델의 동기가 빅뱅 이론의 형이상학적 함축에 반대하기 위해서라는 일반적인 설명이 틀렸다고 알려준 익명의 제보자에게 감사드린다. Hans Halvorson and Helge Kragh(2011, winter) 및 "Cosmology and theology" in *Stanford encyclopedia of philosophy*, Edword N. Zalta (Ed.), http://plato.stanford.edu/archives/win2011/entiries/cosmology-theology를 참조하라.

면에 빅뱅 이론을 제외하고는, 이 세 원소가 현재와 같은 구성비로 형성된 메커니즘을 설명할 수 있는 다른 이론이 알려진 바 없다.[23] 정상 우주론에 따르면, 이들 세 원소는 단지 어쩌다가 그런 비율로 나타났을 뿐이다. 또한 정상 우주론은 우주 배경 복사가 관측되는 패턴을 설명하지 못할 뿐 아니라, 우주에 가장 많이 존재하는 세 원소의 구성 비율도 설명하지 못한다. 이런 이유로 정상 우주론은 몇몇 강경 지지자를 제외하고는 대다수 사람들에게 받아들여지지 않고 있다.

얼핏 보면, 이상의 논의가 여섯 모델을 평가하는 것과 아무런 상관도 없어 보일지도 모른다. 그러나 앞으로 증거에 관한 해석에 대해 논할 때 알게 되겠지만, 여섯 모델 중 한 모델은 정상 우주론과 매우 유사한 설명을 제시하며, 다른 모델이 제시하는 설명 역시 어떤 이들로 하여금 정상 우주론을 옹호하게 했던 것과 같은 종류의 형이상학적 문제를 해결하고자 노력한다는 점을 알게 될 것이다.

이론의 일관성. 우주의 기원에 관한 일련의 많은 증거를 빅뱅 이론과 관련짓지 않고 논의하기란 어려운 일이다. 수집된 모든 증거가 특별히 빅뱅 이론으로부터 예측된 내용들을 평가하기 위해 사용되기 때문이다. 이는 지난 반세기 동안 많은 과학자가 다양한 측면에서 빅뱅 이론을 시험해왔다는 측면만 봐도 알 수 있다. 허블 우주 망원경을 통해 여러 은하의 시공 거리를 관측한 결과 먼 과거에는 우주가 오늘날보다 훨씬 더 오밀조밀하게 모여 있었고 특정 시점보다 더 오래된 물체가 존재하지 않음을 알게 되었다. 우주 배경 복사를 더 정밀히 조사한 결과 초기 *특이점

---

23) 이 4가지 원소뿐만 아니라 헬륨-3과 리튬-7의 상대적 비율을 뜨거운 빅뱅 모델을 통해 정확하게 예측할 수 있지만, 중입자(Baryon)와 광자(Photon)의 비율만이 우리 우주에서 관측 가능한 값이다. 다음 장에서 설명할 많은 값과 마찬가지로, 왜 존재하는 것들이 정확히 그 비율로 존재해야 하는지는 알려져 있지 않다(Coles, 2001: 62-64).

(singularity)으로부터 팽창이 일어났을 경우의 결과와 일치하는 구조를 보여준다. 아원자 입자들의 조성 비율도 빅뱅 이론과 일치한다. 한편, 이론과 일치하지 않는 관측도 있었으므로 *암흑 물질(Dark matter)과 *암흑 에너지(Dark energy), 그리고 *팽창 기간(inflationary period)이 존재함을 가정해야 했는데, 아직 그중 어느 것도 탐지되지 않았다(Cornell, 1989. 현재는 암흑 물질과 암흑 에너지 관련 관측 내용이 보고되고 있다ー역자 주).[24] 이와 관련된 상세한 내용은 상당히 전문적이지만, 수집된 증거가 점차 늘어나면서 더 많은 과학자가 우주가 생명체를 유지하려면 얼마나 다양한 값이 정교하게 조화를 이루어야 하는지를 깨달았다. 이 주제에 관해서는 다음 장에서 소개하기로 하겠다.

미세하게 조율된 우주

지난 반세기 동안 과학자들을 놀라게 한 것 중 하나는 생명체의 존재를 위해 다양한 수치가 세밀하게 균형을 맞추고 있다는 점이었다. 이러한 수치 중 물질의 존재에 필수적인 물리적·화학적 특성에 관한 수치들을 *물리 상수(physical constants)라고 한다. 다른 수치들은 우주의 방대한 규모가 지닌 구조적 특성과 관련되어 있다. 또 다른 수치들은 태양계와 같은 어떤 계와 그 안의 행성에서 생명이 발생하기 위해 필요한 시간을 가지는 데 필수적인 특성과 관련된다. 여기서는 모델과 증거를 완전히 따로 떼어

---

24) 최근의 발전된 결과는 Coles(2001)에게서 찾을 수 있다. 사실 이것도 우리에게서 매우 멀리 떨어진 천체의 관측 정확도를 크게 향상시킨 허블 우주 망원경이 작동하기 전에 관측된 것으로, 조금 오래된 자료다. 가장 최신의 정보를 보려면 인터넷으로 검색하는 것이 최선이다. 서로 다른 2개의 기원 모델(NE 및 OEC)이 주장하는 우주의 확장에 대한 더 구체적인 증거는 다음 웹페이지를 참조하라. www.talkorigins.org/faqs/astronomy/bigbang.html, www.reasons.org/rtbs-creation-model/cosmic-design/cosmic-design-beginners-and-experts-guide-big-bang-sifting-facts-fictions .

놓고 생각할 수는 없다는 점을 다시 한 번 지적하고 넘어가자. 생명이 수백만 년 동안 존재했다면 이를 위해서는 필수인 몇몇 조건이 있는데, 만일 지구가 단지 몇 천 년 전에 현재의 모습으로 창조되었다면 그 조건들이 꼭 충족될 필요는 없었을 것이다. 그런데 그 조건들이 현재 우리의 태양계에서는 충족되고 있다. 이것은 각 모델이 설명해야 할 증거다.

물리 상수. 물리학자들은 자연에 존재하는 근원적인 4가지 힘이 있다고 말한다. 이 네 종류의 힘은 각각 강력(strong force), 전자기력(electromagnetic force), 약력(weak force), 그리고 중력(gravitational force)이다. 각각의 힘은 특정한 세기를 가지고 있어 각자 다른 거리에서 작용하고 인력(attractive) 혹은 척력(repulsive) 관계를 조절한다. 왜 이것들이 각각 현재 정도의 세기여야 하는지, 또 그것들이 특정한 값을 취하도록 제한하는 것이 무엇인지를 설명해주는 이론은 아직 없다. 하지만 그 힘들이 각각 독립적으로 취하고 있는 현재의 수치와 그 수치들이 보여주는 상호 비율이 원자, 화합물, 별, 그리고 생명이 존재하는 데 정확하게 필요한 수준에 있다는 점은 사실이다. 다시 한 번 직전 문장을 읽어보라. 이 부분이 해당 증거의 핵심이 되는 요약이다. 만약 앞으로 이어지는 논의가 여러분에게 너무 어렵게 느껴진다면, 위의 요약만 알고 다음 단락으로 넘어가도 된다. 그렇지만 이 부분의 증거가 얼마나 중요한지를 제대로 이해하려면 이 힘들에 대해 조금은 알고 있어야 한다.

강력은 때로는 강한 핵력(strong nuclear force)으로 불리며 양성자와 중성자를 *핵(nucleus) 안에 함께 있도록 붙잡아주는 힘으로, 작은 핵의 직경 정도에 해당하는 매우 가까운 거리에서만 작용한다. 핵 안에서 양성자는 전부 양의 값으로 대전되므로, 강력은 전자기력이 밀어내는 힘보다 강해야만 한다. 만일 이 힘이 조금이라도 약하면 양성자 하나만을 가지는 수소를 제외하고는 유사한 대전체 간 반발력 때문에 어떤 원소도 존재할 수 없을 것이다. 반면에, 이 힘이 조금 더 커진다면 수소는 존재할 수 없다. 왜냐하면 두 양성자 간 인력이 너무 커지기 때문이다.

다음으로 강한 힘은 화학 결합을 일으키는 전자기력이다. 그리고 전자기력만이 인력과 척력 모두 가능하다. 내가 처음에 언급했듯이 각각의 원소는 특정 진동수의 스펙트럼을 생성한다는 점을 기억하자. 한 원소의 전자는 핵으로부터 일정 거리를 두고 특정한 패턴의 *오비탈(orbital)을 그리는데, 그것은 각각의 패턴이 서로 다른 에너지 레벨을 의미하기 때문이다.[25] 화학 결합은 이 전자들의 공유와 이동으로 이루어지는데, 전자기력이 이에 포함된다. 만일 이 전자기력이 조금이라도 달라진다면, 화학 반응은 일어나지 않을 것이다. 만일 전자기력이 조금이라도 커지면, 전자는 핵 안에 있는 자신의 양성자와 너무 단단히 결합할 것이다. 반대로 조금 작아지면, 전자는 다른 핵과 결합하기에 인력이 모자라게 될 것이다. 양쪽 모두 원소 간 결합은 형성되지 않을 것이다.

세 번째 힘은 약력이며, 약한 핵력(weak nuclear force)이라고도 부른다. 약력은 강력보다 훨씬 짧은 거리에서 작용하는데, 양성자의 직경보다 짧은 거리에서 작용한다. 궁극적으로 약력은 중력과 더불어 작용하여 별 융합의 속도와 그 생성물에 영향을 준다. 간단히 말해 융합의 첫 번째 단계에서 두 개의 수소 원소가 결합해 중수소를 이루고, 여기에 또 하나의 수소가 합하여 헬륨을 이룬다.[26] 이 과정에서 가장 중요한 단계는 중수소의 생성이다. 각각의 수소 원자는 하나의 양성자를 포함한다. 중수소는 양성자 하나와 중성자 하나로 구성된다. 따라서 이러한 반응이 일어나려

---

25) 전자는 행성들이 규칙적인 궤도를 도는 것과 같은 움직임을 보이지 않는다. 그보다 전자의 위치는 다른 패턴의 궤도 유형에 따라 다른 형태를 갖는 일종의 확률 분포도로 표현된다. 엄밀히 말해 에너지 레벨은 실제 에너지가 아니라 잠재 에너지에 근거하지만, 쉽게 보자면 위와 같이 볼 수 있다.
26) 실제 이 과정에는 2개의 헬륨-3이 융해되어 헬륨-4가 형성되는 과정이 더 포함되지만 가장 중요한 과정은 중수소가 생성되는 것이다.

면 두 수소 중 하나의 양성자가 반드시 중성자로 변환되어야 한다.[27] 이를 조절하는 것이 약력이다. 만일 약력의 세기가 달라지면 많은 것에 영향을 미친다. 예를 들면 원자를 이루는 양성자와 중성자의 안정성으로부터 별의 융합 속도에까지 영향을 미치게 되고, 무엇보다 가장 큰 영향은 우주에 존재하는 수소와 헬륨의 비율이 기존과 달라서 현재보다 더 무거운 원소들이 생성되었을 것이다. 원소의 형성은 중력에도 관여한다.

우리는 중력을 가리켜 주로 우리를 지표상에 붙들어주는 어떤 것으로 여기거나 지구가 태양의 주위를 돌 수 있게 해주는 무언가로 생각하지만, 중력은 그뿐 아니라 태양과 다른 별들의 융합 속도를 조절해주는 힘이다. 중력이 별의 안쪽으로 가스들을 잡아당겨 압력이 생성되고, 이로 인해 열이 발생하여 결국 융합이 시작된다. 만일 중력이 조금이라도 약하다면, 융합은 일어나지 않을 것이다. 만일 중력이 조금이라도 더 강했다면, 융합 반응은 훨씬 빠르게 일어날 것이고 이는 별의 특성을 변화시킬 것이다.

우리는 4가지 근본 힘을 단계적으로 살펴보았다. 이외에도 더 많은 난해한 물리 상수들, 예를 들어 이 4가지 힘을 연결해주는 결합 상수나 빛의 속도, 기본 입자 각각의 질량과 같은 값이 존재한다. 아마도 서로 다른 26가지 상수가 물질의 특성을 완벽하게 기술할 때 필요할 텐데, 이 모두는 임의적이고 비수반적인 다른 값에 의존하지 않는(noncontingent) 값이다.[28] 많은 경우 각각의 값과 또 각 값 사이의 비율 모두가 관찰을 통해 알

---

27) 전문적인 용어로 말하면, 쿼크(quark)가 업 플레이버(up flavor)에서 다운 플레이버(down flavor)로 변화해야 하는데, 이는 양자가 중성자로 변하는 효과를 가진다(쿼크는 6가지 특징을 띠는데 이런 특징을 플레이버라고 부른다―편집자 주).

28) 얼마나 많은 물리 상수가 기본 값인지, 그리고 얼마나 많은 값이 이들로부터 유래되었는지를 결정하기란 어렵다. 그 개수가 다양하기 때문이다. John Baez(2011, 4월 22일)를 참조하라. "How many fundamental constants are there?" University of California Riverside, http://math.ucr.edu/home/baez/constants.html.

려진 일련 물질의 특성을 생성하는 데 중요하다. 비록 우리가 알고 있는 어떤 물리 법칙도 이 값들이 현재의 값을 가져야 한다고 말하지 않지만, 그럼에도 이 수치들이 모두 생명이 존재하는 데 필요한 바로 그 수준의 값을 가진다는 사실이야말로 각각의 기원 모델이 반드시 설명해야 하는 증거다.

우주의 조건. 다음으로 우리는 더 큰 범위에서 우주의 조건에 대해 살펴볼 것이다. 여기서도 마찬가지로, 우주는 겉으로 보기에 연관성 없고 임의로 맞춰진 것 같은 값들 사이의 매우 정교한 균형을 통해 우주의 팽창 비율과 우주의 균일성(uniformity)을 조절하며, 이로 인해 우리가 보는 다양한 별이 형성될 수 있는 조건을 생성한다. 나아가 이 별들은 생명에 필요한 다양한 원소를 만들어낸다. 이 우주 상수들의 중요성을 보여주기 위하여 먼저 별의 핵 합성 이론을 잠시 살펴보자. 이 이론을 통해 생명에 반드시 필요한 요소를 포함해 다양한 원소가 어떻게 생성되는지를 예측할 수 있다.

한 세기 전에는 태양 안에서 수소가 헬륨으로 융합되고 있다는 사실을 누구도 전혀 알 수 없었다. 지금 우리는 이 융합으로 빛과 열이 만들어진다는 것을 당연한 사실로 받아들인다. 태양의 핵 안에 있는 강력한 중력 때문에, 수소 원자는 매우 좁은 공간에 밀집되어 원자 상태로 존재하지 못하고 핵과 전자가 유리된 플라즈마가 되어 핵과 핵이 상호 작용하고 융합이 일어난다. 우리는 어떤 2개의 핵도 충분한 열과 압력을 가하면 융합이 일어날 수 있다고 생각할지도 모르겠지만, 단지 특정 원소들만이 반응하고 결합을 이룬다는 사실이 밝혀졌다. 이러한 일이 일어날 때 특정 핵이 융합하여 무거운 핵을 형성하는데 이러한 화학 반응과 이에 필요한 에너지의 양은 주어진 원자 구조에 대한 충분한 지식으로 예측할 수 있다.

태양과 유사한 크기의 별에서 일어나는 주된 반응은 수소가 융합하여 헬륨으로 변환되는 것이다. 이보다 조금 더 큰 별에서는 3개의 헬륨 핵이 융합되어 상당량의 탄소를 생산한다. 이에 헬륨이 하나 더 추가되면 산소가 생성된다. 질소와 같은 홀수 원자 번호의 원소들은 수소 핵의 첨가로 생산되는데, 이는 상대적으로 양이 적다. 쿨롱 장벽(Coulomb barrier)이라고 불리는 장벽 때문에 원자 번호 10번보다 더욱 큰 원소가 형성되기는 상당히 어렵다. 중요한 것은, 네 원소(수소, 탄소, 질소, 산소)가 생명체의 96퍼센트를 차지하고, 이 원소들은 모두 원자 번호가 10번보다 작으며, 우주의 대부분을 형성한다는 점이다. 생명을 이루는 데 필요하지만 소량만 필요한, 더 무거운 원소들은 오직 초거성에서만 형성되며, 그 초거성이 폭발하여 초신성(supernova)이 될 때 이들은 은하를 통해 전파된다.[29]

마지막 두 단락은 물론 직접적인 증거가 되진 않지만, 이 증거로부터 유도된 추론과 결론을 기원 논쟁과 관련된 모든 진영이 받아들이고 있다. 기원 논쟁과 관련 없다고 여기는 사람들도 있지만, 특히 서로 다른 원소가 서로 다른 별에서 만들어진다는 사실은 그 연관성이 상당히 중요하다. 왜냐하면 다양한 종류의 별이 만들어지려면 아주 세부적인 특정 조건이 반드시 일어나야 하며, 그 조건은 우주의 팽창 비율과 우주의 단일성에 의해 조절되기 때문이다. 그리고 이는 결국 임의로 설정된 것처럼 보이는, 그런데 생명이 존재하기 위한 필수 지점에 맞춰져 있는, 더욱 기본적인 물리 값에 의존한다.

우리가 전에 논의한 바와 같이, 우주가 팽창하는 것처럼 보이는 강력한 증거가 있다. 현재 팽창 속도는 허블 상수, 우주의 질량 밀도, 그리고 가속도라는 이 3가지 주된 요인에 의해 조절된다고 여겨진다.[30] 허블 상수

---

29) Kipp Penovich, "Formation of elements," *Astrophysics and Cosmology*, http://aether.lbl.gov/www/tour/elements/element.html.

30) "The age of the universe," University of Michigan, 2010년 3월 23일, http://dept.astro.

는 세페이드 변광성과 초신성의 측정에 기초하여 현재 우주의 팽창률을 나타낸다. 우주의 팽창은 이 팽창을 감소시키는 경향을 보이는 중력에 의해 균형을 이루고, 우주의 밀도와 질량 총량에 의해 제어된다. 은하 간 거리를 통해 얻어진 간접 증거에 의하면, 우주 팽창률이 증가하고 있는 것으로 보인다. 이는 가속률로 알려져 있다.

비록 이 모든 요인의 수치에 대해 논란이 있었지만, 최근에는 측정 기술이 더욱 발전하여 그 값이 점차 정밀해지고 있다. 그러나 여전히 의문점이 남아 있다. 정확한 값을 측정할 수 있다 해도 "왜 이 값들이 현재의 값이 되었는가?" 하는 질문에 답이 되진 않는다. 무엇이 우주 팽창을 시작하게 했는가? 그리고 무엇이 우주를 지금 이 팽창률로 팽창하게 했는가?[31] 무엇이 우주가 현재의 총 질량을 가지게 했나? 무엇이 현재의 가속도를 가지게 했을까? 만일 팽창률이 조금이라도 더 컸더라면, 은하는 형성되지 않았을 것이다. 우주의 팽창이 별들 사이의 중력에 의한 인력을 압도했을 것이기 때문이다. 반면에 팽창률이 조금이라도 더 느렸다면, 중력이 우주가 팽창하는 힘보다 커서 별들이 형성되기 전인 (빅뱅의) 시작점으로 전체 우주가 다시 붕괴했을 것이다.[32]

별의 형성에 영향을 미치는 두 번째 중요 요소는 우주의 균일성이다. 큰 틀에서 보면, 우주는 매우 균일(uniform)하고 균질(homogeneous)하게 보인다.[33] 그러나 조금 작은 틀로 보면, 우주 배경 복사, 광대한 우주 속의

---

lsa.umich.edu/ugactivities/cosmo/intro-cosmo.html.

31) 일반적인 팽창 비율뿐만 아니라, 많은 과학자는 위상 전환으로 인해 급격한 팽창이 일어난 시기가 있었다고 믿는다. 마치 물이 끓는점에 이를 때까지 점차 팽창하다가 끓는점이 되었을 때 급격한 팽창을 겪듯이 말이다. 이 급격한 팽창은 시공간을 "평평하게" 하는 데 중요한 역할을 했다(Coles, 2011: 11, 87).

32) 물론 양쪽 진술은 모두 우주의 팽창 속도와 우주의 나이가 보이는 대로 실제로 그렇다는 점을 가정하고 있다. YEC는 이를 받아들이지 않는다.

33) YEC는 본래 중심의 주위에 동심원의 띠들이 있다고 주장하면서 여기에 동의하지 않는다. 그런

거품과 공간, 그리고 은하들이 존재하고 은하 속의 별들이 요동치는 데서 볼 수 있듯이 질량의 밀도에도 변동이 있다. 여기서도 역시 증거를 이론에서 완전히 분리하기란 불가능하다. 만일 우주가 아주 최근에 창조되었다면, 현재 형태로 창조되었을 가능성이 높다. 그러나 만일 빅뱅 이론이 옳다면, 최근의 조건은 초기 시작 상태를 반영한다. 만일 우주가 팽창을 시작할 때 아주 조금만 더 균일했더라면, 은하나 별은 절대로 형성되지 못했을 것이다. 만일 조금만 덜 균일했더라면, 더 많은 거성이 생성되었을 것이다. 거성은 작은 별보다 핵 내부 온도가 더 높아서 수소를 더욱 빨리 연소시키고 생명에 필요한 가벼운 원소들을 희생시켜 무거운 원소들을 형성한다. 균일성에 어떤 변화가 있었더라면, 태양계에 생명이 존재할 조건에도 영향을 미쳤을 것이다. 이에 대해서는 다음에 살펴볼 것이다.

태양계 조건. 여러 면에서 비교적 흔치 않게, 아마도 유일하게 우리 태양계는 생명을 위해 적합한 특수 조건을 갖춘 것으로 보인다. 태양계가 속한 우리 은하, 태양 및 태양계 나머지 일원의 특성, 그리고 지구 자체의 특성, 이 모두가 생명이 발생하기에 필요한 특성을 갖추고 있다. 그러므로 우리 지구는 생명 탄생을 위해 아주 희박한, 어쩌면 그보다 훨씬 적은 가능성을 실현한 존재다. 매우 간접적인 증거라는 점을 다시 언급해야 하겠지만, 이 단락의 주장은 어떤 기원 모델을 지지하느냐와는 상관없이 모든 천문학자에게 받아들여지고 있다. 내가 여기에 소개하는 것들은 그와 같은 다른 많은 증거 중 일부일 뿐이다.

우리 은하, 은하수(Milky Way)는 나선형 은하다. 다른 은하의 형태는 타원형(elliptical)이거나 부정형(irregular)이다. 이론적으로 생명은 오직 나

데 중심으로부터 약간 떨어져 있는 우리의 위치 때문에 겉보기에는 균질해 보인다는 것이다. 뒤에서 겉보기 나이를 설명하는 부분을 참조하라.

선 은하에서만 존재할 수 있다고 생각된다. 타원형 은하는 생명체에 필요한 적은 양의 무거운 원소들을 만들어낼 만큼의 별이 충분히 있지 않다고 여겨진다. 그리고 부정형 은하는 생명을 발달시키기에는 방사능의 양이 너무 많다. 비슷한 이유로 우리가 위치한 나선 은하에서 한쪽 팔 부분만이 생명이 존재할 수 있는 유일한 위치로 생각된다. 은하의 중심에 너무 가까우면 다른 별들로부터 오는 너무 많은 방사선에 노출될 수 있고, 반대로 너무 멀리 떨어져 있으면 초신성의 낮은 밀도로 인해 무거운 원소들을 충분한 농도만큼 갖지 못할 것이다.

태양계 역시 생명에 필수적이고 매우 유리하다고 여겨지는 특정한 조건을 지녔다. 첫째, 태양계에는 하나의 중심 항성(별)이 있다. 반면에 은하수에 있는 약 3분의 1의 별은 둘 혹은 여러 쌍의 별로 추정된다. 2개의 항성을 공전하는 행성에서 생명이 살 수 있을지에 대해 천문학자들 사이에는 합의된 견해가 없다. 몇몇 천문학자는 불안전한 궤도와 방사능 때문에 이것이 불가능하다고 말하지만(Ross, 1993: 126), 다른 천문학자들은 2개의 항성을 가진 계에서도 50-60퍼센트 정도 생명이 존재할 가능성이 있다고 말한다.[34] 둘째, 태양은 중간 크기의 항성이다. 이는 광도와 다른 요인의 안정성 때문에 생명에 중요한 요소로 생각된다. 셋째, 우리 태양계는 태양계의 나머지 부분이 그러하듯이 금속이 풍부하지만 중금속은 적어 그 독성으로 생명이 위협받지는 않는다. 넷째, 태양계는 크고 가스로 이루어진 행성(특히 목성과 토성)들을 포함하는데, 그들보다 작은 행성들의 공전 궤도를 안정시키고 혜성과 소행성들이 지구에 충돌할 가능성을 줄여준다

---

34) Elisa V. Quintana and Jack J. Lissauer (2010), "Terrestrial planet formation in binary star systems," in Planets in binary star systems, ed. Nader Haghighipour (New York: Springer). 초록은 http://arxiv.org/abs/0705.3444을 보라.

는 점에서 이들의 크기와 위치는 중요하게 생각된다.[35]

지구 자체에도 생명을 번성하게 하는 독특한 특성이 있다. 공전 궤도가 물이 액체 형태로 존재하여 생명체가 살기에 알맞은 위치에 자리 잡고 있으며, 약간 기울어져 있어서 해마다 극심한 온도 변화를 보이지 않는다. 회전축이 약간 기울어져 있다는 점이 지구의 적절한 공전 속도와 함께 지구 표면이 생명에 적합한 정도의 기온을 유지하는 데 도움을 준다. 지구의 크기도 이상적인 대기를 유지하게 해준다. 조금만 더 컸더라면 생명체에 해로운 암모니아와 메탄만 남아 있었을 것이며, 조금만 더 작았더라면 수증기와 다른 기체를 잃어버린 채 화성처럼 메마른 행성이 되었을 것이다. 지구의 핵, 지각, 대기를 이루는 구성 요소를 포함해 다양한 다른 요인, 이를테면 바다로 덮인 지표면의 크기, 지진 활동의 정도, 상대적으로 큰 달에 의한 조수 간만 활동의 영향 같은 것들도 모두 생명이 유지되기에 적합한 환경을 만드는 데 중요하다고 생각된다.[36]

3.2 각 모델은 증거를 어떻게 해석하는가?

지금까지 살펴본 증거는 이렇다. 우주는 약 138억 년 전에 존재한 특이점으로부터 팽창하고 있는 것으로 보이며, 우주와 태양계의 조건은 생명체가 존재하기 위해 절묘한 균형을 이룬다. 그렇다면, 과연 이 우주가 존재하기 전에는 무엇이 존재했을까? 그리고 언급된 조건들은 설계의 결과일까, 우연의 결과일까, 아니면 다른 어떤 요인에 의한 것일까? 이 질문에 대한 답

---

35) 초기 지구 역사상 몇 차례 운석과의 충돌이 지각의 금속 포함량을 증가시킨 주요 요인이었다.
36) 더욱 완전한 목록은 Ross(1993)를 참조하라. 추가적인 정보는 Conway Morris(2003: 5장), Gonzalez & Richards(2004)를 참조하라.

은 우리가 과연 자연적 우주를 넘어서는 어떤 것이 존재한다고 전제하는지, 만약 그처럼 과학의 범위를 넘어서는 초자연적인 것이 있다면 그것이 자연계와는 어떻게 상호 작용한다고 전제하는지에 따라 다를 것이다.

여러 측면에서 해당 증거를 가장 분명하게 해석하면, 빅뱅 이전의 특이점을 진짜 시작점으로 볼 수 있다. 이 해석은 우주를 창조할 수 있는 누군가 또는 무언가가 존재한다는 가정하에서만 말이 된다. 우주의 기원에 대한 우리의 여섯 모델 중 네 모델이 이 해석을 선택한다. 철학적 전제 위에서 이를 거부하는 이들은 빅뱅이 겉으로 보기에만 시작점임을 설명할 수 있어야 한다. 젊은 지구 창조에 해당하는 제3의 해석은 우주가 겉보기에 왜 그 나이로 보이는가에 대해 다른 설명을 제시한다.

태초에

"태초에 하나님이 천지를 창조하시니라"(창 1:1). 오늘날 대부분의 그리스도인은 창세기를 시작하는 이 유명한 문장이 우주의 시작을 의미하며, 따라서 우주는 시간 속에서 무한하지 않다고 본다.[37] 비목적론적 진화, 계획된 진화, 인도된 진화, 그리고 오래된 지구 창조, 유신론에 기반을 둔 이 모델들은 창세기 1장이 말하는 6일 창조를 문자 그대로 24시간짜리 하루가 6번 지난 것으로 해석하지 않는다. 오히려 그들은 138억 년 전 빅뱅의 특이점을 창조의 시작으로 본다.

만일 창조주가 우주 너머에 있다면, 우주가 어떻게 생명이 살기에 적합한 특성을 띠느냐는 질문에 대한 대답이 아주 분명해진다. 우주가 지성을 지닌 창조주에 의해 그렇게 계획되고 설계되었다고 답하면 된다. 그렇지만, 이 4가지 유신론 모델 사이에서도 창조 시에 얼마나 많은 정보가 배

---

37) 물론 항상 그런 것은 아니다. Halvorson & Kragh(2011)를 보라.

분되었는가 하는 주제를 놓고 견해가 갈린다(이에 대해서는 뒤따르는 장들에서 살펴보기로 하자). 비목적론적 진화와 계획된 진화에 따르면, 신은 필연적으로 지혜로운 생명체를 만들어 창조 이후에는 더 이상의 간섭이 필요하지 않도록 우주를 완벽하게 창조했다. 인도된 진화에 따르면, 신은 사건들을 직접 통제하고, 때로는 개연적인 사건들을 인도하기 위해 개입한다. 그러나 이 개입은 아마도 과학으로 탐지할 수 없는 수준일 것이다. 오래된 지구 창조 모델에 따르면, 하나님은 창조 역사 전반에 걸쳐 끊임없이 개입하시며, 그 개입은 과학으로 분간이 가능할 뿐만 아니라 의도적으로 자신의 존재를 드러내는 방식으로 이루어진다. 이때 주목해야 할 것은, 신의 특성이 무엇인지 그리고 신이 어떻게 세상에 개입하는지에 대한 각자의 철학적 전제가 각 모델의 근간을 형성하며, 각각의 전제는 대개 과학적 증거가 아닌 성경을 해석하는 방법으로부터 온다는 점이다.

특별히 기독교적 관점에서 빅뱅을 해석한 출판 자료 대부분은 천문학자인 휴 로스(Hugh Ross)가 설립한 리즌투빌리브에서 제작되었다. 그들이 주장하는 오래된 지구 창조 모델은 *일치주의(Concordism)에 따른 창세기 1장의 해석을 기반으로 하는데, 이 해석에 따르면 창세기 1장의 사건은 성경에 기록된 순서대로 일어나지만, 일반적으로 "하루"라고 불리는 단어는 길이가 정해지지 않은 기간을 가리킨다.[38] 이들의 관점에 따르면, 성경은 성경의 원저자들이 당시에는 알 수 없었던 것을 계시해주므로, 성경과 과학적 발견이 일치한다는 사실은 성경이 하나님의 영감으로 기록되었다는 점과 창조주가 존재한다는 점을 둘 다 확증한다.

인도된 진화와 계획된 진화는 모두 *비일치주의(nonconcordism)에 따른 창세기 1장의 해석을 기반으로 한다. 그들이 주장하는 구조 해석의 기

---

38) 일치주의 및 비일치주의에 따른 해석에 대한 요약은 부록 2를 보라.

본 논지는, 초기 히브리어 문학에서 자주 사용되는 병행법(parallelism)과 교차 대구(chiasmus) 및 기타 문학 구조가 구전 전승에 적합한 형태라는 것이다. 따라서 그들은 6일 창조를 순서대로 일어난 사건으로 보지 않는다. 오히려 하나님은 "형태가 없고 아무것도 채워지지 않은" 상태로 시작된 지구의 형태를 조성하시고 그 지구를 채워 넣으셨는데, 첫 3일은 조성 작업을 묘사하고 그다음 3일은 채워 넣는 작업을 보여준다. 또 다른 해석에 따르면, 창조 이야기는 각 날이 개별적으로 중요하다기보다 창조 이야기 전체가 고대 히브리인들의 세계관을 조성하는 가르침으로서 중요하다(부록 2를 보라). 그러므로 이 모델들에 따르면, 성경은 하나님의 존재를 보여주지만 창조의 방법이나 시기에 대한 언급은 전혀 없다고 할 수 있다.

인도된 진화와 계획된 진화의 차이점은 창조 후에 하나님이 얼마나 간섭하시느냐다. 인도된 진화는 하나님의 내재(immanence)를 강조하는 신학에서 왔고, 이 모델은 하나님이 간섭하기보다는 자연법칙을 유지하거나 그것을 임시로 멈추기도 하시면서—이것을 우리는 기적이라고 부른다—끊임없이 피조 세계에 관여한다고 주장하기를 선호한다. 반면에 계획된 진화는 하나님의 초월(transcendence)을 강조하는 신학에서 왔다. 이 모델은 구원의 역사, 성경의 기적, 그리고 기도의 응답 등으로 역사하시는 하나님의 간섭을 자연사, 다시 말해 과학적으로 탐구되는 물리적 과정에 나타나는 그분의 간섭과 구분하고 하나님이 후자의 간섭은 하시지 않는다고 주장한다(Lamoureux, 2008: 3장).

비목적론적 진화의 경우 하나님이 창조 이후에는 간섭하시지 않는다는 계획된 진화의 주장에는 동의하지만, 더 나아가 하나님은 자신이 창조한 세계가 어떻게 펼쳐질지를 정확히 예상하지는 않았다고 주장한다. 단지 하나님은 우주를 창조했을 뿐이며, 그 안에서 지각 있는 생명체를 만들어낸 것은 결국 진화 과정이고, 그 생명체의 본성과 형태는 미리 정해져 있지 않았다고 말한다. 이는 창세기 1장을 단지 은유로 간주하는 과정 신학과 같은 다양한 신학적 관점에 기초한다(Edwards, 2001). 같은 이유로, 바로 우리 태양계의 조건이 생명체를 위해 이상적인 것은 우연히 그렇게 된 것이고, 우주의 다른 곳에서도 생명이 발생할 가능성은 충분하다고 본다.

따라서 창조주가 있으며, 빅뱅이 창조의 시작점과 메커니즘을 대표하고, 매우 정교하고 조율된 것으로 보이는 우주가 사실은 설계자의 창조적인 지성의 결과라는 데 이 4가지 모델이 모두 동의한다고 하더라도, 이들 사이에는 여전히 굵직한 차이가 있다. 이 차이는 앞으로 다른 세 종류의 기원에 관해 그 모델들이 어떻게 다르게 갈리고 묶이는지를 보면 확실해질 것이다.

외견상의 시작점

자연주의적 진화는 창조주의 존재를 인정하지 않는 유일한 모델인데, 그렇다면 이 모델은 우주의 존재를 설명하기 위해 창조주가 아닌 다른 무언가를 제시해야만 한다. 자연주의적 진화는 우주가 현재 구조를 띠게 된 메커니즘으로 빅뱅 우주론을 받아들이긴 하지만, 빅뱅 이전의 이른바 최초 특이점을 우주의 기원으로 보지 않는다. 자연주의 모델은 초자연적이라는 것은 없다고, 즉 과학이 탐구하지 못할 것은 결국 없다고 본다. 따라서 이 모델에 따르면, 태초에 출현한 에너지는 반드시 무언가 다른 물질 근원으로부터 왔어야만 한다. 이에 대해 현재 가장 인기 있는 설명은 *다중 우주(Multiverse) 개념이다.

우주의 팽창을 발견하기 이전에는 우주가 무한하고 기본적으로 변화하지 않는다고 믿었으나 지금은 그렇지 않다. 지난 한 세기 동안 우주의 기원을 설명하기 위해 주저 모델(hesitation model), 정상 상태 모델(steady state model), 진동 우주 모델(oscillating universe model) 등 자연주의에 근거를 둔 여러 이론이 등장했다. 이들은 모두 증거를 설명하는 데 심각한 오류가 있어서 널리 받아들여지지 않았다.[39] 최근의 자연주의자는 대부분 빅뱅 모델의 몇몇 변형을 선호하는데, 그중 한 모델이 바로 다중 우주 개념이다.

다중 우주 모델에도 여러 종류가 있는데, 그중에는 모든 우주가 같은 물리 상수를 가진다는 주장이나 다양한 우주가 서로 다른 물리 상수 혹은 심지어 다른 물리 법칙을 가진다는 주장도 있다.[40] 이들은 모두 수학적· 논리적으로는 가능한 이론이지만, 그들이 말하는 다른 차원의 우주가 존재하는지를 입증해줄 경험적 증거가 없다. 따라서 이 다중 우주의 존재는 무신론자들에게는 믿음의 문제나 마찬가지다. 마치 유신론자들이 초자연적인 존재를 믿듯이 말이다.

다중 우주라는 개념은 기본적인 우주의 존재를 설명할 수 있다는 점 외에도 다른 매력을 지니고 있다. 예컨대 왜 우리 우주에서 정교한 미세 조정이 관측되는지를 설명할 수 있다. 이론적으로는 다른 우주가 우리 우주와 같은 조건을 가져야 하는 것은 아니다. 이와 같은 우주가 무수히 많은데, 이 수많은 우주 중에서 우연히 우리 우주가 생명이 발생하기에 딱 알맞은 조건을 가졌을 뿐이다. 이는 마치 우주의 존재에 대해 결국 자연적 또는 초자연적, 이렇게 단 2가지 설명이 있듯이 우리 우주와 태양계가 생명 특히 지각 있는 생명체가 존재하기에 완벽하게 균형 잡힌 조건을 가졌다는 점에 대해서도 결국 단 2가지 설명만이 가능하다는 주장이다. 그렇게 설계되었거나 아니면 우리가 그저 특별하게 운이 좋았거나 말이다.

그런데 우리가 대체 "얼마나" 운이 좋은 것이냐는 문제는 어느 정도

---

39) 이러한 세 모델에 대한 추가적인 문제를 다루는 내용은 Ross(1991: 7-10장)를 보라.
40) Edwards(2001)는 이 여러 모델을 논의하면서 우리가 2장에서 살펴본 자연주의의 전제들도 평가한다.

논쟁거리가 된다. 모든 이가 자신이 선택한 모델을 지지하는 증거를 끌어모으려고 애쓰는데, 여기에는 생명에 필수인 조건들이 우연의 산물로 일어날 가능성을 어느 정도로 보는지도 포함된다. 태양계의 조건만 살펴보더라도 여러 의문점이 있다. 생명체가 생존을 유지하려면 어떤 행성이 어느 정도 범위의 온도를 유지해야 할까? 지각의 구성은 얼마나 다양해야 할까? 물이 얼마나 있어야 할까? 그 목록을 작성하자면 끝이 없다. 모든 경우에, 대부분의 유신론자는 그 조건의 범위가 매우 좁아서 우연히 생명이 존재할 가능성은 매우 낮다고 이야기하는 경향이 있음을 알게 될 것이다. 그 확률은 아마도 우주 역사에 한 번 일어날까 말까 할 정도로 낮다. 반면에 무신론자는 여러 수치를 들며 우리가 우주에서 유일하게 지각 있는 종이 아니라고 이야기할 것이다. 누가 옳은가? 과학은 우리에게 답을 제공하지 못한다. 지금까지는 우리 행성만이 생명체가 있는 행성으로 알려져 있다. 생명이 존재할 수 있는 범위에 대해서는 직접적인 증거가 없어서 이런저런 이론에 근거하여 추측만 할 수 있을 따름이다. 같은 상황이 원소와 별의 존재를 제어하는 물리 상수에도 존재한다. 만약 물리 상수들이 자의적이라면, 우리는 흔치 않게 운이 좋은 것이다. 하지만 정확히 얼마나 운이 좋은지에 대해서는 여전히 의문이다.

이 외견상의 행운을 설명하기 위해 자연주의적 진화는 종종 *인류 원리(anthropic principle)에 호소한다.[41] 이 원리를 간단히 자연주의식으로 말하면, 우리는 그저 운이 좋았다고밖에 말할 수 없다. 그렇지 않았더라면, 우리는 여기서 이런 질문을 할 수도 없었을 것이다. 물론, 만일 여러 수치가 달랐더라면 우리가 여기에 존재할 수 없었을 것이라는 말이 당연

---

41) 열역학 법칙의 짧은 요약을 보려면 Coles(2001: 125-127), Gonzalez & Richards(2004: 13장)를 참조하라. 더욱 자세한 참고 문헌은 Gonzalez & Richards의 각주 14를 보라. 빅뱅과 마찬가지로, 인류 원리 논증에도 유신론과 무신론 버전이 있다.

한 사실이지만, 그 말 자체는 현재 상황이 어떤 지적 존재에 의해 계획되고 실행되었을 가능성을 애초에 배제해버린다. 따라서 우리는 자연주의적 설명과 초자연적 설명 사이에서 기본적으로 철학을 선택해야 하는 문제로 되돌아오게 된다.

겉보기 나이

우주의 나이가 대략 138억 년이라고 주장하며 관측된 결과를 가장 훌륭하게 설명하는 빅뱅 우주론을 받아들이지 않는 기원 모델은 단 하나뿐이다. 젊은 지구 창조는 성경을 직설적으로 해석하는 사람들의 지지를 받는다. 그들은 성경 텍스트의 단어 하나하나를 가장 흔하고 일상적인 의미로서 문자 그대로 받아들여야 한다고 본다. 그것이 상징적으로 쓰였다는 명백한 표시가 없는 한 말이다. 창세기의 처음 몇 장에서는 그런 표시를 찾을 수 없기에, 젊은 지구 창조를 지지하는 이들은 창조가 하루 24시간인 6일 동안 일어났다고 믿는다. 아울러 창세기의 족보를 근거로 창조가 대략 6000-10000년 전에 일어났다고 생각한다. 물론 다른 문화에도 다른 창조 이야기가 있지만, 대부분 그들은 과학적 증거를 제시하며 자기들의 창조 이야기를 입증하려 하지 않는다. 따라서 여기서 우리는 보수적인 유일신주의자들이 주장하는 모델이자 특별히 미국에서 나타난 젊은 지구 창조 모델을 살펴볼 것이다.

젊은 지구 창조의 신학에 따르면, "창세기는 역사가 시작될 때 거기 계셨던 하나님의 기록"이다. 그리고 성경은 신학적으로 무오할 뿐 아니라 역사적·과학적 진술로서도 그러하다(Ham, 2006; 76). 만일 이처럼 성경의 모든 말이 진실이라면, 끊임없이 변화하는 과학적 증거는 불변하는 성경에 비추어 해석해야 논리적이다. 그러므로 만일 하나님이 과거에 6일 동안 세상을 만들었다고 말씀하셨음에도 어떤 증거가 지구가 그보다 더 오래되었다고 주장한다면, 그 과학적인 증거는 잘못 해석된 것이다. 최근 몇 년 동안 젊은 지구 창조를 지지하는 이들 사이에서도 서로 다른 2가지 해석이 존재해왔다.

먼저 지구가 겉보기에만 오래되었다는 주장에 따르면, 이를테면 지구는 마치 화가가 그림 속의 나무를 수백 년 된 모습으로, 그 아래 앉아 있는 사람을 몇십 세 정도 되어 보이게, 그리고 근처의 꽃들을 채 1년도 되지 않아 보이게 그린 것과 같다. 적어도 사실주의(realism, 실재하는 현실을 객관적으로 묘사하려는 예술 사조-편집자 주)에 따라 대가와 초짜를 구분하는 한 가지 방법은, 그 세부 사항에 주의를 기울이는 것이다. 예술적 거장이신 하나님이 창조하신 작품은 너무도 실제적이어서 우리가 아무리 눈을 씻고 찾아보아도 완벽하고 일관되게 제 나이로 보인다. 이는 땅 위에서든 하늘에서든, 지구로 오는 중인 별빛을 포함해 만 년 이상 된 것으로 보이는 모든 증거를 설명한다. 이것이 종종 상대 진영에서 인용하는 젊은 지구론 측의 설명이지만, 최근의 젊은 지구 창조 측에서는 대부분 이를 주장하지 않는다.

현재 젊은 지구 창조 진영 안에 있는 다수의 과학자는 다른 증거-*화이트 홀(white hall)로부터 팽창하는 우주-를 통한 해석을 채택했다. 이 설명에 따르면, 우리 은하는 유한하고, 경계가 있는 우주의 중심 근처에 있다고 생각된다. 중심 부근이기 때문에, 일반 상대성 이론에 따라 예측된 중력 시간 팽창으로 인해 중력의 중심에서 멀리 떨어진 곳보다 시간이 느리게 흐른다. 따라서 창조 주간의 넷째 날 동안, "일반적인 하루가 이 땅에서 경과하는 동안, 수십억 년에 해당하는 물리적 과정이 우주의 먼 곳에서 일어난다."[42] 그 결과 지구는 젊어 보이는데도 별들은 매우 늙게 나

---

42) D. Russell Humphreys(2001), "Seven years of starlight and time," *Acts & Facts* 30(8),

타난다. 지질학상의 많은 특징은 지구가 젊어 보임을 보여준다. (물론 이는 다른 모델에서 지구가 늙어 보인다는 증거로 인용하는 증거와는 다르다.) 서보는 상대 진영의 방법과 가정에 의심을 품고 있다.[43] 이 설명 역시 겉보기 나이를 지지하지만, 별과 지구가 다른 나이를 보이는 것에 대한 메커니즘을 제안한다는 점이 다르다.

생명체에 적합한 조건에 대해 젊은 지구 창조는 이것이 창조주가 직접 계획한 작품이고 그의 지식과 힘을 보여주는 예라고 설명한다. 왜 생명이 존재하기 위해 특정 조건이 존재하는지, 왜 생명이 존재하기 위해 어떤 값이 특정 수준에서 일어나는지를 설명하기 위해 다른 어떤 주장도 필요하지 않다. 이들은 생명이 존재하기 위해 그 정도 수준이 필요하고, 바로 그것이 하나님이 그들을 창조하신 방법이라고 믿는다.

3.3 어떤 차이가 생기는가?

기원의 영역 각각에 대해서는, 먼저 증거와 이에 대한 다양한 해석을 검토한 후에, 이렇게 다양한 해석이 있다는 사실이 어떤 차이를 낳는지를 묻는 것이 타당한 것 같다. 우리가 인간으로 자신을 보는 방식이나 우리가 연구하려는 방식을 선택하는 측면에서 지금까지 살펴본 것들이 어떤

---

www.icr.org/article/446. 화이트 홀 우주론에 관해 더 자세한 내용은 Larry Vardiman and D. Russel Humphreys(2010), "A new creationist cosmology: In no time at all, Part I," *Acts & Facts* 39(11); 12-15, www.icr.org/article/5686, "Part 2," www.icr.org/article/5830/, "Part 3," www.icr.org/article/5870 중 Part 3에서 볼 수 있다.

43) 지구가 오래되었음을 보여주는 증거로는 Gonzalez & Richards(2004)를 보라. 다른 저자들은 수학적인 오류가 있다고 주장하면서 화이트 홀 모델을 비판한다. Poythress(2006: 103)와 Ross (2004: 166-170)를 보라.

차이를 가져오는가? 다양한 기원 관련 영역 모두에서 가장 큰 차이가 생기는 곳은, 증거를 해석하는 방식에 따라 그 모델들이 어떻게 나뉘고 묶이든 관계없이, 자연주의적 모델과 초자연주의적 모델로 구분될 것이다. 그리고 그 경계선상에는 이신론적인 모델들이 자리 잡고 있다.

천문학에서 풀리지 않는 커다란 숙제 중 하나는 우주에서 우리만 존재하느냐는 문제다. 우주 다른 어딘가에 또 다른 지적 생명체가 있을까? 자연주의 모델은 그것이 가능하다고 전망한다. 이는 단지 논쟁에서 이기기 위한 주장이 아니라, 그들은 무언가가 존재한다고 굳게 믿고 있다. 그 결과, 자연주의적 진화를 믿는 이들은 외계지적생명탐사프로젝트(SETI)를 지지하고 있다. 이 프로젝트는 우주 어딘가에 존재하는 지적 생명체의 존재를 나타내는 전자기 신호를 찾는 연구이며, 우주생물학에서는 생명체에 적합한 조건을 가진 다른 행성을 찾고 있다. 반면에 신학적 모델은 대부분 생명이 단 한 번이라도 발생할 확률이 불가능에 가깝게 낮다는 자신들의 계산을 바탕으로 이런 연구가 시간 낭비라고 생각한다. 이신론 모델은 생명이 자발적으로 생겨날 수 있다는 주장에 힘을 실어주는 연구를 적극적으로 추진하지도, 그렇다고 피하지도 않은 채 이 문제에 중립적인 경향을 보인다.

우리가 혼자인지 아닌지가 왜 중요한가? 이것이 어떤 차이를 만들 것인가? 만일 생명이 우주 내 다른 어디에서도 존재하지 않는다는 것을 의심할 바 없이 보여준다면, 이는 생명이 없는 물질로부터 자발적으로 생명이 발생할 수 있다는 주장에 의문을 제기할 것이다. 아울러 창조주가 생명의 발생에 개입했다는 주장을 입증하는 강력한, 그리고 논쟁의 여지가 없는 증거가 될 것이다. 반면에 생명이 우주에 존재하는 일이 흔하다는 점을 증명한다면, 이는 자연 발생과 진화에 대한 자연주의적 모델을 지지하게 될 것이다. 만일 어떤 지적 생명체라도 발견된다면, 창조주와

그들의 관계를 설명하는 새로운 신학 분파의 발전이 필요할 것이다.[44]

　지금, 이것들은 해결되지 않은 문제로 남아 있겠지만, 지구이건 우주의 다른 곳이건 우리는 자연 발생에 대한 물음과 생명의 진화를 위해 필요한 첫걸음을 내디딜 준비가 되어 있다.

---

44) 이론이긴 하지만, 어떤 이들은 어떻게 인류가 아닌 지각 있는 생명체가 창조주와 관련이 있을지를 주장해왔다. 그중에는 흔히 우주 3부작(*Out of the Silent Planet, Perelandra*, 그리고 *That Hideous Strength*)으로 알려진 C. S. Lewis의 작품도 있다.

4장

생명의 기원

생명의 기원에 대한 과학 용어라고 할 수 있는 자연 발생론(Abiogensis)은 많은 생물학자가 피하고 싶어 하는 주제다. 아이러니하게도 생명이 없었다면 관련된 직업 자체가 없었겠지만 말이다. 예컨대 생명의 기원 문제는 보통 생물학 교과서의 진화 단원에서 밀러-유리(Miller-Urey)의 실험을 의무적으로 짧게 언급하고 넘어가는 정도로만 다뤄진다. 학생들이 생명의 기원에 관해 물으면, 선생님들은 많은 생물학 교과서나 관련 서적에서 반복해서 실리는 그 대사, "진화는 생명이 어떻게 변화하는가를 연구하는 것이지, 그것이 어떻게 시작되었는가를 연구하는 것이 아닙니다"를 되풀이한다. 물론 그 말이 사실일 수도 있지만, 조금은 솔직하지 못한 표현이다. 왜냐하면 생명의 기원에 관한 질문은 분명히 과학과 관련된 질문이며, 진화를 연구하는 과학자들이 *생물 발생 이전의 진화(Prebiotic evolution)에 관해 자주 언급한다는 점에서 분명히 진화와 밀접한 관련이 있기 때문이다.

그렇다면 왜 이 주제에 관해 말하기를 피하는 것일까? 주로 그것은 증거가 부족할 뿐 아니라 생명이 어떻게 발생했느냐는 질문에 관해 아직까지 설득력 있는 메커니즘이 제안된 적이 없기 때문일 것이다. 극단적으로 들릴 수도 있겠지만, 사실이 그렇다.[1] 생명 발생 과정의 일부가 어떤 식으로 일어났으리라는 여러 제안이 제시되기는 했지만, 그 과정 전체를 조금이나마 비슷하게 설명하는 주장은 존재하지 않는다. 결국, 실제 증거는 거

---

1) 생명이 어떻게 발생했는지 현재 제기된 이론의 문제점들에 관한 좋은 요약은 Conway Morris (2003: 4장)를 보라.

의 존재하지 않으므로 우리가 자연주의적인 설명이나 초자연적인 설명을
받아들이는 것은 개개인의 철학적 전제에 근거하게 된다.

4.1 어떤 증거가 있는가?

생명 기원 논쟁에서 가장 큰 문제는 무슨 일이 일어났는지 기록이 없을
뿐만 아니라 십중팔구 직접적인 증거를 절대 찾을 수 없을 것이라는 점이
다. 비록 때때로 우리가 어떤 광물에서 원소나 성분의 존재를 추측할 수
도 있지만, 분자들은 화석화되지 않는다. 또한 단일 세포는 거의 화석화
되지 않고, 설령 화석화된다고 할지라도 구조를 자세히 측정하는 데 필요
한 단서를 거의 남기지 않는다.

모든 진화 모델이 추측하는 대로 만약 세포들이 점진적으로 발생했다
면, 특정 물질이 최초 세포 이전에 존재했어야만 한다는 뜻이 된다. 생명
에 필요한 유기물 분자들까지 포함해서 말이다. 게다가 분자들이 그냥 있
었다는 것만으로는 불충분하고, 분자들이 생명 세포를 구축하는 데 유용
하도록 특정하게 배열되어 있었어야 한다(이 문제는 정보의 문제라고 불리는
데 이후에 더 논의하겠다). 더군다나 모든 분자의 구성 성분이 형성되었다고
하더라도 세포는 그 구성 성분의 총합보다 더욱 복잡하다.

생명의 기원에 있어 서로 다른 2가지 견해가 제시되었다. 한쪽에서는,
진화를 주장하는 과학자들이 다양한 생명의 구성이 무기 물질로부터 생
성되었을 방식을 증명하는 데 노력했다. 진화를 반대하는 이들은, 생명이
우연히 발생했다고 주장하기에는 그 확률이 너무 낮아 실제로는 불가능
에 가깝다는 것을 보여주기 위해 노력했다. 우리는 차례대로 이 두 주장
을 살펴볼 것이다. 그들이 제시하는 증거와 일반적인 해석에 관한 요약은

표 AI.3 에서 찾아볼 수 있다.

무생명(nonlife)에서 생명으로

지구에서 생명이 처음 발생했을 때 어떤 조건이었는지를 보여주는 직접적인 증거는 사실상 없지만, 당시 생성된 바위에서 발견된 광물에 기초한 간접적 증거는 어느 정도 있다. 관찰과 화학 결합 이론을 기반으로, 다른 분야와 마찬가지로 시간이 지나면서 어떤 광물이 형성되었는지 그 조건에 대해 더 잘 이해할 수 있게 되었다.

한정된 시간을 포함해 몇몇 사실은 매우 확실하다. 그 당시 바위를 형성할 수 있도록 지각이 충분히 냉각되었다는 추론으로부터 우리는 지구 표면에서 발견된 가장 오래된 광물들이 42억 년 정도 되었다고 볼 수 있다. 분명한 최초 화석은 36억 년 된 바위에서 발견되었다.[2] 그러므로 생명이 발생한 기간을 최대한으로 잡으면 6억 년 정도라고 볼 수 있다. 그러나 38억 년 정도 되는 것으로 측정된 흑연에서 발견된 탄소를 바탕으로 한 어떤 증거들은 그 당시 이미 광합성을 하는 생물이 존재했을 가능성을 보여주며,[3] 지구 표면이 물의 끓는점 이하로 냉각되자마자 생명이 발생할 조건이 되었을 수도 있다고 주장하는 설도 있다. 문제는 그때가 세포가 살아서 자기 복제를 하기에 (조건이) 충분했느냐다.

직접적인 증거가 없으므로 이 분야의 과학자들은 여러 간접적인 방법을 써서 기원 문제와 씨름하고 있다. 생명이 발생하는 데 필수인 조건을 구체적으로 제시해보기도 하고, 그런 조건이 충족될 만한 장소에 관한 증거

---

2) 5장에서 방사성 원소 붕괴를 이용한 연대 측정법에 대해 간단히 다룰 것이다. 학자마다 정확한 연대 추정이 다르고 또 기술이 발전함에 따라 추정치가 달라지지만, 지난 수십 년간의 연구는 전체적으로 생명 발생에 필요했던 기간이 더 짧다는 주장을 제시하고 있다.

3) Conway Morris(2003: 108).

를 찾아보기도 하며, 생명 발생에 필수인 단계들이 발생했을 법한 방식을 보여주는 설득력 있는 시나리오를 구성하려고 노력한다. 다윈의 "따뜻한 연못"부터 바닷가 가장자리, 당시의 대기, 진흙 표면, 심해 분화구, 또는 우주 공간에 이르기까지 오랜 기간 많은 장소가 그 후보로 제안되었다. 그러나 다양한 화합물을 합성하는 데 필요한 조건이 다양하다는 점, 세포들의 무작위적인 반응과 그 복잡성 등은 여전히 미해결 문제로 남아 있다.

유기 전구체(organic precursors). 어떤 생물학 교과서를 집어 들더라도 밀러-유리 실험에 대한 설명이 포함되어 있을 것이다. 간단히 설명하면, 1952년 시카고 대학교의 해럴드 유리(Harold Urey) 연구실에 있던 대학원생 스탠리 밀러(Stanley Miller)는 물, 메탄, 암모니아, 그리고 수소 혼합물을 유리 장치에 밀봉한 뒤 가열하고 증기 사이로 불꽃을 일으켰다. 그때 기구 속의 기체들이 응축되고 무언가 큰 물질이 생긴다면 그것은 장치 안에 갇히도록 설계되었다. 이 "실험"은 일주일 동안 진행되었다.[4] 생성 물질을 분석했을 때, 밀러는 몇 가지 다른 아미노산이 형성됐다는 사실을 알게 되었다. 그 이후, 비슷한 실험을 통해 무기 물질에서 대부분 생명에 필요한 고분자 물질인 필수아미노산, 당, 지방산, 그리고 DNA와 RNA를 형성하는 데 필요한 질소 염기를 만들어낼 수 있게 되었다.[5] 최근에 우주 생물학자들은 명백히 우주에서 형성된 어떤 유기 물질들이 혜성에도 존재한다는 사실을 발견했다.

이것은 무기물에서 쉽게 유기물이 형성될 수 있다는 증거로 종종 선

---

4) 비록 이를 흔히 실험으로 부르지만, 사실 반복적이고 무작위적인 실험을 통해 한 독립 변수의 효과를 검증해야 한다는 과학 실험의 엄밀한 정의에는 맞지 않는다. 이렇게 과학 교과서에서 용어를 느슨하게 사용해 발생하는 문제들이 있기 마련인데 이에 대해서는 다른 기회에 논해야 할 것이다.
5) 이와 같은 기본 구성단위를 단위체(monomer)라고 부르며, 이러한 단위체로부터 단백질 중합체(polymer, 긴 사슬), 탄수화물, 지질 및 핵산이 형성된다. 이러한 4가지 유형의 거대 분자는 생명체를 구성하는 기본 요소다.

전되지만, 그것이 전부는 아니다. 이와 관련된 모든 실험은 유리 산소(free oxygen)를 제외한 채 몇몇 원소로만 한정시킨 형태의 대기 상태를 가정하여 다양하게 수행되었다. 산소가 있을 때 이 모든 유기물은 빠르게 무기질 화합물로 분해된다. 그에 대한 증거로 다른 바위층에서 발견된 광물의 형태를 근거로 보면, 대기 중 유리 산소의 양은 19억 년을 시작으로 하여 24.5억 년까지 빠르게 증가해왔다.[6] 불분명한 것은 산소가 존재하지 않았던 때가 있었느냐는 것이며, 만약 그런 기간이 있었다면 과연 얼마나 지속했는가 하는 문제다. 이에 대해 표준적인 과학적 견해는 지구의 초기 대기가 겨우 0.1퍼센트의 산소만을 포함하고 있었다고 말한다. 그러나 어떤 이들은 초기 지구의 대기 속에 있었던 산소 공급원을 고려할 때 매우 낮은 수준의 산소 농도라도 생성된 고분자 물질을 분해하는 데는 충분했을 것이라고 주장한다(Thaxton, Bradley & Olsen, 1984: 76 77). 이처럼 증거가 애매하기 때문에, 각 모델을 지지하는 이들은 자신에게 유리한 주장만을 펼치면서도 그 증거가 불확실하다는 사실은 인정하지 않는다.[7]

두 번째 문제는, 비록 모든 유기물이 형성될 수 있고 각각 다른 조건에서 만들어졌다고 할지라도, 어떤 조건은 한 유기물이 만들어지기에 최적의 조건인 동시에 종종 다른 유기물을 분해하는 조건이 되기도 한다는 사실이다. 그러므로 살아 있는 세포 내에서 모든 구성을 한데 모으기란 슈크림 빵을 만드는 일과도 같다. 속과 겉을 한데 합치기 전에 불판 위에서 속을 만들어 냉장고에 넣어두어야 하고, 바삭한 겉 부분은 그릇 안에서 잘 섞어 오븐에 굽고 식혀야 한다. 정확한 도구를 사용하여 정확한 양과 정확한 재료와 정확한 순서를 따라 모든 과정이 일어나야 슈크림 빵을 만

---

6) 후자의 경우 Conway Morris(2003)을 참조하고, 전자의 경우 Biello(2009)를 참조하라.

7) 젊은 지구 창조론자들은 지구에는 산소가 부족했던 적이 없다고 주장하면서도 지구의 나이가 10,000년 미만이라고 말한다.

들 수 있듯이, 성공적인 최종 유기물의 발생도 마찬가지다. 사이먼 콘웨이 모리스는 『삶의 해결책』(*Life's Solution*)에서 이와 관련된 어려움을 잘 요약해놓고 있다(Conway Morris, 2003: 4장).

무작위 반응. 설사 우리가 한 번에 한곳에서 모든 분자 구성 요소를 창조해서 모을 수 있다고 하더라도, 그것은 단지 첫 번째 단계일 뿐이다. 생명체 내 각 단위는 *효소(enzyme)에 의해 매우 특정한 방법으로 빠르게 결합한다. 하지만 효소가 존재하기 전에는 어떻게 이런 일들이 일어날 수 있었을까? 각 효소는 특정 반응을 촉진할 수 있도록 특정한 모양을 지니고 있다. 일반적으로 살아 있는 세포에서만 존재하는 효소가 없을 때 유기체의 반응에는 여러 가지 문제점이 존재한다. 이를테면 *라세미 혼합물(racemic mixture), 바람직하지 못한 반응 산물, 분해와 반응 속도 같은 것들이다. 아울러 복제에도 문제가 생긴다.

각 탄소 원자는 4개의 다른 원자와 결합할 수 있어서 때때로 분자들은 각각 거울상(mirror image) 구조, 또는 화학 용어로 말하면 오른손과 왼손 모양을 지닐 수 있다. 그러므로 당과 아미노산은 각각 d형과 l형(라틴어로 각각 오른쪽과 왼쪽에 해당하는 단어의 앞글자다)을 지닌다. 살아 있는 생명체에서 모든 당은 d형이고, 오직 l형 아미노산만이 소모된다. 3장에서 논의된 물리 상수들이 그러하듯이 아무도 그 이유를 알지 못한다. 선택은 무작위로 일어나는 것처럼 보인다. 그러나 그것들이 무생명계(nonliving system)에서 만들어졌을 때, 그 결과는 두 가지 형태의 라세미 혼합물인 절반의 d와 절반의 l이 된다. 화학적으로 d와 l 내부의 결합 정도를 본다면 거의 같지만, 생물학적으로 라세미 혼합물로 만들어진 고분자들의 특징은 매우 다를 수 있다.[8] 다음과 같은 비유가 도움이 될 것이다. 당신은 접이식 의자들이 벽

---

8) d와 l형(거울상 이성질체[enantiomer])은 서로 반대 방향으로 편광된 빛을 회전하는 성질을 제

에 기대진 채 쌓여 있는 것을 본 적이 틀림없이 있을 것이다. 접이식 의자들은 어느 쪽으로든 같은 면끼리는 잘 쌓이지만, 그것들을 모아다가 아무렇게나 무작위로 쌓아버리면 제대로 버티지 못하고 무너질 것이다.

적절한 구성 요소를 다 가졌다고 해도 일어나는 두 번째 문제는 무생명계에서는 반응이 무작위로 아무 때나 발생할 수 있다는 점이다. 만약 우리가 아미노산, 당, 그리고 질소성 염기가 한데 포함된 용액을 가지고 있다고 해도, 아미노산이 단백질로 합성된다든가 알맞은 합성을 통해 당과 염기가 조합하여 핵산의 구성단위인 뉴클레오티드를 형성한다는 보장은 없다. 접이식 의자 비유를 확장시켜보자. 만약 우리가 접이식 의자만이 아니라 접이식 탁자도 쌓는다고 치면 같은 것끼리 같은 방향으로 쌓는 것이 당연히 이치에 맞을 것이다. 그런데 효소가 없는 상태의 자연 현상이라는 것은, 비유하자면 위의 탁자와 의자를 한데 섞어 무작위로 일정한 방향 없이 쌓는 것이다. 예상할 수 있듯이 그 결과는 엉망일 것이다. 우리가 생명체에서 발견하는, 유용하게 잘 배열된 순서와는 거리가 멀다.

세 번째 문제는 분해(decomposition)다. 화학 반응은 대부분 가역적(reversible)이고, 무언가를 만드는 과정보다 분해하는 과정이 대부분 훨씬 쉽게 진행된다. 이것은 속도 문제와도 관련되어 있다. 효소는 반응물을 유용한 형태로 유지시켜 새로운 분자를 만드는 데 필요한 에너지의 양을 낮춰준다. 이런 효소가 없다면, 반응 속도는 매우 느려진다. 문제는 효소 자체도 단백질이며 아미노산이 매우 특정한 형태로 배열된 물질이라는 점이다. 어떻게 첫 번째 효소가 그 과정에서 다른 효소의 도움 없이 형성되었을까?

외하고는 보통 같은 물리적 성질을 지니고 있지만, 다른 거울상 이성질체와 결합하여 서로 다른 기능을 띨 수 있다. d와 l형 아미노산의 반응 혹은 단당류와의 반응은 같은 것처럼 보인다.

이와 관련지어 조금 다른 문제는 자가 복제(self replication)다. 비록 효소가 우연히 발생해서 어떤 특정한 반응을 촉진했다고 하더라도, 그것은 첫 번째 효소 하나일 뿐이며 촉매로 사용되어 분해되는 대상이 될 것이다. 세포 내에서 효소는 RNA에 의해 코드화되며, 그다음으로 DNA에 의해 코드화된다. 그 과정에는 단계마다 수많은 효소와 조효소(cofactor)가 관여한다. 어떻게 이처럼 복잡한 과정으로 발전했을까? 핵심은 관련된 과정을 순서대로 설득력 있게 제시한 사람이 아직 없다는 점이다.[9] 이 말은 생명 발생에 순차적인 과정이 존재할 수 없다는 뜻이 아니라, 단지 아직까지는 설득력 있는 설명이 제시되지 않았다는 말일 뿐이다.

원시세포(protocells). 생명이 발생하기 위해 일어났어야 할 그다음 단계는 무엇일까? 유기 분자들을 격리할 공간이 있어야 한다. 보호막 안에 분자들을 놓아두면 분자들이 더 농축되고, 반응이 촉진되며, 산소로 인해 분해되는 현상을 막을 수 있다. 이 개념과 가장 잘 맞는 것이 바로 코아세르베이트다.[10]

*코아세르베이트(Coacervate)는 지질(脂質)이거나 소수성(疏水性)을 띠는 분자들의 집합으로, 물속에서 서로 함께 모여 거품을 형성한다. 때때로 적은 양의 다른 물질들은 이 거품 안에 붙잡힐 수 있다. 이는 대부분의 세포막(cell membrane)이 구조상 유사한 인지질(phospholipid)로 형성되어 있기 때문이다.

---

9) 현재까지는 RNA가 최초의 자기 복제 분자였고 점차 RNA의 다른 부분이 단백질을 코딩할 수 있게 부착되었다는 "RNA 세계"라는 개념이 최선의 추측이다. 그러나 이것은 정보와 관련된 문제로 이어진다. 이에 대해서는 이후에 논의하기로 하자. 현재까지 제시된 이와 관련된 이론들과 그 문제에 관한 요약은 Bradley(2004)를 보라.

10) 최근 일부 과학자는 다공성 석회암(porous limestone)이 유기물을 가두어두고 더욱 농축시킬 수 있다고 제안했다. 이것은 농도의 문제를 해결했지만, 별도로 여겨지는 세포막의 기원에 관한 문제는 해결하지 못했다.

그럼에도 코아세르베이트와 세포막의 차이는 크다. 종종 코아세르베이트에서 발견된 단순 지질보다 인지질이 훨씬 복잡할 뿐만 아니라, 세포막 자체도 방대한 배열의 단백질이 세포막에 끼어 있고 그 단백질이 세포벽에 수많은 구조 단백질 섬유를 따라서 붙어 있다. 전과 마찬가지로 코아세르베이트에서 온전한 기능을 수행하는 세포막으로 전환하는 순차적인 과정은 아직 제안된 바가 없다.

세포. 한때 세포는 기본적으로 젤리 같은 물질로 된 방울 같은 것이며 그 안에는 몇몇 세포 기관(organelle)이 둥둥 떠다니고 있다고 여겨졌다. 이제 우리는 세포가 각기 서로 다르지만 계속해서 물질을 교환하는 내부 막으로 꽉 채워져 있다는 것을 안다. 그리고 분자와 세포 기관들은 세포 주변의 복잡한 섬유질을 통로로 하여 운반되고, 심지어 세포 핵 내부도 특정한 배열로 염색체를 유지하기 위해 매우 특별한 구조를 띠고 있다는 점도 안다.[11] 세포는 물건을 생산하기 위해 만든 공장같이 정교한 분자 장치이며 매우 복잡하게 융합된 체계다.

세포는 반드시 어떤 특정한 기능을 수행할 수 있어야만 한다. 적어도 세포라면 에너지를 얻어 사용할 수 있어야 하고, 반드시 증식(reproduction)이 일어나야 한다. 에너지를 얻는다는 것은 세포막을 통과하여 에너지로 쓸 수 있는 분자를 안으로 이동시키기 위한 메커니즘이 세포에 있다는 뜻이다. 그 분자를 에너지로 쓰기 위해 효소는 분자를 잘게 자르고, 일반적으로 ATP와 같이 세포가 사용할 수 있는 형태의 에너지로 전환한다. 세포 증식은 다른 세포를 만들기 위해 필요한 물질을 흡수하는 것과 관련 있고, DNA, RNA, 단백질, 인지질이나 다른 성분을 포함해 이

---

11) 핵막하층(nuclear lamina)과 모체(matrix)의 구조와 목적은 아직도 논란 중이지만, 서로 다른 세포 유형을 지니며 유전자 발현에 영향을 줄 수 있다는 증거가 늘고 있다. 전문적인 설명은 Vlcek, Dechat & Foisner(2001)를 보라.

미 세포 안에 존재하는 똑같은 성분들을 새로이 만들 수 있음을 의미한다. 엄밀히 말해 이것은 간단한 과정이라고 할 수 없다.

가장 간단하다고 알려진 세포는 다른 세포 안에 공생하는 절대 기생 생물(obligate parasite)인 카르소넬라 루디(Carsonella ruddii)다. 그러나 이 미생물의 DNA는 159,622개의 *염기쌍(base pair)을 가지고 있고, 각 쌍은 아데닌(adenine)과 티민(thymine) 혹은 시토신(cytosine)과 구아닌(guanine)으로 구성되어 있으며, 매우 특정한 순서로 182개의 유전자를 구성하고 있다.[12] 가장 간단한 세포라 해도 이론적으로 최소한 113,000의 염기쌍과 151개의 유전자를 포함해야 할 것이라고 과학자들은 말하고 있다(Forster & Church, 2006).[13]

생명의 기원을 연구하는 과학자들은 어떻게 이렇게 복잡한 생명체가 순차적으로 발생했는지를 탐구한다. 때때로 지나치게 과장된 반대 의견을 주장하기는 하지만, 실상 과학자들이 실험실에서 생명체를 창조해낼 수 있다고 말하기에는 아직 한참 멀다.[14] 적어도 우리가 지금 소유하고 있는 지식과 기술로 생명체를 재구성하기에는 생명체가 너무나 복잡하다.

---

12) 「사이언스」(Science)에 기재된 세 편의 논문에 관한 요약은 Roxanne Khamsi, "Bacteria boast the 'tiniest genomes' to date," NewScientist(12 October 2006)를 보라. 이것은 http://www.newscientist.com/article/dn10259-bacteria-boast-the tiniest-genomes-to-date.html에서 볼 수 있다.

13) 가장 작은 최소 게놈의 크기는 끊임없이 새로운 연구의 결과로 바뀌고 있고, 어떤 기준을 사용하는지는 연구자 사이에도 완전히 일치하지 않으므로 결과적으로 다르게 보고된다. 많은 이는 마이코플라스마 폐렴균(Mycoplasma pneumonia)을 가리켜 816,000의 염기쌍과 189개의 유전자를 지닌, 자가 증식이 가능한 가장 작은 세포로 여기고 있다.

14) 2010년 5월 Craig Venter는 "인공 생명체"를 창조했다고 발표했다. 대부분이 지적했듯이, 그는 박테리아의 유전자 서열을 해독했고, 인공적으로 약간의 수정을 통해 DNA를 복원하고, 세포핵이 없는 세포에다가 인공 DNA를 다시 삽입하여 그 세포가 생명을 가지고 재생산할 수 있게 했을 따름이다. 설명서를 복사해서 그것을 읽을 수 있는 기계 속에 넣어 이를 작동시키는 것과 처음부터 설명서와 기계를 둘 다 만들어내는 것 사이에는 큰 차이가 있다.

심지어 세포를 조절하기 위해 DNA를 만드는 과정도 단순히 수천 개 염기쌍의 끝과 끝을 연결하는 데 그치지 않는다. DNA들은 매우 특정한 순서로 연결되어야만 한다. 그래야 정보를 운반할 수 있기 때문이다.

정보

특히 DNA의 경우가 그러한데, 세포 내에 담긴 정보를 생성하기가 매우 어렵다는 점을 보여주는 증거는 대부분 지적 설계를 주장하는 이들에게서 제기된다. 그들은 다윈주의에 기반을 둔 진화에 이의를 제기하기 위해 이를 이용한다. 이 주장에 대한 반론은 대부분 (실제로 생명의 근원에 관해 연구하는 생화학자들이 아닌) 생물학자들에게서 나오는데, 그들은 지적 설계 지지자들의 주장이 대개 과학적이지 않다고 말한다. 양쪽 다 타당한 면을 지니고 있다.

2장에서 논의했듯이, 지적 설계 운동의 핵심 인물들은 철학 또는 수학 분야에 배경을 둔 사람들이며 자신의 각 분야에서 받아들여지는 방식으로 논증을 구성하고 문제에 접근한다. 그래서 지적 설계 운동의 논증이 과학적이지 않다는 주장, 즉 경험적 증거에 근거하지 않고 있다는 주장은 틀린 말이 아니다. 하지만 그렇다고 해서 그들의 논증 자체가 타당하지 않다는 뜻 역시 아니다.

생물학은 항상 수학 관련 개념을 받아들이는 데 어려움을 겪는다. 멘델의 법칙이 오랫동안 무시된 이유 중 하나는 바로 수학에 기초를 두고 있어서였다. 1900년대 초에 개체 유전학자(population geneticists)들이 생물학을 수학으로 다시 설명하려 했을 때, 그들의 개념 역시 오랫동안 반대에 부딪쳤다(Schwartz, 1999). 따라서 최근 수학이 다시 과학에 유입되는 현상이 비난에 직면하는 것도 예상하지 못했던 결과라고 할 수는 없다. 특히 많은 과학자가 철학적 관점에서 결론을 내리는 데 반대하고 있는 현

시점을 보면 그렇다.

정보에 관한 논쟁은 거의 이상적인 코드, 매개체로부터 정보의 독립, 그리고 *특정화된 복잡성(specified complexity) 개념, 이렇게 3가지로 분류할 수 있다. 비록 과학자들이 대부분 서로 다르게 해석하기는 하지만 대개 첫 두 개념의 증거는 받아들인다. 그러나 세 번째 개념은 그 타당성을 의심받은 채 잘 받아들여지지 않는다. 그 이유는 나중에 언급할 것이다. 위 3가지와 구분되는 *환원 불가능한 복잡성(irreducible complexity)이라는 네 번째 증거 역시 종종 앞에서 말한 것과 같은 상황에서 언급되는데, 여기서 나도 논의하고자 한다.

거의 보편적이고 이상적인 코드. 정보를 전달하기 위해서는 몇몇 방식으로 코드화할 필요가 있다. 글자로, 2진 코드로, 언어가 아닌 표현 방식으로 말이다. 유용한 코드가 되려면 수취인도 반드시 올바르게 그 코드를 해석할 수 있어야 한다. 세포 내 정보는 DNA로 코드화되어 있고, RNA로 복사되어 단백질로 번역된다. 이런 코드 중 *유전자 코드(genetic code)는 그것이 지닌 물리적 제한 조건을 생각해볼 때 거의 이상적임이 밝혀졌다. 또한 모든 생명체에서 거의 보편적으로 발견되고 있다.[15]

세포에 사용되고 있는 코딩 시스템에 관해서라면 이미 여러 곳에서 자세히 설명되고 있다.[16] 최근에 생물학을 배운 사람이라면 이 개념에 익숙하다는 데는 의심할 여지가 없지만, 기회가 없었던 이들은 깊이 관심을 두지 않을 것이다. 간단히 말해 DNA는 4가지 염기(약자로 A, T, G, C)의 순서에 따른 배열이라고 할 수 있다. 4가지 염기는 특정한 순서를 이뤄 정보를 전달한다. 마치 이 페이지에 포함된 정보가 글자들의 배열로 이루어진

---

15) 유전자 코드가 약간 변형된 몇 가지 생물이 있기는 하다.

16) 간단하면서도 좋은 설명으로는 "Code"(2003), *DNA Interactive*, Cold Spring Harbor Laboratory, www.dnai.org/a/index.html을 보라.

것과 같은 방식이다. 정보는 RNA(T가 U로 교체됨)로 복사되고, 3가지 염기가 합해 트리플렛(triplet, 유전 코드의 단위―역자 주)을 이뤄 특정 아미노산을 코드화하며, 이 염기들이 모여 단백질을 합성한다. 이때 사용되는 코드는 거의 보편적이므로 어떤 한 생명체의 DNA는 다른 생명체에서도 정확히 같은 단백질을 만들 것임을 예상할 수 있다. 이것이 유전 공학의 기본이 되는 원리다. 또한 DNA에서 단백질이 만들어질 때 일어나는 오류는 대부분 유사한 아미노산으로 치환되는 경향이 있고, 그 결과 유사한 단백질을 갖게 된다는 점에서 매우 이상적이라고 할 수 있다. 이 부분에 대한 증거는 확실하고 논쟁의 여지가 없지만, 그것을 어떻게 해석할 것인가에 대해서는 의견이 갈린다.

매개체로부터의 독립(independent of carrier). 과학자 대부분이 받아들이기에 문제가 없는 두 번째 증거는, 매개체에 포함된 정보가 그 매개체(carrier)와는 독립적이라는 사실이다. 앞에서 우리는 무생명계에서 DNA나 RNA를 포함하는 유기물을 만들기 어렵다는 점을 다뤘다. 하지만 뉴클레오티드가 무작위로 연결되어 있다는 것만으로는 불충분하다. 왜냐하면 정보를 저장하고 전달하는 것이 바로 핵산이기 때문이다. 단백질을 만들고 세포를 조절하는 방식에 관한 정보가 특히 그러하다. 특정 정보를 전달하기 위해 특정 순서로 뉴클레오티드를 정렬하는 데는 뉴클레오티드를 무작위로 생산해서 연결하는 것보다 더 높은 수준의 구조화가 필요하다.

논쟁의 측면은 정보가 독립적이라는 사실 자체에 있지 않고, 그 정보의 출처가 무엇이냐는 데 있다. 여기서 다시 유비가 도움이 될 것이다. 당신이 어느 페이지의 글을 읽고 있다고 하자. 당신이 읽고 있는 글의 정보는 애초에 컴퓨터를 통해 2진법 코드로 프린터에 전송되어 인쇄된 것이다. 하지만 그 정보는 컴퓨터나 책의 페이지에서 연유한 것이 아니라 작가의 지성을 통해 형성된 것이다. 유사하게 세포 내 정보도 DNA에 의해 세대에서 세대로 전달되었으며, DNA에서 RNA를 거쳐 단백질로 옮겨진 것이다. 그렇다면 처음에는 그 정보가 어디에서 유래되었을까?

무언가가 메시지를 전달한다면 그것은 정보를 담고 있다는 뜻이고, 그 정보는 그 매체의 물리적 형태나 출처와는 독립적이다. 해석에 관해 논의할 때 다루겠지만, 여러 모델이 각각 정보의 기원을 설명하는 방식은 각자 자기 전제에 맞춰져 있다. 정보의 기원을 실증을 통해 발견할 수는 없겠지만, 시간 흐름에 따라 DNA속에서 변화가 일어나는 것을 발견할 수 있다는 점이 밝혀졌다. 이에 관해서는 5장에서 더 다루기로 하자.

특정화된 복잡성(specified complexity). 정보와 관련된 세번째 제안은 매우 논란이 많은 부분이다. 어떤 이는 이 견해가 중요한 증거를 제시한다고 여기지만, 다른 이는 그것이 기원 논쟁에 어떤 기여도 하지 못한다고 여겨 거부한다. 한쪽에서는 이 *특정화된 복잡성을 창조주의 창조 사역에 대한 직접적인 증거라고 주장하고, 다른 한쪽에서는 그것을 자연 인과(natural cause)로 설명할 수 있다고 말한다. 다시 말하지만, 차이는 증거 자체에서 연유하기보다 증거를 해석하는 철학적 관점에서 나온다. 어쨌든 내 글의 핵심은 특정화된 복잡성이 증거로 인정될 수 있느냐에 있으므로, 이 부분을 집중해서 다뤄보자.

특정화된 복잡성은 정보 이론에서 새로 파생된 복잡성 이론이라는 수학을 기본으로 하고 있다. 통계학이 집단 유전학에 큰 기여도 했고 함께 발전하기도 했지만 동시에 융합 유전(blending inheritance)이라는 다윈의 유전 패러다임에 충실했던 이들에 의해 반대에 직면했듯이, 복잡성 이론에 반대하는 이들은 이 이론이 과학에 이바지할 여지가 없다고 주장한다. 어느 쪽 주장이 옳은지는 두고 볼 일이지만, 수학이 자연 과학에 공헌하는 역사가 반복되는 모습을 볼 때 복잡성 이론을 너무 빨리 무시해버리는 것도 현명한 처사는 아닌 듯하다.

특정화된 복잡성의 기본 개념은 복잡성이 특정화될 수도, 무작위적일 수도 있다는 점이다. 여러 구성 성분을 가진 체계는 어떤 것이든 그 구성 성분들이 여러 다른 배열로 놓일 수 있다는 점에서 복잡성을 띤다. 따라서 다양한 광물 결정을 보여주는 암석 조각은 복잡성을 지니지만, 그 복잡성이 특정화되지는 않으므로 정보를 전달하지 않는다. 반대로 조각가에 의해 특정한 모양으로 조각된 암석은 특정화되었고, 조각가의 의도와 조각의 복잡성에 따라 다양한 정보를 전달하게 된다. 특정화된 복잡성의 존재는 특정 사건 발생의 확률에 근거를 두고 시험되어왔다. 다른 역사 과학과 마찬가지로 생명의 기원은 그것이 반복될 수 없으므로 실험으로 검증할 수 없다. 따라서 특정한 방향성이 없는 일련의 사건이 가져오는 결과를 통해 한 체계가 만들어질 가능성이 얼마나 되는지 그 추정치를 계산해봐야 한다. 3장에서 보았듯이, 우리 추론의 근거가 되는 예가 하나밖에 없다면 그 추론 과정은 오류일 가능성이 높으며 독립 확률을 설정해서 계산하는 이, 즉 위의 추정치를 계산하는 사람이 가진 전제에 매우 의존하게 된다.

특정화된 복잡성을 증거로 받아들이고 싶은 이들은 종종 생명 그 자체가 매우 복잡해서 우연히 발생할 확률이 매우 낮다고 말하곤 한다. 특정화된 복잡성을 증거로 받아들이기를 반대하는 이들은 생명이 우연히 발생하지 않았다고 말한다. 오히려 그들은 생명이 비록 (누군가의) 지도 없이 발생했더라도, 더 많은 기능이 있는 형태가 자연 선택되는 과정을 무작위적이라고 할 수는 없다고 주장한다. 전자의 해석은 결국 생명이 일어날 확률이 불가능할 정도로 낮다는 것, 즉 생명 발생에 필수인 낮은 확률의 사건들이 각각 올바른 순서대로 일어날 확률, 다시 말해 그 사건들의 확률을 모두 곱한 값이 지극히 작다는 뜻이다. 후자의 해석에 따르면, 그 확률이라는 것은 어떤 조건에 결부되어 있다. 따라서 생명체의 변이 자체는 무작위로 발생한다고 하더라도 그 변이 중 자기 복제에 성공하는 변이만이 살아남아 다음 변이 때까지 유지되기 때문에, 더욱 성공적인 생명체 형태가 세대를 거쳐 유지되는 확률이 낮기는 하지만 불가능한 것은 아니다.

우리의 경험으로는 특정화된 복잡성을 보여주며 정보를 담고 있는 모든 계는 지성을 반영한다. 동물은 대부분 같은 종 내에서 다른 구성원에게 정보를 소통할 방법이 있다. 더욱 세밀한 의사소통을 하는 복잡한 계일수록 우리는 더 높은 지능과 연관시킨다. 우리가 가지고 있는, 명확히 특정화된 복잡성의 한 가지 예는 인공물(artifacts)이다. 세포에는 굉장히 복잡한 계가 있다. 그 복잡성을 어떤 지성의 산물이라고 볼지, 만약 그렇다면 그 지성이 어떻게 복잡성을 만들어냈을지 등은 전적으로 우리의 철학적 전제에 의존한다. 왜냐하면 분명 코드는 존재하는데 누가 그 코드를 만들었는지는 아직 아무도 모르기 때문이다.

환원 불가능한 복잡성(irreducible complexity). 특정화된 복잡성과 *환원 불가능한 복잡성은 그 이름이 비슷하지만, 매우 다른 개념이다. 앞서 다뤘던 전자는 수학 이론을 바탕으로 하지만 후자는 세포 내 생화학 조직을 관찰한 결과에서 연유한다. 후자는 전자와 달리 정보 개념과 직접 연관이 없지만, 세포의 복잡성이 자발적으로 발생했을 것이라는 생각에는 마찬가지로 의문을 던진다. 게다가 환원 불가능한 복잡성은 지적 설계와 밀접하게 연결되어 있고 그런 이유로 어떤 이들은 강하게 거부하는 주장이다. 따라서 여기서 다뤄보도록 하자.

환원 불가능한 복잡성의 기본 개념에 따르면, 세포 내에는 축소된 기계처럼 보일 뿐 아니라 그런 기능을 하는 많은 구조물이 있다. 가장 흔히 드는 예로는, 마이클 비히(1996)가 쓴 『다윈의 블랙박스』(*Darwin's Black Box*, 풀빛 역간)에 의해 유명해진 박테리아 편모가 있다. 인간이 만든 기계와 마찬가지로, 세포를 구성하는 많은 장치는 온전히 세포가 작동하는

데 필수이고 그중 어느 것이라도 없애면 기계가 고장을 일으키게 될 것이다. 문제는 어떻게 이 기계가 순서대로 한 번에 하나씩 이치에 맞게 각 부분이 추가되면서 *자연 선택상의 이점(selective advantage)을 가지도록 만들어졌느냐는 것이다. 환원 불가능한 복잡성이란, 바로 위와 같은 과정은 일어날 수 없다는 주장이다.

세포가 기계와 같이 복잡하다는 데는 누구도 반론을 제기하지 않지만, 그것이 과연 환원 불가능한 것이냐를 두고는 많은 논쟁이 있다. 환원 불가능한 복잡성이 제기될 때마다 누군가가 나와서 그 복잡한 유기체(또는 생명체)가 수행하는 기능과 같은 것을 몇 개의 같은 구성 부품으로 이루어진 더 단순한 계가 수행하는 예를 보여준다(Miller, 2004). 그런데 환원 불가능한 복잡성을 주장하는 이들에게는 그렇게 같은 기능을 더 단순한 계가 수행할 수 있느냐라는 주제가 핵심이 아니다. 또한 같은 구성 부품이 같은 기능만을 수행해야 하는지도 핵심이 아니다. 환원 불가능한 복잡성의 핵심은 단계마다 자연 선택상의 이점을 가진 부속품이 더해진다는 식의 다윈식 메커니즘으로는 우리가 지금 논의하고 있는 수준의 복잡성을 설명할 수 없다는 것이다.[17] 생명의 기원에 관해서라면, 아직 누구도 그런 형태의 순서가 나타나는 사례를 제시한 바 없다.

4.2 각 모델은 증거를 어떻게 해석하는가?

이 주제에 대해 얼마나 감정적인 반응이 많은가를 생각해보면, 심지어 세

---

17) Behe는 자신에 대한 비판에 맞서 반복해서 이 부분을 강조했다. Michael Behe, *Uncommon Descent* (blog), http://behe.uncommondescent.com 및 Behe(2004)를 보라.

포 안에 "내가 신이고, 신이 나다"라고 명확하게 쓰인 표식이 발견된다 할지라도 상당히 많은 사람이 비아냥대며 거부 반응을 보일 것 같다.[18] 4가지 기원 문제 중 지금 우리가 논의하는 생명의 기원 문제야말로 누가 어떤 모델을 선택하느냐 하는 문제가 주로 그 사람의 세계관에서 비롯할 뿐 증거 자체에서 직접 연유하는 것은 아니라는 점을 보여주는 가장 분명한 예다. 증거가 너무 부족하므로 그것을 특정한 관점으로 바라보지 않고서는 어떤 모델을 선택할지를 결정하기가 불가능하다. 생명 기원의 문제에서 증거라고 제시되는 것은 대부분 기껏해야 이른바 정황 증거일 뿐이다.

세포는 존재하므로, 어쨌든 처음에는 생겼어야 한다. 만약 관찰할 수 있는 자연계 외에 아무것도 존재하지 않았다면, 혹은 신이 있더라도 만약 신이 개입하지 않기로 선택했다면, 세포는 반드시 순차적인 과정을 거쳐 만들어졌어야만 한다. 다른 한편으로는, 전능한 신이 처음부터 완벽하게 작동하는 장치처럼 세포를 창조했을 수도 있다. 이 그림이 바로 이 논쟁을 이끄는 2가지 기본 해석이다. 세 번째 해석은 자연 과정에 어떤 방향성이 있다고 가정한다. 그러므로 다시 우리는 증거를 해석하는 3가지 기본 방식으로 돌아왔지만, 각 기원 모델 간 연합하는 형태는 우주의 기원을 설명할 때와는 매우 다르다.

필연성

자연주의적 진화, 비목적론적 진화, 계획된 진화, 이 세 모델에는 우선 신이 자연사에 개입하지 않는다는 철학적 전제가 있다. 자연 현상에서 초자연적인 개입이 없다고 믿는 이 세 모델은 생명의 기원에 대해 철저하게 자

---

18) 원서의 표현은 Dr. Seuss, *Green eggs and ham* (New York: Random House, 1960)을 패러디한 것이다.

연주의적인 해석을 내놓는다. 따라서 이 해석하에서 생명은 반드시 일어나는 결정론적인 사건과 우연히 일어나는 무작위 사건 중 자연 선택을 따라 선택되고 살아남은 사건들, 이 둘의 조합 사이에서 발생했어야만 한다. 이 견해를 주장하는 이들은 생명 발생에 필수인 사건들이 매우 높은 개연성을 띠고 규칙적으로 발생하는 상황을 찾는 것을 이상적으로 여긴다.

생명이 어떻게 발생했는지에 대한 확실한 증거가 없어서 (3장에서 설명했던) 인류 원리를 기본으로 한 변형된 주장이 주로 논거로 사용되곤 한다. 이에 따르면, 우리가 존재하므로 생명은 틀림없이 발생했고, 따라서 생명이 발생할 수 있는 조건을 만족시켰던 것도 틀림없다. 따라서 우리가 할 일은 그저 그 조건이 무엇이었는지를 알아내는 일이다. 이 시각으로 보면, "생명의 탄생은 그렇게까지 어려운 일은 아니다. 왜냐하면 명백히 지구에서 그 일이, 약 38억 년 전에, 생명에 적합한 조건이 마련되자마자 일어났기 때문이다"(Mayr, 2001: 43). 이는 진화 관련 모델의 전형적인 견해다.

수년에 걸쳐, 다양한 장소가 생명의 근원지로 제시되었다. 다윈은 그곳이 따뜻한 연못이라고 암시했다.[19] 오랫동안 육지, 바다, 그리고 대기로부터 다양한 성분이 유입되는 해안 가장자리가 분자 규모의 반응을 구성하고 격리시키기 위한 모형으로 주로 제시되었는데, 진흙이 그 핵심 역할을 했을 수도 있다(Conway Morris, 2003: 4장). 최근에는 강한 열과 압력을 지닌 깊은 바다의 분화구가 더 빨리 반응을 유리하게 발생시켰을 수 있다

---

19) "그렇다. '만약'이다! (엄청난 '만약'이긴 하지만 말이다!) 모든 종류의 아미노산과 인산염, 빛, 열, 전기 등을 지닌 어떤 따뜻한 작은 연못이 있어 거기에 단백질 화합물이 생기고, 그 물질이 그 뒤로 더 복잡한 변화를 거칠 준비가 되어 있었다고 가정한다 해도 그런 물질은 즉시 다른 생명체에 흡수되거나 먹힐 것이다. 그런데 그런 일은 이미 생명이 형성되지 않았다면 일어날 수 없는 일이다.…현재로서 이것은 생명의 기원에 대해 그저 부질없이 이것저것 생각해보는 것일 뿐이다. 물질의 기원에 대해서도 마찬가지다"(Charles Darwin, "Letter to Joseph Hooker" [1845], *Darwin Correspondence Project*, www.darwinproject.ac.uk/entry-922).

는 주장이 호응을 얻고 있다(Martin et al., 2008). 그러나 이런 주장은 모두 앞서 논의한 바 있는 문제에 직면한다. 즉 어떤 하나의 필수 반응을 잘 일으킬 만한 조건은 종종 또 다른 중요 조건을 무너뜨리는 원인이 되는 경향이 있다. DNA의 구조를 공동 발견했던 프랜시스 크릭(Francis Crick)을 포함해 몇몇 과학자는 지구상에서 이상적인 환경을 찾기를 포기하고 세포들이 다른 행성에서 왔다는 포자(panspermia) 가설을 주장했다(Crick & Orgel, 1973). 물론 이런 제안은 근원 문제를 해결하는 것이 아니고 단지 문제를 공간과 시간의 문제로 되돌릴 뿐이다.

이런 모델들에 따르면, 자연 선택을 통해 일어나는 진화는 살아 있는 세포 내에서뿐만 아니라 분자 사이에서도 일어나는데, 이것이 바로 생물 발생 이전의 진화라는 개념이다. 이 개념은 특히 RNA같이 복제가 일어나는 분자에 적용되는데, 어떻게 유전자 코드가 그렇게 이상적이며 모든 종에 공통으로 쓰이는지를 설명할 때 매우 유용하다. 자가 복제를 더욱 잘 하는 분자는 복사본을 더 잘 만들 수 있고, 그중 일부는 약간의 변이를 거쳐 더 나은 자기 복제 능력을 지닐 수도 있어서, 그렇게 되면 더욱 많은 개체가 만들어지게 된다. 결국 효소처럼 다른 분자를 코드화할 수 있는 능력이 추가된 원시 세포(protocell)는 자기가 처한 환경에서 선택적으로 더욱 잘 적응할 수 있게 된다. 그 결과 이런 선택을 받아들인 유기체는 그렇지 못한 나머지와 경쟁해 이길 수 있게 된다. 유전자 코드의 보편성은 생명체 내 한 집단의 공통 기원(common descent)을 입증하는 증거로 생각된다.

환원 불가능한 복잡성이란 개념은 이 세 모델을 지지하는 이들에게서 강한 반박을 받고 있다. 이전에 언급했듯이, 그들은 복잡한 유기체가 수행하는 기능과 같은 기능을 더 적은 성분으로 구성된 더 단순한 계가 수행할 수 있다는 예를 들어 그 계가 환원 불가능한 복잡성을 보이지 않는다고 반박한다. 굴절 적응(exaptation, 선택적 진화)과 삼각소간(spandrel)이라는 두 용어가 어떻게 구성 성분이 더욱 단순한 계에 추가되는지를 설명하기 위해 도입되었다(Gould & Lewontin, 1979). 굴절 적응은 어떤 다른 계에 이미 존재하는 성분을 취해 새로이 세팅된 조건에서 변형을 추가해 사용하는 것을 말한다. 삼각소간이란 용어는 원래는 필수가 아니지만 그 자체로 중요성을 띠는 부분을 말한다. 생명의 기원이 우주에서 왔다는 포자 가설이 그렇듯이, 이 새로운 용어들을 통한 설명도 문제를 다른 영역으로 돌릴 뿐 정말로 이 문제에 대한 답이 되는지는 의문이다. 초창기의 계나 원래 성분 자체도 복잡하기는 마찬가지이기 때문이다.

특정화된 복잡성 개념도 비슷하게 조롱받는다. 근본 이유는 이렇다. 우리는 생명이 어떻게 만들어졌는지를 알고 싶은데, 이 주제는 과학적인 질문이다. 여기서 "과학적인"이란 말의 정의는 그 질문에 대한 대답이 자연주의적인 설명이어야 한다는 뜻이다.[20] 특정화된 복잡성 개념에서 "특정화"란 말에는 지성을 지닌 신이라는 존재가 있음을 명백히 함축하고 있고, 따라서 다른 이들은 이 개념을 "틈새의 신"(God of the gaps) 논증으로 여긴다. 이에 대해 특정화된 복잡성을 지지하는 이들은 우연이나 필연 같은 개념을 도입하는 것이야말로 "틈새의 자연주의"(Naturalism of the gaps)라고 반박한다. 그들에 따르면, 자연주의야말로 제대로 된 순차적 과정을 제시하지 못하기 때문이다.[21] 문제는 결국 신이 세포의 창조에 개입했을

---

20) 용어를 정의하는 일이야말로 현재 문제의 핵심이다. 왜냐하면 정의는 실증을 기반으로 맞거나 틀리거나를 판단하는 문제가 아니라 해당 정의를 받아들여서 어떻게 사용하느냐의 문제이기 때문이다. 그러나 만약 어떤 두 집단이 받아들이는 정의가 서로 다르다면, 누가 옳은지를 어떻게 결정할 수 있을까? 미학적 판단과 마찬가지로 이것은 "정답"의 문제가 아니라 각 집단이 선호하는 것이 무엇이냐의 문제이며, 게다가 무엇이 사회적으로 받아들여지느냐는 시간이 지남에 따라 변하기 때문이다. 우리는 8장에서 이 문제를 다시 다룰 것이다.
21) **틈새의 자연주의**는 리즌투빌리브 등이 쓰는 용어인데, 이 개념이 어디서 왔는지는 나도 모른다.

가능성을 열어두느냐인데, 이는 과학적 질문이 아니다.

즉시 출현(immediate appearance)

신이 개입했다고 믿는 사람들은 생명이 순차적으로 발생하기에는 너무 복잡해 신이 온전히 기능하는 최초의 세포를 직접 창조하기로 선택했을 것으로 생각한다. 오래된 지구 창조와 젊은 지구 창조는 창조가 일어난 순서를 서로 조금 다른 방식으로 이해한다. 오래된 지구 창조에 의하면, 최초의 생명체들은 단세포로 창조되었다. 화석 기록과 일치하는, 다른 형태의 생명체들이 나타나기 오래전에 말이다. 젊은 지구 창조는 언제 단세포로 된 유기체가 창조되었는지를 명시하지 않는다. 이는 성경이 단세포에 관해 언급하지 않기 때문이기도 하지만, 모든 살아 있는 것이 6일이라는 기간 안에 창조되었다고 보기 때문이다(창조 이후 생명체의 형태가 얼마나 변형되었는가 하는 질문을 포함해 이 두 모델의 차이점과 관련된 주제는 5장에서 다루게 될 것이다).

　생명체가 즉시 출현했다는 주장을 뒷받침하는 근거는, 생명체가 특정화되어 있고 환원 불가능한 복잡성을 띤다는 점이다. 이는 지성을 지닌 존재를 암시하는 표지이며 순차적 선택(stepwise selection)을 배제하는 것으로 보인다. 그들의 주장은 이렇다. 우리의 경험에서 알듯이 구조화하는 힘인 지성이 없다면 무질서에서 질서가 생길 수 없고, 이는 생명의 기원도 마찬가지다. 이 주장을 강화하기 위해 생명이 우연히 발생할 확률의 추정치가 제안되곤 하는데, 그 확률은 온 우주의 모든 원자 중 하나를 우연히 뽑게 될 확률보다도 낮다고 말한다(Dembski, 2004: 10장). 하지만 3장에서 보았듯이, 어떤 특정 상황에 대한 확률이 설정될 때 그것은 실제 물리적 상황보다는 그것을 설정한 이들이 지닌 전제를 보여주는 측면이 더욱 많다는 데 주의해야 한다.

종종 창조는 과학적 설명이 아니라고 주장하는 이들이 있다. 이 주장의 근거는 2가지인데, 첫째는 창조가 초자연적인 것을 들먹이기 때문이고, 둘째는 이미 자연에 존재하는 요소들이 어느 순간 조합되거나 새로운 물질이 출현할 때 이와 관련된 메커니즘을 창조를 지지하는 이들이 전혀 다루지 않기 때문이다. 그러나 종종 수사과학(forensic science)의 경우처럼, 경험적인 증거를 올바로 해석하려면 자연이 아니라 어떤 인간 주체에서 원인을 찾아야 하는 때도 있다. 물론 지금의 기원 논쟁에서 차이점은 주체가 초자연적 존재라는 점과 초자연적 주체의 직접 개입이 현상의 원인이라는 점인데, 이 둘은 각각 자연주의와 방법론적 자연주의에 의해 애초부터 배제되어 있다.

하지만 수사과학에 비유하는 것은 여전히 적절한 것 같다. 물론 하나의 범죄 사건은 반복 실험이 가능한 사건도 아니고 그것이 어떤 자연법칙이나 확률을 따르는 것이 아니므로, 어떤 범죄 사건을 누군가가 저지른 행위로 돌리는 것 자체는 과학적인 설명이 아니라고 할 수도 있을 것이다. 그러나 누군가를 지목하는 행위는 사건 현장에 남겨진 과학적 증거에 따른 올바른 설명이 될 수도 있다. 만약 어떤 사건들의 자연적·자발적 인과가 확률상 너무 낮다는 이유로 배제될 수 있다면, 어떤 행위 주체가 뒤에 있다는 점을 함축한다. 수사과학의 경우 때로는 용의자가 단 한 명뿐이라도 그 사람이 범인임을 결정짓는 증거가 부족할 수도 있다. 창조를 지지하는 이들은 생명의 기원이 이와 비슷한 상황이라고 주장한다. 자연적 원인이 불가능하다는 것은 결국 행위의 주체가 있음을 드러내는 것이며, 신만이 유일하게 그 일들을 할 수 있음을 의미한다.

목적이 있는 방향성(purposeful direction)

지금까지 다룬 2가지 설명을 놓고 보면, 기원 모델의 철학적 전제가 증거

해석을 온전히 결정한다는 사실을 알 수 있다. 만약 신의 개입이 없다면 (자연주의적 진화, 비목적론적 진화, 계획된 진화), 생명이 만들어질 때 순차적인 자연 과정이 반드시 있어야 한다. 만약 신이 창세기에 기록된 대로 특정 생명체를 창조했다면, 생명체는 중간 과정을 거치치 않고 출현했을 것이다(오래된/젊은 지구 창조론). 세 번째 해석은 인도된 진화와 관련된 것으로, 생명체의 점진적 출현이나 급격한 출현을 주장하는 해석과는 철학적인 관련이 없다. 따라서 이 진영에는 생명체가 느리게 발전했다는 주장에서부터 급격히 출현했다는 주장에 이르기까지 다양한 메커니즘을 주장하는 이들이 속해 있다. 다만 이들은 신이 자신의 목적을 달성하기 위해 낮은 확률의 사건들이 일어나도록 인도했다는 점에서 두 번째 견해와 공통점을 보인다.

지금까지 내가 아는 한, 인도된 진화 관점에서 생명의 기원을 설명하려는 시도는 없었다. 그러나 다른 모델에서와 같이 이 모델의 전제를 바탕으로 특정화된 복잡성 등을 인도된 진화가 어떻게 설명할지 예상해볼 수 있다. 인도된 진화측은 아마도 이렇게 주장할 것이다. 지성을 지닌 존재가 즉시 또는 순차적인 방식을 통해 얼마든지 생명을 창조할 수 있다. 마치 우리가 무언가를 만들 때 보통 재료를 모으고 미리 세워놓은 계획에 따라 조립하듯이 말이다. 또한 종종 원하는 결과를 달성하기 위해 패턴을 변형시킬 수도 있다. 생명의 기원에 이를 적용하면, 결정론적으로 정해진 어떤 과정을 통해 원재료가 자연스럽게 만들어질 수도 있겠지만, 이 재료들이 올바른 배열로 합쳐질 확률이 매우 낮다는 점을 극복하는 것은 바로 지성을 지닌 존재의 개입과 행위일 것이다.

4.3 어떤 차이가 생기는가?

우주의 기원에서 본 것처럼, 우리가 채택하는 기원 모델은 우리가 수행하고 가치가 있다고 여기는 연구 분야를 결정하는 데 큰 영향을 미친다. 이 경우 모델의 선택에 먼저 영향을 미치는 것은 유신론이냐 무신론이냐가 아니라, 과학이 반드시 자연주의적인 원인만을 찾아야 하느냐다. 여기에는 과학적 과정에 신이 개입하느냐는 질문이 반영되어 있다.

특정화된 복잡성, 환원 불가능한 복잡성, 그리고 창조와 같은 견해가 과학의 발전을 가로막는 장애물이라는 비판이 제기되기도 한다. 즉 신이 했다는 결론에 도달하면 과학적 메커니즘을 더는 찾지 않게 되리라는 것이다. 이런 식의 주장이 대부분 그러하듯 어느 정도는 맞는 말이다. 만약 신이 말씀으로 모든 구성 물질을 가진, 온전히 작동하는 세포를 창조했다면 우리는 앞서 언급했던 순차적인 메커니즘을 절대 찾을 수 없을 것이고, 따라서 거기에 시간과 돈을 투자하는 행동은 바보 같은 짓일 것이다. 하지만 이를 꼭 그렇게 볼 것이 아니라 과학의 방향 전환으로 보아도 좋을 듯하다. 예컨대 모든 단계에서 복잡성이 관측될 것이라는 예상하에, 적절한 tRNA가 리보솜에 들어가는 움직임, 핵 내부의 염색체 배열, 염색체상에서 유전자의 위치와 배열 등 지금까지는 그냥 무작위로 형성되었다고 여겨졌던 것들이 사실 세포 내 어떤 구조와 메커니즘을 통해 인도되는 것은 아닌가 하는 질문이 제시되고 있다.

반대로 생명이 순차적인 자연 과정으로 형성되었을 것이라고 굳게 믿는 사람들은 생명 기원의 열쇠라는 성배(Holy Grail)를 찾는 것과 같다. 만약 생명이 신의 간섭 없이도 형성될 수 있다는 것을 보여줄 수 있다면, 그들의 주장을 뒷받침하기에 부족함이 없을 것이다. 그때까지 이들의 주장은 취약하다고 말할 수 있다. 그러므로 생명의 기원을 연구하는 학자들은 대부분 이쪽 진영에서 나타날 것이고, 그들의 연구가 헛될 것이라고 말하는 수학적 논증—생명이 순차적인 자연적 과정으로 생겨나기에는 그 확률이 너무 낮다는 주장—의 문제점을 찾으려고 부단히 노력할 것이다.

5장

종의 기원

역사적 관점과 교육적 중요성을 고려해볼 때, 창조와 진화 사이에 벌어지는 논쟁의 핵심은 의심의 여지없이 종의 기원이다. 이번 장에서는 종의 기원에 대한 다양한 증거를 살펴보고(세부 사항을 자세히 다루지는 않을 것이다) 증거의 타당성을 살펴보는 데 중점을 두려고 한다. 사실 이 분야는 수년간 연구하고 강의해온 내가 다른 분야보다 더욱 잘 아는 분야다. 더욱이 이 분야가 중요한 것은, 사람들이 대개 고등학교 생물 시간을 통해 생물학, 지질학과 관련된 증거에 더욱 친숙하기 때문이다. 천문학, 생화학, 인류학과 관련된 다른 세 기원의 증거보다 말이다.

불행히도 고등학교 생물 교과서에 나온 많은 정보는 출판 당시 최근 연구보다 최소 10년 이상 뒤쳐져 있음에도 근 5-10년 동안 사용된다. 최근 과학 정보의 발전 속도를 감안했을 때, 교과서에서 다루는 논점은 최신 논의와는 너무나도 동떨어져 있다. 더욱이 대중적인 과학 에세이는 특정 배경 지식과 가정에 의존한 추론을 마치 정립된 사실인 양 말하며, 심지어 증거를 선정하고 용어를 사용하는 데도 저자의 특정 관점이 드러나곤 한다. 따라서 이 책 전체도 그렇지만, 특히 이 장의 주목적은 우리 모두가 수긍할 수 있는 증거에 해당하는 부분과 우리 각자의 철학적 전제에 따라 달라질 수 있는 추론을 구분해내는 데 있다.

이상하게 들리겠지만, 경우에 따라서는 어떤 것을 증거로 받아들일 것인가 하는 문제조차도 기원 모델 사이의 의견이 일치하지 않는다. 이제는 독자에게도 명백하겠지만, 증거 자체가 어떤 특정 모델을 지지하거나 반대한다거나 하는 일은 없다. 자료 자체는 어떤 모델과도 독립적이며 별개로 존재한다. 다만 관찰자가 자신의 관점으로 그것을 해석할 따름이다.

그 결과 한 모델에서는 별로 중요하지 않은 자료가 다른 모델에서는 매우 중요할 수도 있다. 때때로 한 관점은 어떤 자료를 증거라고 여기는 데 반해 다른 관점에서는 같은 자료를 오류나 예외 경우로 여긴다. 그러므로 증거로 받아들여지지 않은 것에 대해서는 설명할 필요가 없기에, 어떤 해석과 모델이 모든 증거에 대한 최선의 설명을 제공하는지를 평가할 때도 그것이 고려되지 않는 것은 뻔한 일이다.

5.1 어떤 증거가 있는가?

다윈이 『종의 기원』(On the Origin of Species by Means of Natural Selection)을 집필할 때 인용한 주요 증거는 고생물학과 지리학에 따른 것이었다. 20세기 전반부터 현재까지도 계속 영향을 미치는 유전학의 새로운 분야가 진화 이론에 막중한 영향을 미치기 시작했다. 지난 20년간 이루어진 분자 유전학의 발전은 진화에 대한 증거로 인용되는 것들을 극적으로 변화시켰고 증거들 사이에서 추정되는 진화적 관계도 재배열시켰다. 하지만 시대에 뒤처진 정보가 여전히 많은 책에서 발견된다. 고생물학자들이 여전히 *형태(morphology), 즉 유기체의 구조에 대해 논쟁하는 반면, 생물학자들은 유기체 구조에 관한 증거를 대부분 버리고 유전학적 유사성에 관한 증거를 채택했다. 이번 장에서는 3개의 광범위한 범주(화석, 유전학, 유기체 및 유전학적 수준에서의 유사성) 안에서 관련 증거를 살펴볼 것이다. 그 증거와 해석은 표 A1.4에 요약되어 있다.

화석(fossils)
화석은 과거에는 존재했지만 현재는 소멸한 생명체들, 그중 어떤 것은 현재 존재하는 생명체와 매우 유사하고 또 어떤 것은 우리가 현재 아는 것과는 매우 다른 그런 생명체의 다양성에 관한 상당량의 증거를 제공해왔다. 여러 종이 여기저기 화석 기록에 나타나기도 하고 사라지기도 하지만, 종간 변화는 화석 기록에 별로 남아 있지 않다. 세계 각지에서 발견되는 여러 화석은 장소에 따라서도 서로 차이가 있다. 이러한 경향에 대해 여러 해석이 제안되었다. 후반부에서 이를 논의하겠지만, 우선 우리는 간단하게 화석이 묻힌 지층에 대한 증거와 어떻게 그 지층의 연대가 측정되는지를 살펴봐야 한다.

분류(sorting). 연속된 *퇴적암(sedimentary rock)층을 볼 때 분명한 것은 각각의 층에서 발견되는 화석이 다르다는 점이다. 대개 아래층에는 현재의 생물과는 형태가 매우 다른 해양 생물의 흔적이 남아 있고, 가장 위 퇴적암층에는 현재의 생물과 훨씬 더 유사한 생명체들이 남아 있다. 일반적으로 육지에 서식하는 생명체는 해양 생명체보다 더 다양한 층에서 발견된다. 표준/지표 화석이라 불리는 어떤 화석들은 주로 한 층에 존재하며 다른 층에서는 전혀 찾아볼 수 없다. 세계의 다양한 장소에서 표준 화석을 포함하는 층들은 밑층에서 위층에 이르기까지 상대적으로 같은 순서에서 발견된다. 모든 층을 다 아우르는 장소는 없지만, 존재하는 층들의 상대적인 순서를 따져보면 장소와 상관없이 같음을 알 수 있다.

많은 장소에서 퇴적암층은 화성암층과 교차한다. 어떤 시기에는 *화성암 물질이 퇴적암층 사이에 돌출되거나 퇴적암층을 뚫고 존재하는 반면, 다른 시기에는 *화성암 물질이 표면에 퍼진 채 존재한다. 지표면의 용암으로부터 형성된 화성암의 형태는 지하의 마그마로부터 생성된 것과는 다르며, 어느 곳에서 지층이 형성되었는지를 타당하게 추론할 수 있게 해준다. 지층은 접힘(folding), 단층(faulting), 충상 단층(overthrust)과 부식(erosion)에 의해서도 변형된다.

연대 결정(dating). 우리는 종종 화석의 연대 결정에 대해 이야기한다. 하지만 대부분 화석은 직접 연대를 측정하기가 불가능하므로, 이런 의미에서 보자면 화석의 연대 측정이라는 말은 잘못 붙여진 말이다. 실제로는 화석이 발견된 지층의 연대를 측정하는 것이며, 상대/절대 연대 측정이 이뤄진다. 상대 연대 측정은 *중첩(superposition) 원리를 따르는데, 기본 논리는 새로운 지층일수록 기본적으로 오래된 지층보다 위에 있을 것이므로 밑에 있는 지층일수록 더 오래전에 퇴적되었을 것이라는 개념이다. 비록 화성암의 개입 때문에 예외가 있을 수 있지만, 이미 존재하는 어떤 물질 밑에 후대의 퇴적층이 존재한다고 생각하기는 힘들다.

절대 연대 측정은 방사성 동위원소의 반감기를 측정하는 방식이다. 이는 화성암에서 가능한 방식이므로, 어떤 화석을 포함하는 퇴적암층 안에 화산재와 같은 화성암 성분이 끼어들어 갔을 경우에만 이용할 수 있다. 이외에도 화석을 포함하고 있는 층의 밑이나 위의 지층에 존재하는 화성암 내 방사성 동위원소를 통해 해당 화석의 연대 범위를 정하는 데 사용할 수 있다. 한 지역에 있는 화성암층에 *방사성 동위원소 연대 측정(radiometric dating)을 해보면, 우리가 중첩(superposition)[1]의 원리에 따라 예상할 수 있는 바대로, 밑에 있는 층들이 위에 있는 층보다 오래되었다는 패턴이 발견된다. 젊은 지구 창조는 방사성 동위원소 측정 결과와 그 방법에 의문을 제기한다.[2]

---

1) 지층 하부에서 발견되는 화성암의 형태가 예측을 벗어나는 경우는 보통 접힘, 침범 또는 다른 잘 알려진 다른 과정의 결과로 설명할 수 있다.

2) YEC는 동위원소 연대 측정 방식에 의문을 제기하는 유일한 모델이다. 하지만 다른 중요한 의문과 마찬가지로, 나는 여기서 간단히만 언급하고 넘어가려 한다. 창조 연구 프로젝트인 "Radioisotope and the age of the Earth"(RATE)의 발견에 관한 보고서는 다음 참고 자료에서 확인할 수 있다. Vardiman, Snelling & Chaffin(2005). 요약은 DeYoung(2005)에서 확인할 수 있다. 일반 모델의 타당성에 대한 간략한 보고는 Miller(1999: 3장) 및 Falk(2004: 3장)에서 찾을 수 있으며, 더욱 자세한 해설은 Young& Stearley(2008: 14-15장)의 참고 문헌에서 찾을 수 있다.

분류와 연대(결정)는 단지 주요 동향만 나타낸다는 사실을 인지하는 것이 중요하다. 실제 세계에는 항상 예외가 있으므로, 젊은 지구 창조를 지지하는 이들은 종종 이런 예외를 인용하곤 한다. 이를테면 나무와 꽃가루가 발견된 바위가 연대 구분에 맞지 않게 선캄브리아대에 존재했다고 판명되고, 매우 다른 지질학 시기에 있었다고 밝혀진 두 지층 사이에 어떤 단절도 보이지 않는 준정합(paraconformities)이 발견되었으며, 방사성 동위원소 연대 측정 시 변칙적인 값이 나타나는 경우 같은 것들이다.[3] 더 최근에는 어떻게 유조직(soft tissue, 식물체의 대부분을 차지하는, 유세포로 이루어진 조직－편집자 주)이 7천만 년 전의 화석에 존재할 수 있는가 하는 질문이 제기되고 있다.[4] 과학자들은 이런 예외가 오류인지 아닌지를 결정해야 한다. 예컨대 지역 특색에 따른 특이한 문제로 일어난 이상 현상인지, 아니면 모든 분석을 바꿀 정도로 중요해서 결과적으로 더욱 간단명료한 해석을 가져오는 중요한 형태인지를 결정해야 한다. 역사를 돌아보면, 무시당하며 대수롭지 않게 여겨지거나 심지어 대부분의 과학자에게 조롱받았던 자료들, 이를테면 행성의 역행 운동(retrograde motion)과 전이 인자(transposon)의 역행 운동 같은 것은 극히 중요했음이 밝혀졌으며, 이런 자료들이 중요한 패러다임의 전환을 가져온 경우가 있었다. 다른 한편으로는 그런 자료들이 관심 받지 못하고 역사 속으로 사라져 아무런 의미를 지니지 못한 경우도 있다. 연대 측정의 문제와 관련해 위에 언급된 예외들이 단순한 오차인지 아니면 중요한 의미를 지니는지는 시간이 지나봐야만 알 수 있을 것이다. 논쟁의 여지가 큰 주제이므로 여기서는 상세히 다루지 않겠고, 다만 이런 예외들을 너무 쉽게 간과할 수는 없음을 지적

3) 지질학적 오차(이상)의 예는 Vardiman, Snelling & Chaffin(2005)에 인용되어 있다.
4) 공룡 뼈에서 발견된 유조직은 2005년 Schweitzer에 의해 보고되었는데, 그렇게 보존되기란 불가능하다는 일반적인 견해를 반박하는 것이었다.

하고 넘어가고자 한다.

　　정체와 도약(stasis and saltation). 다윈이 화석을 관찰했을 때 단순한 형태의 화석은 아래층에 존재하고 복잡한 형태의 화석은 위에 존재하는 것이 어떤 진행 과정처럼 보인다고 기록한 바 있다. 하지만 그가 제안한 대로 형태들이 부드럽게 이행(移行, transition)한다기보다는 형태 간 큰 틈들이 보였다. 그는 그런 틈은 예상했던 바라고 주장했는데, 그 이유는 화석화가 모든 장소에서 항상 발생하지 않을뿐더러 많은 퇴적 침전물이 나중에 부식되어 우리에게 매우 부정확한 화석 기록만을 남겨주기 때문이라고 말했다(Darwin, 1859: 9장).

　　다윈 이후 오랫동안 고생물학자들은 더 많은 화석이 발견될수록 이런 간격이 완벽하게 채워질 수는 없더라도, 최소한 점진적인 종의 변화를 나타내는 지표는 발견될 것이라고 예상했다. 그러나 그들이 대신 발견한 것은 대부분 종이 화석으로 등장하고 사라질 때까지, 종종 수백만 년에 이르는 기간 내내 거의 변화를 보이지 않는다는 점이었다. 이 현상은 *정체(stasis)라고 불린다. 우리가 이미 알고 있는 2가지 형태 사이의 중간에 해당하는 특징을 보이는 화석 형태가 많이 발견되기는 했지만, 이는 생명체 간 순조로운 이행을 보여준다기보다는 대부분의 경우 하나의 형태에서 다른 형태로의 급격한 변화를 보이는 도약 또는 *도약 진화(saltation)[5]라고 불리는 현상에 해당하는 것이었다.

　　1972년, 화석에서 발견되는 이런 정체와 도약 진화의 규칙적인 패턴을 고생물학자인 스티븐 굴드와 닐스 엘드리지(Niles Eldredge)는 *단속 평형(punctuated equilibrium)이라고 명명했다. *점진 진화(Gradualism)를

---

5) 정체와 도약 진화는 각각 그리스어와 라틴어에서 왔으며 정체는 그리스어로 "계속 서 있다"(standing still)를 의미하며 도약 진화는 라틴어로 "도약"을 의미하는 *saltus*에서 기인한다.

고수하는 많은 고생물학자와 생물학자가 이 개념을 오랫동안 반대해왔지만, 압도적인 증거로 인해 대부분이 이를 받아들이는 추세다. 뒷부분의 증거 해석 단락에서 다루겠지만, 화석 기록상에 나타나는 이러한 도약 진화를 형태 간 간격이 메워지지 않는 급격한 변화로 봐야 할지, 아니면 속도는 빠르지만 여전히 점진적인 변화가 있었으며 그것이 채 다 화석화되지 못했다고 봐야 할지에 대해서는 아직 의견이 갈린다. 분명한 것은 점진 진화가 예상하는 만큼, 이행 화석이 발견되지는 않았다는 점이다.

어떤 화석이 이행 형태인지 아닌지에 관한 질문은 단어 선택 자체가 해석을 내포하므로 매우 까다로운 질문이다. **이행**이란 표현 자체가 진화와의 관련성을 내포하는데, 이를 모든 모델이 받아들이는 것은 아니기 때문이다. 낮은 단계의 *분류군(taxon), 이를테면 *속(genus)이나 *과(family)와 같은 단계에서 나타나는 변화에는 중간 단계의 특징을 지니는 생명체 형태들이 화석 기록으로 발견되어 적절한 때에 이행이 있었음을 분명히 발견할 수 있다. 이에 비해 높은 분류 단계, 특히 하나의 문(phylum)에서 다른 문으로의 이행으로 간주할 수 있는 화석은 아예 존재하지 않는다.

멸종과 폭발(extinctions and explosions). 다양한 시기의 화석 기록을 보면 동시에 많은 종의 대량 멸종이 있었음을 알 수 있다. 하나의 화석층에도 다양한 형태의 화석이 존재할 수 있다. 그 위에 있는 다음 층에는 이전의 생물체가 대부분 손실되고 완전히 다른 생물군(biota)으로 대체된다. 진화 모델에 따르면, 시간 순서에 따라 쌓여 있는 화석층은 *대량 멸종(mass extinction) 이후 빠른 종 분화(speciation)로 이어지는 불연속성을 설명해준다.[6] 가장 잘 알려진 것은 공룡 시대의 마지막인 소위 K-T경계층

---

6) 수면의 상승과 하강이 화석 기록의 틈(gap)을 만든다고 생각된다. 수면이 상승하고 하강하면 보통 최상위층이 균일하지 않게 침식되는데, 이로 인해 화석 기록에 틈이 생긴다. 지층이 순차적으로 쌓인 곳의 층간 경계는 대개 평평하다. 준정합은 매우 다른 지질학 시기에 속한다고 생각되는

인데, 그 경계선 아래에 있는 거대한 동물의 화석은 대부분 공룡 화석이다. 그 경계선 위에 존재하는 가장 큰 동물 화석은 대부분 포유동물이다.

멸종 없이 오로지 새로운 생명체 형태가 빨리 출현했던 시기도 있다. 모든 계(kingdom)에 속한 모든 생명체의 주요 집단이 갑자기 현대 후손과 매우 유사한 형태로 화석 기록에서 출몰하는 경우가 있다. 가장 잘 알려진 것으로는 *캄브리아기 대폭발(Cambrian explosion)을 들 수 있다. 지질학적으로 봤을 때 상대적으로 짧은 기간인 이 시기에, 현존하는 동물 문 대부분이 현재 소멸한 다른 많은 동물 문과 함께 화석 기록에 처음 나타났다.[7] 많은 과학자가 그 다양한 문 사이의 이행 형태들, 그리고 그 문들과 좀 더 낮은 분류 단계의 몇몇 연체 무척추동물 사이의 이행 형태를 찾아왔지만, 아직 확실한 이행 형태는 발견된 바 없다.[8]

지리 분포(geographical distribution). 각각 다른 지층에 묻힌 화석을 비교했을 때 또 다른 흥미로운 패턴을 발견할 수 있다. 위 지층에 있는 화석들은 종종 현존하는 생물과 매우 유사하며, 대륙마다 큰 차이를 보인다. 그래서 캥거루와 같은 많은 유대목 동물(marsupials)의 화석이 오스트레일리아 외에는 잘 발견되지 않는다. 아프리카의 큰 포유류가 남미의 큰 포유류와는 많이 다르며, 각 지역에 존재하는 화석이 다른 지역에 존재하

는 화석보다 현재 그 지역에 있는 동물과 더 유사하다. 그러나 공룡이 묻혀 있는 화석층으로 내려가면 다른 형태를 발견할 수 있다. 아프리카와 남미에서 발견되는 화석층의 경우 똑같은 화석들이 포함된 것으로 밝혀졌다. 사실 어떤 경우에는 두 대륙의 대서양 해안(Atlantic coast)에 묻혀 있는 화석이 층마다 서로 일치한다. 이런 사실은 *판 구조론(Plate tectonic theory)[9]을 광범위하게 받아들이는 일련의 증거 중 하나였다.

또한 한 지역 내에서도 다른 화석층이 다른 생물군계(biome)나 기상 조건을 나타내는 무수한 증거가 있다. 한 지층에는 큰 초식 동물이 화석화된 식물 꽃가루와 함께 남아 있어 상대적으로 건조한 육지 환경이었음을 나타낸다. 그런데 같은 지역의 다른 지층에는 해양 생물의 화석들이 있다. 또 다른 층에는 큰 양치류와 특대 곤충이 존재하는데 이는 이 지역이 매우 따뜻하며 수분이 많은 환경이었음을 시사한다. 포자학(palynology, 꽃가루, 포자같이 미세한 크기의 화석을 연구하는 학문)의 발전 덕분에 어떤 지역 내 식물을 연구함으로써 그 지역의 생물군계를 확인할 수 있고, 따라서 어떤 포식자들이 그곳에 살았는지를 알 수 있으므로 크기가 큰 화석이 없더라도 그 지역의 기후에 대한 추론이 가능해졌다.

유전학(genetics)

최근 고생물학의 발전에 관해 더 많은 이야기를 할 수도 있겠지만, 고생물학은 주로 기존 학문을 더 구체화했을 뿐 종의 기원에 대한 논쟁의 새로운 장을 열지는 못했다.[10] 이에 비해 최근 50년간 빠르게 발전해온 유전

---

9) 판 구조론을 지지하는 두 번째 큰 증거로는 대서양 중앙 산령(mid-Atlantic ridge) 양쪽 면의 침전물의 형태와 자기 역전(magnetic reversal) 현상을 들 수 있다.

10) 최근 고생물학의 발전은 CT 스캔을 이용하여 화석의 내부 구조를 관찰하거나, 전자 현미경을 통해 생명체 색상의 기원이 되는 색소체의 구조를 밝히거나, 어떻게 동물이 움직이는지를 생명공학을 통해서 알아보는 것과 같은 예를 들 수 있다.

학 분야는 훨씬 더 큰 영향을 미쳤다. 가령 DNA의 분자 구조라든지, 인간이 얼마나 많은 염색체를 가지는지, 남성(혹은 수컷)과 여성(혹은 암컷)의 차이점은 무엇인지, 다양한 장애와 질병에 유전자가 미치는 영향 등등, 지금이야 모두가 다 잘 아는 시대라 상상하기 어렵겠지만 이런 것들은 불과 100년 전만 해도 아무도 몰랐던 사실이었다. 다윈이 살았던 때와 이후 50년까지만 해도 유전은 부모가 가진 형질의 조합에 의해 조절되며, 빠른 변화는 불가능하다고 생각되었으니 말이다.

선택(selection). 다윈이 유명한 자신의 책 앞부분에 사용했던 일련의 증거는 비록 유전학 지식이 더해지면서 많은 부분이 수정되었지만, 지금도 증거로 채택된다. 다윈은 인위 선택(artificial selection), 특별히 비둘기의 교배를 예로 들어 선택을 통해 생명체가 변화할 수 있는 가능 범위를 삽화로 표현했다. 계속해서 그는 이 삽화를 인용하여 자연 상태에서의 선택, 즉 *자연 선택(natural selection)이 종의 변화를 일으킬 수 있다는 주장으로 확장했다. 비둘기 교배에서 얻은 다양한 형태를 근거로 다윈은 인위 선택이 성취할 수 있는 수준에는 한계가 없다고 믿었다. 현재 우리는 이것이 잘못된 추론임을 알고 있다. 식물이나 동물을 교배하여 반복해서 관찰한 바에 따르면, 어느 특정 시점을 지나면 특정 형질을 지속해서 선택하는 것이 불가능하기 때문이다. 또한 안정된 환경에 적응한 종의 경우 극단적인 변화를 피하여 자연 선택되는 경향이 있는데, 이 경우 극단적인 변화란 해당 종에게 변화를 가져오는 데 필요한 조건들을 의미한다. 교과서나 여타 글에서 이 부분을 제대로 설명하지 않아서 오해를 초래하는 경우가 있다.

지난 수십 년간 생물학 교과서의 진화 단원에 거의 의무적으로 등장했던 예로 회색가지나방(peppered moth)을 들 수 있다. 이 나방은 2가지 색상을 띠는데, 하나는 작은 검정 반점이 있는 흰 나방이고 다른 하나는 대부분 검은색을 띠는 나방이다. 산업혁명 전 영국에는 전자인 흰 나방의 개체 수가 지배적이었다. 산업 혁명 동안 석탄 가루가 나무들을 뒤덮자 검은 나방이 우세하게 되었고, 환경이 다시 좋아졌을 때는 단지 그 숫자만 줄어들었다. 이러한 현상이 심지어 자연 선택의 훌륭한 예로 여겨지며 인용된다.[11] 불행히도 이것은 새로운 종의 기원과는 아무 상관이 없다. 2가지 형태의 나방 모두 산업 혁명 전후에 존재했고, 단지 상대적인 숫자의 변화만 있었으며, 종 분화는 일어나지도 않았다. 흥미롭게도 회색가지나방의 예는 영향력 있는 대학 교재인『캠벨 생물학』(Campbell Biology; Campbell and Reese, 2005) 7판과 그 이후에 출간된 책에서부터는 다뤄지지 않았고, 시카고 필드 박물관(Chicago Field Museum)의 진화 전시관에서도 사라졌다.[12]

종 분화에 더 가깝다고 할 만한 것으로는, 박테리아가 배양 중 항생제에 대한 저항성을 가지게 되거나 제한된 배지에서 살아남는 능력을 발달시키게 되는 현상에 관한 연구를 들 수 있다. 분명 이는 새로운 형질을 얻은 것이고 유전자상으로 새롭고 잠재력 있는 변화인 것은 맞지만, 5만 세대를 거치는 동안 단 한 번도 새로운 종이라고 하기에 충분한 변화가 나오지는 않았다.[13]

또 다른 교과서에 실린 예로는 갈라파고스 섬에 사는 핀치새(Galapagos finch)가 있다.[14] 핀치새를 비롯해 여러 다른 종에도 적용되겠지만, 고립된

---

11) 혹자는 이 해석에도 의문을 가지는데, 이들에 따르면 오염이 없는 곳에서도 위와 비슷한 변화가 관찰되었다. Wells(2003)를 보라.

12) Campbell의 저서는 백과사전적 교과서로, 오랜 기간 고등학교 상급 화학 과정의 비공식적인 교과서로 사용되었으며 다른 모든 교과서가 그것에 비교될 정도다. 회색가지나방에 대해 더 자세한 내용은 Hooper(2002)를 보라.

13) R. E. Lenski, "Experimental evolution," E. coli Long-term Experimental Evolution Project Site, http://myxo.css.msu.edu/ecoli.

14) 핀치새가 교과서에 표현되는 방식은 많은 비판을 받고 있다. Well(2002)에서 그 예를 찾아 볼 수

섬으로 유입된 작은 개척자 군이 여러 종으로 분화되었을 것이라는 가설이 대개 받아들여지고 있다. 비슷한 예가 고리 종(ring species)에도 존재하는데, 이 고리 종과 연결된 종들이 광범위한 지역에 걸쳐 분포한다. 많은 경우에 이웃 종간 교배가 가능하지만, 양 끝에 존재하는 종간 교배는 불가능하다. 증거에 관한 해석을 다룰 때 더욱 자세히 논의하겠지만, 이 2가지 경우 모두 논쟁 중인 이유는 이 현상을 과연 어느 단계까지 상위 단계 분류군의 기원으로 *외삽(extrapolation)할 수 있느냐다.

집단유전학(population genetics). 20세기 초 반세기 동안 집단유전학보다 신다윈주의적 종합 이론(neo-Darwinian synthesis)의 발흥에 큰 영향을 미친 것은 없었을 것이다.[15] 사실 집단유전학은 경험적인 증거보다는 어떻게 종 분화가 일어났는지를 보여주는 이론적인 수학 모델을 통해 이바지했다. 이 분야의 선구자들은 새로운 통계 방법론의 개발을 통해 한 유전자의 서로 다른 형태인 *대립 형질(allele)의 빈도가 어떻게 개체 내에서 변화하는가를 보여주었다. 생물학 교과서는 이를 주로 하디-바인베르크 평형(Hardy-Weinberg equilibrium)이라는 원리로 설명하는데, 이 원리에 따르면 유전자 이동, 유전자 부동, 비무작위적 교배, 선택이나 돌연변이가 없는 한 대립 형질의 빈도는 변하지 않는다.

유전자 이동(genetic flow)은 한 개체가 집단에 들어오거나 나갈 때 발생한다. 이러한 개체는 평균 집단과 달라 그 개체가 기존 개체와 얼마나 다른지 그 정도에 따라 기존 대립 형질 전체의 평균을 변화시킨다. 유전자 부동(genetic drift)은 집단의 크기가 작아서 일어나는데, 이는 작은 표본의 경우 무작위 선택에 의해 평균이 종종 달라지기 때문이다.[16] 비무작

있다. 이런 비판은 대부분 외삽(extrapolation)의 문제를 포함한다.
15) 집단유전학의 중요성과 같은, 진화 사상의 역사에 대한 내용은 Schwartz(1999)를 보라.
16) 만약 어떤 유전자들의 적응도(fitness)가 거의 중립이라면, 그 유전자들의 무작위적인 유전자 부

위적 교배는 자기와 유사한 형태를 선호하거나(반대로 혐오하거나), 어떤 특정 형태를 선호한다거나, 또는 이런 선호/혐오의 각종 조합 등을 포함할 수 있다. 자연 선택도 마찬가지로 다른 여러 요소에 기인할 수 있다. 이모든 경우가 대립 형질의 빈도를 바꿀 수 있지만(대립 형질들은 한 유전자의 서로 다른 형태임을 기억하라), 이미 존재하는 대립 형질 자체를 바꾸지는 않는다. 그것은 돌연변이의 영역이다.

오늘날 많은 교과서가, 만약 대립 형질의 빈도에 변화가 있다면 진화가 일어난 것이라고 주장하고 있다. **진화**를 최대한 넓고 느슨한 의미로 써서 단지 시간을 거치며 일어나는 변화를 진화라고 한다면, 그 말도 맞기는 하다. 하지만 집단유전학은 어떤 대립 형질도, 심지어 강한 자연 선택상의 장점이 있는 형질이라 할지라도, 한 개체군에서 우세한 형질이 되기 위해서는 수천 세대가 걸린다는 사실만을 보여준다. 게다가 이조차도 새로운 종이 형성되었다는 뜻이 되지는 못한다. 다양한 종의 콩 중에서 몇몇 특정 종을 선별하여 늘어놓는다고 하여 새로운 종이 나타났다고 말할 수 없는 것과 마찬가지다. 새로운 종이 탄생하려면 새로운 대립 형질이 필요한 게 아니라, 완전히 새로운 유전자가 필요하며 이를 위한 주요 기작은 돌연변이다.[17]

돌연변이(mutation). 자연 선택은 개체군 내에 이미 존재하는 다양한 대립 형질 사이에서만 일어난다. 바로 이 점이 한 특정 형질이 집단의 평균으로부터 얼마나 멀리 떨어질 수 있는지를 제한하는 요소가 된다. 이한계를 넘어서려면 적어도 돌연변이에 의한 새로운 대립 형질로의 전환이 요구될 것이다. 어떤 돌연변이는 그 환경에 따라 생물체에 이익을 줄

동 역시 훨씬 큰 군집에서도 발생할 수 있다.

17) 종 분화는 종종 새로운 유전자 조절 네트워크를 필요로 하고, 자주 큰 규모의 유전체 변화를 포함한다. 하지만 지금은 간편한 논의를 위해 유전자 자체로 제한하자.

수도 있고, 아무 영향도 미치지 않거나 해를 끼칠 수 있다. 이런 돌연변이는 대부분 전체 생물체에 작은 변화만을 가져오는데, 수천 개의 돌연변이가 축척되지 않는 한, 종 분화를 일으키기에는 충분하지 않다. 많은 돌연변이는 개체가 속한 환경과는 무관하며 해롭다.[18] 더욱이 개체에 영향을 미치기 위해서는 *체세포(somatic cell)가 아니라 생식체(gamete)를 생산하는 *생식세포(germ-line cell)에서 돌연변이가 일어나야 한다. 한 종 내에서의 변화를 넘어서서 새로운 종의 기원이 되기 위해서라면 새로운 대립 형질이 아니라 완전히 새로운 유전자가 새로운 종에 필요한 부분을 코드화해야 한다.[19]

많은 유전자는 각기 다른 단백질을 코드화한다. 세포의 골격을 이루는 대부분의 물질이나 물질의 세포 내 유입을 조절하고 화학 작용을 촉진하는 효소들은 모두 단백질이다. 유전자에 돌연변이가 일어나면 그 유전자가 코드화하는 대상인 단백질에도 돌연변이가 일어난다.[20] 돌연변이 형태는 해당 생명체에 덜 유리하거나 최소한 원래 형태보다 더 유익하지는 않은 경우가 대부분이다. 안정적인 환경에서는 가장 유용한 대립 형질이 이미 발견된 것 같다.[21] 비록 생물체에 이익이 되는 돌연변이가 일어나더라

---

18) 코넬 대학교의 한 유전학자(Sanford, 2008: 2-3장)는 대부분의 돌연변이가 얼마나 해로운가를 뒷받침하는 증거를 지세했다. 다른 모델을 선호하는 유전학자들은 다른 장에 있는 그의 결론에 동의하지 못하더라도 유익한 돌연변이가 극히 드물다는 생각에는 동의할 것이다.

19) 표준적인 유전 이론에 따르면, 종 분화는 생식세포 내 새로운 유전자들을 필요로 할 것이다. 이 이론은 유전자 활동을 조절하는 후생유전자(epigenome)의 역할이 많이 알려지면서 바뀌고 있다. 후생유전적인 변화 또한 유전될 수 있다. 비 다윈주의 진화(Non-Darwinian evolution)에 관한 논의를 참조하라.

20) DNA의 세 번째 암호화 위치에 변화가 일어나면 코드가 중복된 곳이므로 아미노산의 변화가 없고 단백질은 변하지 않을 것이다.

21) "컴퓨터 코드의 오타(typos) 대부분이 나쁜 것과 같이 돌연변이도 대부분 해롭다. 즉 미세하게 조절된 계에서 무작위로 변경된 것들은 이롭기보다는 해로울 가능성이 더욱 클 것이다"(Orr, 2009).

도, 그것은 새로운 종을 만들기보다는 그 생명체가 환경에 더욱 잘 살아남을 수 있도록 변형된 것일 가능성이 크다.

반면에 어떤 돌연변이의 경우 겉으로 보기에는 해당 생명체에 유익할 것 같은 큰 변화를 일으키지만 자세히 살펴보면 그렇지 않은 때도 있다. 교과서에 나타나는 흔한 예로는 초파리의 돌연변이가 여분의 날개 한 쌍을 유발하는 경우를 들 수 있다. 불행하게도 이 돌연변이는 생명체의 형태에 주요 변화를 일으키는 다른 변이처럼 생명체에 해롭다.[22] 곤충의 유충에는 대부분 2쌍의 날개 돌기가 있다. 나비나 잠자리와 같은 어떤 곤충 계열은 2개의 날개 크기가 비슷하며 둘 다 나는 데 사용된다. 딱정벌레와 같은 다른 곤충의 경우 앞날개가 보호 덮개로 발달한다. 파리의 경우 측면의 날개 돌기는 정상적으로 발전할 경우에는 마치 비행기 꼬리 부분에 있는 측면판처럼 균형을 잡는 데 필요한 작은 구조의 평형곤이 된다. 돌연변이를 통해 이것이 추가적인 한 쌍의 날개로 변할 수는 있겠지만, 그 경우 초파리는 결국 꼬리 날개가 없는 비행기가 날 수 없는 것과 마찬가지로 날 수 없게 된다.

항상성 유전자(homeotic genes). *항상성 유전자라고 불리는 특별한 유전자 군은 생물체의 전반적인 구조에 주된 영향을 미친다.[23] 지난 25년간의 발견에 따르면, 이 유전자들은 동물, 식물 및 균류의 초기 배아 성장에 직접 영향을 주어 전체적인 몸의 형태를 부여한다. 항상성 유전자들은 여러 종류의 다양한 생명체에서 비슷한 기능을 한다. 예를 들어 한 항상성 유전자는 동물 내에서 (머리와 꼬리의) 방향성을 부여한다. 또 다른 항상성 유전자는 각종 곤충이나 척추동물의 팔다리 형성을 결정한다. 또 다른

---

22) 4개의 날개를 가진 초파리는 Wells(2002)에 논의되어 있다.

23) 동물에서 주된 항상성 유전자들은 혹스 유전자(Hox gene)이다. 혹스 유전자는 일렬로 다른 유전자를 발현시켜 주요 효과를 나타내는 전사 인자(transcription factor)를 코딩한다.

항상성 유전자는 초파리의 눈이든 척추동물의 눈이든, 눈의 형성을 시작하는 역할을 한다.

이 책의 목적을 고려해보면, 이처럼 매우 복잡한 유전자의 기능을 상세하게 설명할 필요는 없다. 다른 유전자들과 마찬가지로, 항상성 유전자에서 일어나는 대부분의 돌연변이 역시 해당 생명체의 주요 구조를 붕괴시키는 원인이 되어 개체에 치명적이거나 매우 불리한 상황을 가져온다는 점만을 강조하면 충분할 것이다. 그럼에도 어쨌든 거의 비슷한 형태의 유전자가 상이한 종에서 발견되는데, 이들은 DNA 염기 서열이 다른데도 비슷한 기능을 한다. 척추동물에서 발견되는 그것과 유사한 염기 서열을 가진 유전자가 (해파리와 같은 문에 속하는) 작은 별 말미잘과 같이 매우 다른 몸 구조와 발달 방법(Ferrier & Holland & Ferrier, 2008)을 가진 많은 동물에서도 발견된다. 이러한 유전자의 유사성과 다양한 생명체 내에 있는 유전체상에서의 배열에 관해서는 이후에 간단하게 논의할 것이다.

유전체의 복잡도(genome complexity). 또 다른 특별한 돌연변이 종류는 염색체의 수나 구조에서 일어나는 돌연변이다. 이 돌연변이는 진화에 관한 상급 교과서에서조차 대부분 언급되지 않는다. 많은 경우에 진화적으로 밀접한 관계가 있다고 여겨지는 생명체들도 서로 다른 염색체 수를 지닌다.[24] 한편으로 이러한 현상은 비슷한 종간 생식적인 격리(reproductive isolation)를 가능하게 한다. 동물은 식물보다 훨씬 더 염색체 수의 차이에 민감하다.

다른 한편으로 이러한 사실은 어떻게 그런 염색체 수나 구조의 차이점이 애초에 생겼을까 하는 의문을 자아내는데, 최초 염색체 구조에 변

---

24) 극단적인 예로는, 중국의 작은 사슴(muntjac)은 23쌍의 염색체가 있지만 인도의 작은 사슴은 단지 4쌍의 염색체만을 지닌다(Futuyma, 1998: 292).

화가 생긴 개체는 이미 존재하고 있는 다른 개체와 짝짓기를 하는 데 어려움이 있었을 것이기 때문이다. 비슷한 때와 장소에 그것과 똑같은 변화가 생긴 두 번째 개체가 있지 않았더라면 말이다.[25] 어떤 동물의 경우에는 *처녀 생식(parthenogenesis)을 통해 불임인 생명체가 무성생식을 할 수 있었을 것이라고 생각되기는 하지만, 이런 과정은 매우 드물고 포유류나 조류에서는 알려진 바가 없다(Mayr, 2001: 181-82). 이것은 더욱 많은 관심이 필요한 분야다.

최근의 또 다른 연구 분야는 유전자의 다양한 쓰임새에 관한 분야다. 예전에는 유전자들이 연속된 염기 서열로서 단지 하나의 단백질을 이룬다고 생각했다. 그러나 이제는 (모든 동물, 식물, 그리고 균류를 포함해) *진핵생물(eucaryote)에는 하나의 유전자 안에 *엑손(exon)이라 불리는 여러 부분이 존재하는데, 각각의 엑손은 단백질의 기능을 구성하는 요소인 *도메인(domain)을 코드화하고 있다는 사실이 알려졌다. 예를 들어 어떤 도메인은 DNA와 결합하는 단백질 부분을 코드화하며 다른 도메인은 *유전자 발현(gene expression)을 조절하는 호르몬을 묶는 부분을 형성할 수도 있다. 어떤 경우에는 다른 염색체에 있는 여러 유전자로부터 만들어진 결합 도메인들로부터 하나의 단백질이 형성된다. 현재까지는 이처럼 어떤 도메인을 어떤 순서로 결합해야 하는지를 세포가 어떻게 알 수 있는지는 확실하지 않다. 더욱 놀라운 사실은, 어떤 DNA 부분들은 그것들이 코드화 중에 어떤 유전자 가닥을 읽었는지에 따라, 또는 *해독틀(reading frame)상에 어떤 변화가 있었는지에 따라 하나 이상의 유전자 생성물을 코드화할 수 있다는 점이다. 이것은 마치 앞으로 읽을 때와 거꾸로 읽을 때 각각 다

---

25) 우연히 새로운 종의 암수가 동시에 탄생하기 어렵다는 점은 이미 1962년에 논의되었다(Sober, 2008: 117).

른 의미를 지니는 문장을 생성하는 것과 같다. 또는 문장 중의 문자열을 어떻게 끊어 읽느냐에 따라 서로 다른 2가지 의미를 지닐 수 있는 문장을 생성하는 것과 같은 것이다.[26]

유사성(similarities)

진화생물학에서 *상동성(homology)은 공통 조상에게서 유래한 비슷한 성질을 가리킨다. 반면에 *상사(analogy)는 *수렴(convergence)을 통해 형성된 유사 성질을 의미한다. 이러한 상사의 예로는 물고기로부터 바다표범, 펭귄에 이르기까지 유선형 형태를 띠는 수중 생물을 들 수 있다. 그런데 이러한 용어의 사용은 주제에 대해 편견을 줄 수도 있어서 나는 조금 더 유전학적 용어인 **유사성**(similarities)을 사용하려고 한다.[27] 우선 교과서에서는 자주 언급되지만 전문적인 논쟁에서는 더는 사용되지 않는 유기체 단계의 유사성에 관해 알아볼 것이며, 그다음에는 유전 물질과 관련해 직접적이고 확실한 증거라고 여겨지는 분자 단계의 유사성에 관해 알아볼 것이다.

　발생상의(embryological) 유사성. 모든 생물학 입문 교과서에는 척추동물 배아의 유사성을 보여주는 삽화가 실려 있다. 발생상의 유사성은 다윈 시대부터 진화의 증거로 채택되었다. 다윈 자신은 발생학자가 아니었기에 에른스트 헤켈(Ernst Haeckel)의 업적을 인용했다. 그러나 헤켈의 배아

---

26) 안티센스 전사체(antisense transcription), 같은 DNA 가닥을 사용하는 전사체, 그리고 긴 부위가 교차되는 전사체를 포함해 DNA 부분을 다양하게 사용하는 경우에 대한 요약으로는 Kapranov, Willingham & Gingeras(2007)를 보라.

27) 상동성(homology)이란 용어를 피하는 것은 순환 논증의 오류도 피하게 해준다. 만약 (공통 조상에서 유래한 유사성으로 정의되는) 상동성이 진화의 증거로 사용된다면, 이것은 순환 논증의 오류라고 정확하게 지적되었다. 하지만 유사성(similarities)이 진화의 증거로 사용된다면, 이것은 더는 반복되는 논거가 아니다.

그림은 사기였다는 주장이 제기되고 있다(Wells, 2000: 82).[28] 그가 고의로 거짓말을 했는지, 혹은 당시의 기술적인 한계 때문에 예측했던 것만을 본 뒤 자기 결론을 뒷받침할 최고의 증거만을 취했는지 그 판단은 다른 이들의 선택에 맡기겠다. 만약 후자의 경우라면, 사실 오늘날의 과학자들도 그다지 다를 바 없다. 동기가 어땠는지는 차치하고라도, 이제 우리는 그가 발표한 관찰에 몇 가지 문제가 있다는 점을 알고 있다.

첫째, 외형상 가장 유사한 그림이 선택되었다. 초기나 후기 단계는 훨씬 덜 비슷하지만, 헥켈의 그림에서 보여주는 단계는 외형상 가장 비슷한 단계다. 비슷한 외형상의 단계가 없는 몇몇 척추동물군은 전혀 언급되지 않았다. 둘째, 더욱 중요한 사실은, 현재 우리는 세포 단계까지 관찰 가능하므로, 외형상 비슷해 보이는 많은 구조가 완전히 다른 과정에서 기인했다는 사실을 알고 있다. 이는 단지 외형적 유사성에 근거해 발생상의 유사성을 주장하는 논증을 논파해준다(Wells, 2000). 조금 더 강하게 말하자면, 전문적인 과학 영역에서 더는 사용되지 않는 이러한 일련의 증거는 교과서에서 빠져야 한다고 말할 수 있다.

하지만 발생학이 이 논의에서 중요하지 않으므로 점차 사라지고 있다는 주장은 잘못된 것이다. 사실 발생학은 전보다 훨씬 더 중요하다고 말할 수 있다. 최근의 연구는 대부분 진화발생생물학 또는 간단히 *이보디보(evo-devo, Evolutionary Developmental Biology)라는 이름으로 진행된다. 발생학, 유전학, 그리고 진화 이론의 복합 형태인 이보디보는 깃털의 기원이나 전체적인 몸 형태의 변형과 같은 주제를 연구한다. 이보디보는 초기 발생 때 유전자 발현의 작은 변화가 어떻게 완전히 다른 성체 형태를

---

28) Mayr는 Haeckel이 인간이 아닌 개의 배아(embryo)를 사용했다고 진술한다. 당시에는 인간의 배아를 사용할 수 없었기 때문이다. 하지만 Mayr는 그렇다고 해서 Haeckel의 삽화가 부정확한 것은 아니라고 주장한다(2001: 28). 어떤 이들은 그의 동료들이 조작을 고발했다고도 주장한다.

유발하는지 보여주는 많은 예를 제시해왔다(Futuyma, 1998: 23장). 많이 사용되는 예로는, 척추동물들의 앞다리 뼈 개수는 대부분 같지만 뼈의 상대적인 크기가 달라서 전체 구조 형태가 동물마다 크게 다르다는 점 같은 것을 들 수 있다. 이 현상의 원인에 대해 이보디보는 유전자 자체에 변화가 생겨서가 아니라, 같은 유전자지만 발생 과정 중 뼈의 성장을 오래 활성화하는지 아니면 짧게 활성화하는지의 차이 때문이라고 가설을 세울 것이다.

흔적 구조(Vestigial structure). 기초 생물학 교과서 대부분에서 발견되는, 유사성에 관한 두 번째 논거는 흔적 구조와 관련된 주장이다. 흔적 구조는 과거에 기능이 있었지만, 현재 다른 생물에서는 그 기능이 알려지지 않은 퇴화한 형태를 말한다. 이러한 일련의 증거가 지닌 문제점은 흔적 기관이라 불리는 것의 수가 급격하게 줄어들고 있다는 점이다. 지난 오랜 기간 진화를 반대했던 사람들은 흔적 구조라고 생각하는 것들에서 어떤 기능이 발견될 것이라고 예측했고, 그 예측은 맞았다(Wells, 2000). 현재 대부분의 경우 진화를 진지하게 논의할 때 흔적 구조에 관해서는 한두 단락 정도만을 논의할 정도로 그 중요성이 줄어들었다.[29] 만약 흔적 기관과 관련된 증거가 어쨌든 교과서에 계속 남아 있어야 한다면, 전에는 흔적 기관이라 생각했는데 나중에 중요한 기능을 하는 기관으로 밝혀진 경우의 숫자를 표시해보는 것이 공정성의 측면에도 도움이 될 것이다.

하지만 다른 한편으로 이보디보의 연구에 따르면, 어떤 구조 기관이 발생 중에 형성되기 시작하다가 나중에 다시 흡수되어서 성체가 된 이후에는 더는 존재하지 않는 경우도 많이 있다. 관련된 종에서 어떤 구조가 어떤 기능을 하는지 우리가 아는 한도 내에서 보면, 발생 초기에 위에서

---

29) Mayr는 책 전체 중 단지 한 단락에서만 흔적 기관에 대해 논하고 있다(2001: 30-31).

언급된 구조들은 어떤 기능도 하지 않는데도 불구하고 성체의 형성을 위해 해당 생명체의 에너지를 소모하므로 그런 의미에서 흔적 구조라고 할 수는 있을 것이다.[30] 더 자세한 연구를 진행할수록 이런 사례가 더욱 많이 발견될 것이라고 예측할 수 있다. 원시 구조(proto-structure) 형태가 자기만이 고유하게 성취할 수 있는 어떤 역할을 달성하느냐는 문제는 미결로 남아 있다.

위와 연관해 자주 등장하는 논쟁거리는 생명체가 과연 얼마나 완전한가 하는 문제다. 완벽한 설계자라는 개념에 도전하면서 진화 개념이 자주 지적하는 문제 중 하나는 불완전해 보이는 생명체 혹은 계가 있다는 점이다. 이에 대한 답으로 창조를 주장하는 이들은 "설계상의 제약"이라는 개념을 제시한다. 이것은 생물계든 인간이 설계한 계든, 어떤 계의 특정 부분을 최적화하려면 다른 부분의 최적화를 희생시키지 않고서는 불가능하다는 뜻이다(Dembski, 2004: 6장). 아이러니하게도 이 논거는 진화를 주장하는 이들이 왜 자연 선택이 완벽하지 않은지를 설명할 때 사용하는 논증과 정확하게 일치한다(Gould & Lewontin, 1979). 어쨌든, 양 진영은 모두 생명체가 자기가 처한 환경에 놀랍도록 잘 적응한다는 데 동의한다.

코드화되지 않은 유전자(Noncoding DNA). 세포에 존재하지만, 목적이 알려지지 않은 DNA를 정크 DNA라고 불러온 지 오래되었다. 흔적 구조의 경우와 마찬가지로, 여기서 문제점은 바로 "알려진"이라는 부분에 있었다. DNA 구조와 그것이 유전에서 담당하는 역할에 대해 잘 알게 된 후 30년 동안, 단백질을 코드화하지 않는 나머지 90퍼센트의 DNA

---

30) 세포 증식 이후 특정 세포의 특정화된 죽음인 세포 소멸(apoptosis)이 일어나는 것은 배아 발달 과정을 보여주는 일반 현상이다. 예를 들어 인간의 손이 하나의 싹(bud)에서 시작해 물갈퀴(webbed) 형태로 발전하고 이후에 세포 소멸 과정을 통해 손가락으로 나뉜다. 이 물갈퀴 부분을 흔적 기관으로 생각해야 하는가?

에 대해서는 별다른 관심이 없었다. 하지만 1980년대 이후의 연구를 통해 DNA 대부분이 최소한 어떤 기능을 하고 있음이 밝혀졌다. "정크"라는 표현이 적절하지 않다는 것을 알게 된 과학 저널들은 따옴표를 사용하여 "정크 DNA"(junk DNA)라고 써서 이 어구가 더는 적절하지 않다는 점을 지적해준다. 그러나 대중적인 과학 저술이나 교과서에서는 아직도 이를 받아들이는 데 늦다.[31] 이전에는 유전적 유사성을 기반으로만 유전자에 집중했으므로, DNA 염기 서열 이외의 요소가 유전에서 어떤 역할을 하는지를 연구하는 데는 제한적이었다. 이제는 *후성유전학(epigenetics)이라고 불리는 분야에서 이를 연구하고 있다.[32]

아직도 많은 고등학교 교과서는 코드화 유전자와 염기 서열이 유사하지만 단백질을 생성하지 못하는 *위유전자(pseudogene)를 진화의 부산물로 이야기하고 있다. 현재는 많은 "위유전자"가 RNA로 전사되고, "실제" 유전자를 조절하는 역할을 한다고 알려져 있다.[33] DNA의 또 다른 부분 역시 위유전자처럼 조절 기능을 가진 *마이크로-RNA(micro-RNA)를 코드화한다고 알려져 있다. 유전자 중간 부분을 차지하며 RNA로 전사되지만, 최종 생성물에서는 잘려져 나가 존재하지 않는 *인트론(Intron)은 한때 비효율적이라고 여겨졌지만, 실제로는 전사의 효율을 증대시킨다고 알려졌다(Brinster et al., 1988; Le Hir, Nott & Moore, 2003). 마찬가지로 염색체 *말단 소립(telomere)에 반복되는 염기 서열의 길이도 중요하다고 알

---

31) Wells(2001)가 제출한 내용은 일반인에게는 새로웠지만 유전학자들에게는 20년 이상 받아들여졌던 내용이다. 가장 최근 정보는 ENCODE project (www.nature.com/encord/#threads)를 보라.

32) "Mattick은 다음과 같이 말했다. '내 생각에는 후성유전학을 둘러싸고 벌어졌던 일은, 정설로 여겨지는 것을 고수하느라 진실에 관한 객관적인 분석에서 벗어난, 두고두고 회자될 이야기가 될 것이다'"(Gibbs, 2003).

33) 아울러 위유전자(pseudogene)는 돌연변이로 손상된 유전자의 치료에 관여할 수 있다.

려졌다. 심지어 과거에 종에 나쁜 영향을 준다고 생각되어 이기적인 유전자라고 생각되었던 *전이 인자(transposable element) 역시 진화에 중요한 역할을 한다고 소개되고 있다(Biemont, 2010).

　　유전자 순서(gene order). 게놈(genome)이나 게놈 일부의 염기 서열이 더 많이 알려지면서, 유전자 자체뿐만 아니라 염색체에 위치한 유전자 순서에도 높은 종간 유사성이 존재한다는 점이 명백해졌고, 많은 경우 이러한 유전자 순서가 중요하다고 여겨진다. 이것은 항상성 유전자의 염기 서열에 매우 뚜렷하게 나타난다.

　　초파리에서 초기 몸체의 발생을 조절하는 한 세트의 항상성 유전자가 존재한다. 그중 여러 유전자는 염색체에서 발견될 때 배아 안에서 같은 순서로 발현된다. 포유류에서는 4세트의 항상성 유전자가 존재하는데, 각각은 초파리의 항상성 유전자 세트에서 발견되는 염기 서열과 매우 유사하다. 마찬가지로 염색체에 위치할 때 배아 안에서 같은 순서로 발현된다.[34]

　　일반적으로 생명체는 진화적으로 더 가까울수록, 진화적으로 더 가깝지 않은 생명체보다 유전자나 염색체에 있는 유전자 순서가 훨씬 더 유사하다. 이런 현상은 단백질로 코드화되는 유전자뿐만 아니라 암호화되지 않는 유전자에도 적용된다. 이에 관해서는 6장에서 다시 알아보도록 하자.

　　분자 서열(molecular sequence). 서로 다른 계(kingdom)에 속한 생명체들이 서로 매우 다른 외형을 지닌다고 할지라도, 화학적 수준에서는 같은 기능을 수행해야 할 때가 많다. 생식과 에너지 활용과 같은 기능이 이 경우에 포함되는데, 주로 이런 기능을 수행하는 화합물이 생명체 간 높은 유사성을 보여준다. 리보솜(ribosome), 시토크롬(cytochrome), 액틴(actin),

---

34) 놀랍게도 알 수 없는 어떤 이유로 염색체에 존재하는 유전자의 염기 서열이 그들이 조절할 수 있는 부분의 몸체에 있는 염기 서열과 일치한다"(Futuyma, 1998: 666).

미오신(myosin)은 그런 화합물의 일부로서 광범위한 생명체에 걸쳐 그 염기 서열이 비교되어왔다.

비록 이런 화합물들이 구조상 큰 유사성을 보이지만, 차이점도 존재한다. 대부분의 경우 DNA 수준에서의 차이는 작아서 결국 하나의 아미노산만 바뀐 단백질이 생기는 정도다. 그러나 유전적 거리(genetic distance)가 멀어질수록 종간 차이도 증가한다. 진화 관계를 유추할 때 아미노산 또는 뉴클레오티드의 서열이 생명체의 분기를 알려주는 *계통수(phylogenetic tree)를 그리는 데 사용될 수 있다.[35] 하나의 분자에 기초한 하나의 계통수를 그리는 경우, 형태에 따른 전통적인 분류와 대부분 잘 일치한다. 반면에 유전 데이터를 사용할 때는 놀랍게도 기존 분류법에 수정을 가해야 하는 경우가 생기곤 하는데, 이는 유전 데이터는 대부분의 진화학자에게 생명체의 외견상 특징보다 생명체 간 관련성을 살피는 데 훨씬 더 신뢰할 만하다고 여겨지기 때문이다(de Jong, 1998).

많은 계통수를 역으로 추적하면 그들의 근원에 가까울수록 다른 계통과의 차이가 점차 커진다. 특히 세균이나 원시 세균(archaebacteria)으로 갈수록 그러하다. 이전에 진화를 주장했던 이들은 모든 계통수가 다 동일하여 결국 하나의 최종 공통조상(last common ancestor; LCA)을 발견하는 데 도달할 것이라고 예상했다. 그러나 이 예상과는 달리 근원 단계에서 보이는 것은 한 뿌리가 아니라 복잡한 그물망 형태의 관계다. 그런데 이때, 이전에는 다른 분자 서열을 고려볼 때 완전히 관계가 없을 것이라고 여겨졌던 생명체 사이에서 유사한 분자 서열이 발견되었다. 이는 마치 어떤 공통 부분이 어떤 방법으로 한 생명체에서 떼어져 다른 생명체에 심긴

---

35) 화석의 경우와 마찬가지로, 밀접하게 연관된 집단 사이에는 큰 유사성이 보이고 한 집단과 다른 집단 사이에는 현저한 거리가 존재한다.

것처럼 보인다. 이로 인해 나온 새로운 설명과 해석은 다음 단락에서 살펴보도록 하겠다.

공생(symbiosis). 마지막으로 우리가 고려해야 할 증거는 두 생명체가 서로의 필요 때문에 같이 사는 *공생(symbiosis) 관계다. 공생은 다음과 같은 관계를 포함할 수 있다. 기생(parasitism): 하나를 희생해 다른 한쪽만 이익을 취하는 경우. 편리 공생(commensalism): 한쪽은 이익을 얻지만 다른 한쪽에는 이익도, 손해도 없는 경우. 상리 공생(mutualism): 상호 관계로 상호 이익을 얻는 경우. (종종 배타적이기는 하지만) 상리 공생의 한 예는 식물과 수분 매개체(pollinator) 사이의 관계다. 독립적으로 존재하는 서로 다른 두 생명체가 상리 공생 관계를 보이는 다른 경우는 알려진 바가 없으며, 매우 상호 의존적이어서 마치 두 생명체가 하나인 것처럼 행동하는 경우가 있다. 그중 많은 경우 둘 중 하나는 광합성을 하는 *독립 영양 생물(autotroph)로서 외부로부터 영양분을 받아 살아가야 하는 *종속 영양 생물(heterotroph) 내부에서 산다. 이 경우 종속 영양 생물은 원생동물(Protozoa), 균류(fungus), 또는 동물로서 자기 안에 서식하는 조류(alga)를 보호하고 이산화탄소를 제공하며, 그 조류는 숙주에게 탄수화물(carbohydrate)을 제공한다(Ryan, 2002).

이미 1918년에 과학자들은 *원핵생물(핵이 없는 박테리아나 고세균과 같은 생명체)이 진핵생물(핵이 있는 원생생물, 균류, 식물과 동물)에 존재하는 미토콘드리아(mitochondria) 및 엽록체(chloroplast)와 유사하다는 점을 인식했다(Ryan, 2002). 단순히 외형을 비교하던 방식에서 생화학으로 연구가 발전하면서, 막 구조나 DNA 유사 염기 서열과 같은 유사성이 원핵생물과 미토콘드리아 및 엽록체 사이에서 더 많이 발견되었다. 이러한 발견이 진화에 주요 첨가 요소가 되었다. 이에 대해서는 다음 단락에서 더 논할 것이다.

5.2 각 모델은 증거를 어떻게 해석하는가?

우주의 기원이나 생명의 기원에 관해 논의할 때와 마찬가지로, 증거의 해석을 3개의 기본 관점으로 분류하는 것이 유용하지만, 또한 각각의 견해에는 많은 변형이 존재한다는 점을 기억해야 한다. 첫 번째 관점인 신다원주의적 종합 이론은 지난 수년간 여러 개념이 더해지면서 발전했고 현재도 발전 중이지만, 진화는 점진적이고 자연 선택에 의해 주로 발생하며 생명체는 *공통 조상(common descent)에 의해 연결되어 있다는 다윈의 기본 개념을 유지하고 있다. 두 번째 관점은, 생명체가 공통 조상과 연관되어 있다는 개념에는 동의하지만, 종 분화 과정에는 급격한 도약이 있었다고 주장한다. 세 번째는, 생명체가 직접 창조되었고 그 뒤에 각 형태 내에서 자연 선택에 의해 상대적으로 작은 변형만이 뒤따랐다고 주장한다.

독자들은 이번 장에서 내가 **진화**라는 단어를 좀처럼 사용하지 않았다는 점을 눈치챘을 것이다. 이는 진화의 정의가 너무 다양하고 상이하기 때문이다. 문맥에 따라 이 단어는 다음과 같이 다양한 의미를 지닌다. (1) 오랜 기간에 걸친 변화, (2) 개체 내에서 대립 형질 유전자 빈도의 변화, (3) 공통 조상을 지님, (4) 새로운 종의 기원(소진화[microevolution]), (5) 상위 분류군의 기원(대진화[macroevolution]), (6) 자연적이고 인도되지 않은 과정에 의한 모든 생명체의 기원(naturalistic evolution, 자연주의적 진화), (7) 변화의 메커니즘을 설명하는 최신 이론인 신다위주의 종합 이론.[36] 진화를 반대하는 이들이 진화를 지지하는 이들을 비판하는 내용 중에는 종종 유인상술이라는 것이 있다. 이 비판에 따르면, 진화론자들은 진화(이 경우는 첫 번째나 두 번째 정의를 가리킨다)가 실제로 관찰되었으므로 진화(이 경우

---

36) Meyer & Keas(2003)에 열거된 진화의 6가지 정의는 여기서 제안된 6개의 정의와 매우 유사하다.

는 나머지 정의를 모두 포함한다)는 사실이라고 결론 내린다(실제로 나머지 정의가 논리적으로 뒤따르는 결과가 아님에도 그렇다고 주장한다는 말이다).[37] 헤켈의 삽화가 가짜냐는 앞선 논쟁과 마찬가지로, 나는 그들이 나쁜 의도가 없는지 확신할 수 없다. 진화를 지지하는 많은 이가 변화 메커니즘이 모든 단계에서 똑같다고 생각하기 때문에 그들에게는 각 정의 간 차이가 보이지 않을 수도 있다.[38] 하지만 다른 단계에 따라 다른 메커니즘(예컨대 종 안에서의 변화, 새로운 종의 출현, 상위 분류군의 출현 등)이 포함되는 것은 과학적으로 얼마든지 가능하므로, 여기서 혼동을 줄이고자 진화라는 용어를 가능한 한 피했다.[39]

신다윈주의적 종합

종의 기원과 관련해 오늘날을 지배하는 증거 해석 방식은 신다윈주의적 종합이다. 그러나 신다윈주의적 종합을 가리켜 누구나 무조건 받아들이는 획일적이고 정적인 이론으로 생각하면 오산이다. 사실, 신다윈주의적 종합은 다른 과정의 상대적인 중요성이 쟁점으로 떠오르면서 계속 변화

---

37) 예컨대 Tas Walker를 보면, "유인상술에 속아 넘어가지 말라"라고 말한다. *Creation Ministries*, http://creation.com/don-t-fall-for-the-bait-and-switch

38) 예컨대 Mayr(2002)는 진화를 "오랜 기간에 걸친 생명체 군집의 성질 변화"라고 정의하고(p. 8) 진화를 사실로 간주한다(p. 12). 자기 책 마지막에서 그는 다음과 같이 말하면서 같은 개념을 반복한다. "진화는 분명한 사실이지 추측이나 가정이 아니다" 그리고 "사실은 굉장히 잘 확립되어 있으므로 진화를 이론(theory)이라고 말하는 것은 불합리하다"(p. 264). 마지막 말에는 누구도 반박하지 않겠지만, 책 전체에 걸쳐 Mayr는 시간에 걸쳐 일어난 변화 또는 한 군집 내의 변화를 가리키는 용어로 진화를 사용한다고 하면서도, 같은 용어인 **진화**를 종 분화의 다양성과 관련해 사용하거나 인간 윤리의 "진화"와 같은 식으로도 사용한다. 창조를 지지하는 이들은 그런 사용 방식을 "얼버무리기"(equivocation)라고 불렀다. 하지만 Mayr에게는 위의 모든 과정이 동일하게 작은 변화가 축적된 연속체다.

39) 마지막 단락에서 예외를 둘 것인데, **진화**와 **창조**를 각각 신다윈주의적 종합과 창조에 기반을 둔 해석의 줄임말로 사용할 것이다.

하고 있다. 다수의 의견 일치에 변화가 오는 경우는 결국 장기전이며, 새로운 개념에 반대하던 이들이 죽고 뒤따르는 세대가 이를 대체할 때와 같은 경우가 많다.[40]

어떤 저자들은 20세기 중반의 유전학 이론에서 연유했던 신다윈주의라는 용어보다도 더 새로운 견해인 **메타다윈주의**(meta-Darwinism)라는 용어를 사용한다(Fowler & Kuebler, 2007). 어쨌든, 다음 단락에서 논의될 논거 가운데 최소한 2가지는 고등학교 교과서에서 다뤄질 정도로 광범위하게 받아들여지는 주장이다. 자연주의나 방법론적인 자연주의를 수용하는 기원 모델인 자연주의적 진화, 비목적론적 진화, 계획된 진화의 경우, 신다윈주의적 종합이야말로 증거를 해석하는 가장 일반적인 방식이라고 할 수 있다.

이 해석 틀은 기본적으로 공통 조상에게서 연유한 후손, 점진주의, 그리고 자연 선택의 중요성을 주장한다. 그리고 이것들은 모두 다윈의 유산이다.[41] 20세기 전반 유전학의 발전을 기초로, 새로운 변형은 돌연변이의 결과일 수 있으며 단순히 부모형질의 조합이 아니라는 개념이 덧붙여졌다. 20세기 후반에는 단속 평형과 *세포내공생(endosymbiosis) 개념도 추가되었다. 앞에서 언급했듯이 단속 평형은 화석 기록에서 도약이 발견되

---

40) Max Planck는 이렇게 말한다. "새로운 과학적 사실은 그것에 반대하는 자들을 납득시키거나 그들로 하여금 깨닫게 해서 승리하기보다는, 결국 반대하는 사람들이 죽고 새로운 세대가 그 과학적 사실에 익숙해질 때 우세해진다"(Kuhn, 1996: 151에서 인용함).

41) "자연 선택은 오직 연속하는 작은 변화에서 이점을 취하는 방식으로 작용한다. 결코 급속한 변화를 취할 수 없고 대신에 가장 짧고 느린 과정을 통해 발전한다"(Darwin, 1859: 6장). 저자마다 다윈에게서 왔다고 보는 기본 개념의 수가 다르다. Fowler & Kueler(2007)는 공통 조상과 점진적 발전을 다윈주의의 2가지 절대 요소로 보았다. 여기에 Gould(2002)는 세 번째 요소를 첨가했는데, 그것은 선택이 생명체 수준에서 일어난다는 것이다. 다른 몇몇 저자도 이에 동의한다. Sober(2010)는 자연 선택과 공통 조상이 2가지 중요 요소라고 주장했다. Mayr(2001: 86)는 신다윈주의의 5가지 요소를 다윈에게서 찾았는데, 그것은 각각 진화의 기본 개념, 공통 조상으로부터 갈라져 내려옴, 점진성, 종의 증식, 그리고 자연 선택이다.

는 데 근거한다. 신다윈주의 해석에 의하면, 이런 도약은 상대적으로 급격한 돌연변이와 종 분화가 일어났던 기간 때문에 생긴, 화석 기록상으로 보이는 틈(간격)이다. 이런 틈새는 한 종에서 다른 종으로 건너뛴 것이 아니라 아마도 환경 조건의 변화로 생겼을 것이다. 세포내공생은 미토콘드리아와 엽록체가 다른 생명체의 세포질 안에 사는 공생 생물에서 그 기원이 시작되었고 점차 독립적으로 생존하는 능력을 잃었을 것이라는 주장이다. 단속 평형과 세포내공생 개념은 초창기에는 강력하게 반박되었고 심지어 조롱당했지만, 결국에는 진화 이론의 하나로 받아들여지고 있다. 굴절 적응(exaptation), 중립 이론(Neutral Theory), 복잡성 이론(complexity theory)을 포함해 많은 이론이 정설로 받아들여지기 위해 여전히 경쟁하고 있다(Foweler & Kuebler, 2007: 8장).

신다윈주의에 근거한 여러 해석 가운데 가장 큰 차이를 보이는 분야 중 하나는 목적론(teleology) 관련 분야다. 자연주의적 진화와 비목적론적 진화는 모두 비목적론적 견해를 고수하고 있으며, 본질상 진화는 인도되었거나 목표 지향적이지 않으므로, 만약 역사가 다시 시작된다면 아마 진화 과정은 매우 다른 양상으로 나타났을 것이라고 주장한다. 반면 계획된 진화는 신이 진화라는 방법을 통해 창조 때부터 생각했던 일을 실행했다고 주장한다. 이 중요한 질문과 그것이 인류의 기원에 대해 지니는 의미에 관해서는 6장에서 다시 다룰 것이다.

덧붙여 말하면, 철학적·신학적으로 이상의 3가지 모델 안에 속하는 과학자 중에는 다윈주의의 근본 원칙인 점진주의와 자연 선택에 반대하는 이들도 상당수 있다는 점이 중요하다. 다음 단락에서 그들의 논거를 살펴보도록 하자.

반대자들을 제외하면, 종의 기원을 보여주는 증거들에 대한 신다윈주의 측의 주된 해석은 이렇다. 그것들은 오랜 기간에 걸쳐 종 분화와 점진적인 변화가 일어난 공통 조상이 있었음을 보여준다. 그리고 화석들은 시간 흐름에 따라 복잡성이 증가하는 전체 그림을 보여준다. 또한 중간 형태의 화석은 한 종에서 다른 종으로의 이행을 보여준다. (한 계통 안에서 한정되어 발생하는, 코드화되지 않은 부분에서 일어나는 돌연변이를 포함하는) DNA 내 염기 서열의 유사성은 공통 조상이 존재했음을 보여주는 강력한 증거다. 특히 계통수의 하위 부분에서 상이한 분자들로 인해 생기는 계통수 간 차이는 *유전자 수평 이동(horizontal gene transfer, HGT)에 의한 것으로 설명된다. HGT는 많은 박테리아가 (일반적으로 플라스미드[plasmid] 형태로) 자기가 속한 환경으로부터 DNA를 가져올 수 있으며, 그 DNA에 코딩된 유전자를 발현시키는 현상을 관찰한 데 근거한다. 따라서 (유전을 통해 수직으로 전달되는 일반 방식과 달리) 이 방법으로 유전자는 한 생물체에서 다른 생물체로 수평 이동할 수 있다고 생각된다(Brown, 2003; Keeling & Palmer, 2008).

모든 분야가 그러하듯이 과학자들은 자기들의 주장을 가장 잘 지지할 수 있는 증거를 내세운다. 그러므로 신다윈주의 측에서는 화석 기록 간 큰 격차, 자연 선택의 한계, 돌연변이가 생명체에 대부분 해롭다는 사실, 그리고 큰 개체군에서 유익한 돌연변이가 일어날 확률이 증가하는 데 필요한 시간의 길이 등을 잘 다루지 않는 경향이 있다. 이들은 창조를 지지하는 이들이 내세우는 어떤 자료를 그냥 변칙이나 예외로 간주하고 증거에서 제외한다.

비다윈주의적 진화(non-Darwinian evolution)

종의 기원과 관련된 증거에 대한 두 번째 해석 틀은 비다윈주의적 진화다. 이 해석은 화석 기록상의 전체 패턴과 다양한 염색체상의 유사성을 공통 조상 개념으로 가장 잘 설명할 수 있다는 신다윈주의의 주장을 받아들이지만, 나머지 2가지 주요 주장, 즉 점진적인 진화와 변화의 주요 동력인 자연 선택 개념에는 의문을 제기한다. 이 해석은 화석 기록에서 보이는 도약을 있는 그대로 인정하는 대신, 그처럼 거의 즉각적인 형태 변형을 일으킬 수 있는 메커니즘이 무엇인지를 찾으려고 한다. 이 관점에 따르면, 자연 선택은 해당 상황에 알맞은 형태의 생명체가 생존하게 하는 메커니즘이기는 하지만, 그것이 변화를 일으키는 주요 인자는 아니다. 오히려 생명체 자체가 하나의 개체로 작용하여 자체 변화를 스스로 유도하든지, 아니면 신에 의해 유도되는 변화를 거치든지 한다. 이 관점을 지지하는 이들은 전에 언급했던 다윈주의에 반대하는 사람들과 인도된 진화를 지지하는 이들을 포함한다.

다윈의 첫 번째 반대자로서 악명을 얻은 사람 중 한 명은 『진화: 위기에 봉착한 이론』(Evolution: A Theory in Crisis, 1985)을 쓴 마이클 덴턴(Michael Denton)이다. 다른 이들도 그 뒤를 따랐는데, 그중에는 자신을 가리켜 창조론자도 아니며 종교와도 관련이 없다고 주장하면서 신다윈주의를 철저하게 비판하는 리처드 밀턴(Richard Milton, 1997)도 있다.[42] 여전히 다른 이들은 공생(Ryan, 2002)이나 발생상의 주요 변화(Schwartz, 1999)가 한 세대 내에서 즉각적인 종 분화를 일으킬 수 있다는 식으로 대체 메커니즘을 주장해왔다. 가장 포괄적이고도 새로운 비다윈주의적 진화 모델의 하나는 『진화: 21세기적 관점』(Evolution: A View from the Twenty-first Century)의 저자인 제임스 샤피로(James A. Shapiro, 2011)에게서 제기되었다.[43] 샤피로는 다양한 과정이 유용한 염색체 요소들을 새로운 방식으로

---

42) 또한 Milton은 대체 의학(alternative medicine)과 초자연 현상(paranormal phenome-non)과 같은 대체 과학을 변호했다. 그의 증거(특별히 주류 과학에서 무시당하던 자료들) 요약은 훌륭하다. 하지만 독자들은 그의 논거를 평가할 때 그의 관점이 무엇인지를 염두에 두어야 한다.

43) 그의 책에서 묘사된 간단한 설명과 그가 제안한 모델은, 곧 출간될 Perspectives on Science and Christian Faith에 실린 내 서평을 참조하기 바란다. Shapiro는 다윈주의에는 반대하지만

재조립하며, 이 과정을 통해 급격하게 새로운 종을 생성한다고 주장한다. 특히 환경적 스트레스를 겪는 순간에 말이다. 비록 현재는 이런 다양한 견해가 각각 소수의 과학자에 의해 지지를 받지만, 어떤 견해도 어느 시점에는 소수에 의해서만 지지되는 법이다. 아무튼 지금까지 소개한 이들은 진화가 신의 개입이 없이 자연 과정을 통해 이루어졌다고 주장한다.

인도된 진화를 주장하는 이들도 마찬가지로 염색체 및 후성유전체상에서 일어나는 잘 조화된 일련의 변화가 한 세대 내에서 생명체의 급격한 형태 변화를 일으킨다고 말한다. 이 견해는 변화의 과정에 일어나는 양자 수준의 사건이나 개연성을 띤 사건들이 무언가에 의해 인도되었다고 간주하면서, 어떤 방향성이든 부인하고 때때로 목적론을 거부했던 다윈주의를 반대했던 이들이 옹호했던 것과 같은 방식의 과학적 메커니즘에 호소한다.[44] 인도라는 개념과 목적론을 뒷받침하기 위해, 인도된 진화 모델은 그렇게 많은 종으로 분화될 확률이 지극히 낮으므로 해당 사건들을 인도한 어떤 행위자의 존재 없이는 그 사건들을 설명하기 어렵다는 주장을 편다. 특히 그들은 비인도적인(undirected) 변화로는 새로운 문(phylum)의 기원을 설명하기 어렵다고 지적한다. 이는 마치 생명체 발생 초기에 일어나고 인도되지 않는 많은 변형의 결과로 생기는, 부모와는 그 형태가 크게 다른 "괴물들" 중에 성공적인 존재가 있기를 바라는 것만큼이나 희박

진화에는 동의한다. 그는 도약 진화 및 목적론적 진화 모델을 제시하는데, 그의 모델에 따르면 세포는 자연적인 유전 기술을 통해 지적 설계자 없이 스스로 목적을 설정한다. 그는 수평 유전자 전달, 전이 인자, 유전체 재조합, 유전자 복사, 세포 융합이 목적론적인 방식으로 일어날 수 있다고 제안하면서 이러한 자신의 제안을 뒷받침할 수 있는 분자유전학상의 증거를 보여주고 있다.

44) 신이 개연성을 띤 사건을 제어하지만 그 결과를 자연 과정을 통해 일어난 사건과 과학적으로 구분하기란 불가능하다는 주장은 Ratzsch의 글을 보라(Ratzsch, 1996: 186-88). Shapiro(2011: 137)는 이 과정이 목적론적이지만, 세포나 생명체 자체가 스스로 설정한 생존이라는 목적을 위한 과정이라고 본다. 이것은 신에 의해 목적이 정해지는 목적론과는 매우 다르다.

한 일이다.[45]

이렇게 목적론과 관련된 질문은 과학으로 답할 수 없음을 기억해야 한다. 과학은 메커니즘을 설명할 수는 있어도 목적을 설명하지는 못한다. 따라서 어떤 한 개별 과학자 또는 과학자 집단이 이러저러한 목적론적 태도를 보일 때는 그들의 철학적 신념에 의한 것임을 기억해두자.

창조에 기반을 둔 모델과는 달리 비다윈주의적인 진화를 주장하는 이들은 상위 분류 단계에서 일어나는 변화를 유전적·후성적 요소에 의해 발생하는 급격한 변화로 일어나는 형태상의 주요 변형으로 간주할 뿐, 처음부터 새로운 것을 창조하는 사건으로 보지 않는다. 그러나 이들이 창조 기반 모델에 동의하는 부분도 있는데, 그중에는 외삽의 위험성도 포함된다. 이제 우리는 창조에 기반을 둔 모델을 다루기로 하자.

창조(creation)

증거 해석의 세 번째 틀은 생명체가 완성된 형태로 직접 창조되었다는 주장으로, 젊은 지구 창조와 오래된 지구 창조가 여기 속한다. 최근에는 창조를 지지하는 사람 중 모든 생물학 종이 개별적으로 창조되었다고 믿는 이는 거의 없다. 대부분은 한 개체 내에서 대립 유전자의 빈도의 수준에서든, 심지어 과(family) 분류 수준에서까지도 어떤 변화가 가능하다는 점을 받아들이지만, 과학이 설명하지 못하는 큰 틈새가 존재한다는 사실이야말로 창조의 증거라고 주장한다.

만약 이들의 주장대로 과학이 주요 생명체 집단의 기원을 결코 설명할 수 없다면, 창조 모델들은 대체 어떤 의미에서 과학적이라고 말할 수

---

45) 희망 괴물(hopeful monster)이란 용어는 Richard Goldschmidt에 의해 소개되었는데, 발생 초기에 큰 변화를 거치면서 부모 세대와 아주 다르게 나온 생명체를 지칭한다. 이에 관한 적절한 논의는 Schwartz(1999: 10장)을 보라.

있는가? 한편으로 이 두 창조 모델은 창조주가 생명체를 창조했다고 주장하긴 하지만 어떤 메커니즘을 제시하지는 않는다. 다른 한편으로는 과학적 증거에 대한 나름의 설명을 제공하기도 한다. 문제는, 과연 어떤 메커니즘을 제시하지 않은 채 증거에 관해 설명하는 것을 과학적 활동으로 분류할 수 있느냐는 것인데, 이는 과학철학적인 질문이지 과학 자체의 질문은 아니다. 우리는 이를 8장에서 다시 다룰 것이다.[46]

양쪽 창조론은 모두 신이 생명체를 창세기에 나온 대로 각각 "종류별로" 만들었다고 믿는다.[47] 문제는 어떻게 이런 종류(kind)가 종(species)의 정의와 관련되느냐다.[48] 최근에는 창조를 지지하는 이들조차 대부분 어느 정도의 소진화가 다윈주의 메커니즘에 의해 일어났음을 인정한다. 그들이 동의하지 않는 것은 이를 상위 분류군에 이르기까지, 즉 소진화에서 대진화로까지 외삽해도 되느냐이다. 그래서 이들은 갈라파고스 군도의 핀치새들이 한 개체군에서 생겨났다는 점은 인정하지만, 그 섬에서 핀치새들이 서식했다고 여겨지는 수백만 년 동안 어떤 핀치새도 핀치새가 아닌 다른 것으로 변하지 않았고 어떤 핀치새도 다른 핀치새가 먹지 않는 다른 먹이를 먹은 적이 없었을 것이라고 믿는다. 이를테면 도요새나 맹금류의 먹이가 그 섬에 풍부했다 하더라도 핀치새가 그런 새가 될 수는 없었다는 뜻

---

46) 과학의 경계를 설정하는 문제는 Meyer(1994)에 진술되어 있다.

47) 종류(kind)는 대개 한 과나 속 내 모든 생명체가 파생되어 나온 원래 형태를 말한다(Scherer, 1998). 생태분류학(baraminology, 히브리어 "바라"[창조하다]와 "민"[종류]의 합성어)이라 불리는, 종류에 대한 연구는 교배 능력에 따라 얼마나 많은 최초 종류(original kind)가 있었는지를 결정하는 분야다.

48) 종을 나누는 방식은 미결 문제다. 살아 있는 생명체에서 일반적인 종의 정의는 생식 능력이다. 하지만 고생물학자는 형태의 차이로 종을 구분한다. 만약 고생물학자들이 현존하는 개의 뼈들을 각각 찾았다면, (그것들은 실제로는 한 종에 속하는 뼈인데도 불구하고) 의심할 여지없이 수백 개의 종까지는 아니라도 수십 개의 여러 종으로 분류했을 것이다. 종의 정의 문제의 기저에 놓인 철학적 문제들도 있다. 이러한 논쟁의 요약은 다음을 참조하기 바란다 "Species"(2010), *Stanford Encyclopedia od Philosophy*, http://plato.stanford.edu/entries/species

이다. (파충류에서 새로, 또는 무척추동물에서 척추동물로의 변화처럼) 높은 상위 분류군에서는 더욱 큰 형태 변화가 필요하다. 이러한 진화 모델의 어려움을 강조하기 위해 창조 모델은 진화 모델이 최소한으로 언급하는 바로 그 증거(선택의 제한, 돌연변이의 해로움, 화석 기록상의 도약 등)를 강조한다. 아울러 창조를 지지하는 이들은, 어떻게 다윈의 점진주의와 자연 선택이 딱따구리의 구조적 적응이나 청소물고기와 공생 생물의 공생 관계와 같이 가끔은 여러 종이 관여하는 복잡한 구조와 행동 유형을 형성할 수 있는지 의문을 제기한다(Morris & Parker, 1987: 84-87). 이 논증은 말하자면 거시적 또는 생태학적 규모에서의 환원 불가능한 복잡성 논증인 셈이다.[49]

그러므로 창조 모델의 기본 논거는 다음과 같다. 다윈의 원리와 점진주의가 종 안에서 혹은 심지어 가까운 종간이라 해도 그 변화를 설명하는 데는 충분하지만, 더 큰 규모의 변화를 설명하기 위해서라면 다른 원리가 필요하다. 비다윈주의적 진화를 지지하는 이들은, 형태를 직접 창조했다는 창조 모델의 해석에 동의하지는 않지만, 위의 논지에는 동의한다. 그럼에도 점진주의에 의문을 던지는 사람은 본인이 창조론자가 아니라고 주장해도 창조론자(creationist)로 낙인찍히고 조롱받을 위험을 감수하게 된다.[50]

진화 관련 모델이 공통 조상을 근거로 증거를 설명할 때 창조 관련 모델은 공통 설계(common design) 개념을 제시한다. 진화가 유전자 순서의 유사성이 공통 조상의 존재를 보여준다고 주장할 때, 창조는 항상성 유전자의 순서를 예로 들면서 같은 증거인 유전자 순서가 기능에 중요하다고 주장한다. 진화 모델의 경우 서로 다른 종의 원핵생물에서 발견되는, 마

---

49) 비슷한 논거가 Ryan(2002: 242-43, 263)에서도 발견된다.
50) Milton은 그 자신과 다른 사람들이 받았던 차별을 이야기해준다(1997: 24장).

치 여기저기 있는 유전자를 기워놓은 듯한 유전자 형태를 유전자 수평 이동(HGT)으로 설명하지만, 창조 모델은 신이 각 생명체에 필요한 대로 유전자 모음을 주었다고 설명한다. 앞에서 언급한 대로 창조 모델은 진화 모델이 흔히 예외로 여겨 받아들이지 않는 특정 증거를 인용한다. 그 결과, 두 견해는 수많은 주제를 두고 완전히 엇갈릴 때가 많다.

2개의 창조 모델(OEC, YEC)은 유전학 및 상동성과 관련된 해석에 대부분 동의하지만, 화석에 관해서라면 그렇지 않다. 오래된 지구 창조(OEC)는 단층과 연대 해석을 포함해 화석의 표준 연대를 지지한다(참조. 3장). 진화 관련 모델과의 차이점은 화석 기록상의 도약을 지질학적 기간 내 산개되어 나타난 여러 창조 행위의 증거로 본다는 데 있다. 특히, 대부분의 동물 문이 캄브리아기에 급격하게 출현했다는 점과 그들 사이에 이행 형태의 화석이 없다는 점은 창조 모델이 증거로 인용하는 내용이기도 하다.

젊은 지구 창조를 주장하는 이들은 대부분 모든 화석을 전 지구에 걸쳐 일어났던 홍수의 결과로 해석한다. 홍수와 지구의 창조 둘 다 창세기 초반 장들의 해석에서 나온 것이고 대부분의 젊은 지구 창조 단체가 그 둘을 연결시키지만, 대홍수와 창조의 시점은 서로 분리된 사안이다.[51] 이들은 해양 생명체가 가장 밑에 묻혀 있고 위로 올라갈수록 점차 더 크고 활동적인 생명체가 묻혀 있는 화석층의 순서를 홍수의 결과로 설명한다. 또한 왜 홍수 이전의 생명체에서 측정한 동위원소 연대가 그렇게 오래되었는지를 설명할 때도 (당연하겠지만) 홍수가 언급된다. YEC의 설명에 따

---

51) 간격(gap) 이론은, 처음 창조가 사탄에 의해 일어났으며 괴물 같은 공룡도 그때 있었고, 그 뒤에 하나님이 그 초기 창조를 파괴하여 "땅이 혼돈하고 공허하게 되었다"라는 창 1장의 언급에 따라 해석한다. 하나님이 그 후 세상을 최근의 새로운 창조 세계로 살게 하셨다. 대홍수를 강조하지 않는 이 모델은 19세기 초에는 일반적이었으며 스코필드 성경(Scofield Bible)에 의해 대중화되었으나, 오늘날에는 널리 받아들여지지 않는다.

르면, 방사성 원소의 붕괴 속도는 2번의 기간에 증가했는데, 그것은 창조의 첫째와 둘째 날, 그리고 노아의 홍수 때였다(DeYoung, 2005: 9장).

5.3 어떤 차이가 생기는가?

우리는 우리가 원하는 것만 보게 된다는 말을 종종 한다.[52] 이는 일반적인 주변 현상을 다루든 혹은 과학적 증거를 다루든 마찬가지다. 우리가 착시를 통해 경험하듯이, 우리의 감각은 우리가 대상을 특정 방식으로 해석하려 할 때 쉽게 속는다. 그래서 2명이 그랜드캐니언을 볼 때, 한 명은 그것을 대홍수의 결과로 보고 다른 한 명은 수백만 년 동안 일어난 변화의 결과로 본다. 두 사람 모두 서로 얼마나 둔감할 수 있는지를 이해하지 못한다.

진화의 시각으로 연구하는 고생물학자들은 종종 이행 화석을 찾으려 노력하지만, 창조의 시각으로 연구하는 지질학자들은 동위원소 연대의 불일치나 상대적으로 최근에 발생한 급격한 화석화를 찾는다. 예상대로, 각각 자신이 기대한 바를 찾아내고는 이내 그것에서 모든 경우로 확장해 적용할 수 있는 일반 원리 같은 것을 외삽으로 추론해낸다. 신다윈주의는 잃어버린 연결고리(missing link)를 찾기 위해 캄브리아기 화석을 조사하고, 오래된 지구 창조를 지지하는 이들은 같은 화석을 각각의 문이 이행 형태 없이 나타난다는 증거를 찾기 위해 그렇게 한다.

다윈을 숭배하는 사람들[53]에게는, 자연 선택을 통해 점진적인 변화를

---

52) C. S. Lewis는 다소 모호한 말투로 이렇게 말한다. "더구나 그는 충분히 그것을 볼 수 있을 때까지 아무것도 알지 못한다. 그리고 어떤 것들의 정체를 대략 알기 전까지 당신은 그것들을 볼 수 없다"(1938: 43).

53) Gould와 Lewontin(1979)은 "다윈은 (만약 신이 아니라고 해도) 진화 과학자 중 성인의 지위에 도달했다"라고 표현했다. 그 당시 과학자 중 그가 쓴 모든 단어, 모든 서적 판본, 서신이 전부 알

거쳐 등장한 공통 조상이란 모토는 불가침의 영역이며, 모든 것이 이에 비추어 해석된다. 그러므로 다양한 계통 안에서 일어난 분자 수준의 변화를 보여주는 축적된 증거가 수천 세대 동안 일어났음이 "틀림없다"라고 생각한다. 반면에 이에 얽매이지 않는 사람은, 창조주에 의한 것이든 아니면 유전적 또는 후성적 변화에 의한 것이든, 단 한 세대 또는 몇 세대만에 일어난 급격한 종 분화 메커니즘을 찾아보려고 할 것이다.

전반적으로 우리가 가진 증거는 형태학적·유전학적 수준에서 생명체 사이에 큰 유사성이 있음을 보여준다. 매우 가까운 종 사이에서는, 유전자 부동과 선택을 통해 종 분화가 일어날 수 있다는 데 모두 동의한다. 남아 있는 의문은 다윈의 원리가 훨씬 더 큰 단계의 변화를 충분히 설명할 수 있느냐다. 예컨대 해파리, 곤충, 그리고 인간에게 공통 조상이 있는지, 만약 그렇다면 소진화와 대진화, 다시 말해 작은 변화와 큰 변화를 가져온 메커니즘은 서로 같은 것일까? 만약 그 메커니즘이 각각 다르다면 신은 그 과정에 얼마나 개입했던 것일까? 태초에 생명체가 환경의 변화에 반응하여 스스로 변할 수 있도록 하나님이 미리 능력을 배분해 놓으셨을까? 아니면 하나님이 단계별로 각 과정을 인도하셨을까? 그것도 아니면, 각 생명체의 주요 계통을 각각의 필요에 따라 조절된 비슷한 물질을 사용해 분리해서 창조하셨을까? 만약 그렇다면, 어느 정도의 분류 단계까지 그렇게 하셨으며, 어느 정도의 시간 동안 그렇게 하셨을까? 이렇게 각각 다른 모델을 지지하는 헌신적인 그리스도인들이 있다. 각각의 모델은 각각의 신학적 해석을 내포한다. 다음 장인 인류의 기원을 다룰 때 이 점이 더욱 분명해질 것이다.

려져 온라인으로 볼 수 있게 된 이가 다윈 외에 누가 있는가? Darwin-online.org.uk를 보라.

6장

인류의 기원

인류의 기원은 어떤 의미에서 종의 기원의 하위 분야로 볼 수 있다. 창조와 관련된 관점에서 보면 인간은 다른 종처럼 창조되었고, 진화와 관련된 관점에서 보면 인간은 다른 종이 생성된 것과 같은 방식으로 발생했다고 볼 수 있다. 하지만 또 다른 의미에서 이것은 논쟁의 중심에 선 중요한 질문이다. 그 저변에는 인간이 다른 동물과 질적으로 다른 존재인지 아니면 그저 양적으로만 다른 존재인지, 혹은 우리가 특별한 존재인지 아니면 그저 조금 더 똑똑한 존재인지를 다루는 질문이 깔려 있기 때문이다. 과연 사람에게는 (다른 감각도 마찬가지지만) 눈에 보이는 것 이상의 무엇이 있는가? 예를 들어 우리에게는 혼이나 영이 있는가?(만약 그렇다면 그 둘은 같은 것인가?) 우리에게는 하나님의 형상이 있는가?(만약 그렇다면 그것이 정확히 의미하는 바는 무엇인가?)[1] 이렇게 나열된 질문은 과학이 대답할 수 없으므로, 이 책에서는 다룰 수 없다. 그러므로 이 장에서 우리의 관점은 과학으로 설명할 수 있는, 인간의 육체에 관한 기원에 초점을 맞출 것이다.

나는 인류의 기원도 앞의 세 장에서 했던 것과 마찬가지 형식으로 다루려고 한다. 우선 증거를 소개하고, 다음으로 그 증거에 관한 다양한 해석을 다루도록 노력할 것이다. 내가 "노력"이라고 말한 이유는, 다른 분야와 마찬가지로 우리에게 공급되는 실제 증거는 매우 전문적이어서 전문

---

1) 몇몇 신학은 혼과 영을 같은 것으로 본다. 다른 이들은, 적어도 어떤 동물에게는 혼이 있으나(즉 감정을 표현할 수 있으나) 오직 사람에게만 영이 있다(즉 인간만이 지각이 있고 하나님의 형상을 담지하고 있다)고 주장한다. 그리스도인들은 인간이 하나님의 형상으로 창조되었다(창 1:26-27)는 데 동의하지만, 이것이 무엇을 의미하는지는 오랜 기간에 걸쳐 신학적 논쟁을 불러왔다.

가들이 자기들의 관점에서 해석하고 요약해준 결과이기 때문이다. 이 부분이야말로 기원에 관한 다른 분야보다 훨씬 더 관찰자 개인의 철학을 반영한다. 결국, 우리의 정체성을 규정하는 것은 우리 개인의 철학인데, 이를 통해 우리가 자신을 둘러싼 세계와 관련해 우리를 어떻게 보느냐가 드러날 뿐 아니라 최초의 인간이 어떻게 탄생하게 되었느냐는 질문이 직접 맞닿아 있는 부분이기 때문이다.

6.1 어떤 증거가 있는가?

인간 육체의 기원에 대한 물리적 증거 대부분은 화석, 또는 인간과 유인원의 유사성에서 찾을 수 있다. 관련 증거와 그 해석을 요약한 내용은 도표 A1.5를 참조하라. 인류의 기원에 대한 추가 증거로 언어와 문화가 있는데, 인지 과학, 심리학, 언어학, 사회학이 주로 이 분야를 다룬다. 이 부분에서 사회 과학이 기원 논쟁에 참여하는 부분이 있지만, 공간상의 제한으로 여기서는 다루지 않겠다.

호미노이드, 호미니드, 호미닌?

첫 번째로 우리는 화석으로부터 알 수 있는 인류 기원의 증거를 살펴볼 것이다. 화석 자체를 보기 전에 우선 인간 화석에 쓰인 용어들을 짧게나마 이야기할 필요가 있다. 다시 말하지만, 어떤 용어에는 해당 화석 자체에 관한 어떤 것보다도 그 용어를 쓴 사람의 관점이 반영되어 있어 편견을 가지도록 유도할 수 있기 때문이다.

　18세기 후반 린네(Linnaeus)가 생물을 분류했을 때, 인간은 안트로포모르파(Anthropomorpha, "인간의 형태"를 의미하는 용어)목의 한 과에 포함되었다.[2] 유인원과 원숭이의 경우는 같은 목 내 다른 과로 분류되었는데, 이는 인간이 유인원 및 원숭이와는 질적으로 다르다는 그 시대의 사상을 내포한다. 시간이 흘러 분류가 변화했는데, 가끔은 지식이 발전한 결과였지만 더 자주는 관점이 변화한 결과였다. 점차 명칭이 영장목(Primate)으로 변화했는데, 영장목은 원원아목(prosimian, pro는 "~이전에"를 의미하는 라틴어 접두사이며, 이 단어는 진화상 원숭이 이전의 진화 기원을 가리킨다. 여우원숭이를 예로 들 수 있다)과 진원아목(simian, 원숭이와 유인원이 여기 속한다)을 포함하는 분류군이었다. 인간은 진원아목에 포함되었으나 여전히 어느 정도는 따로 분류되었다. 진원아목은 4가지로 분류되었는데 그들은 각각 구세계원숭이, 신세계원숭이, 유인원, 그리고 인간이었다.[3]

20세기 전반부에는 인간을 포함해 진화상 인간과 같은 계통에 있는 화석을 지칭할 때 *호미니드(hominid)라는 용어가 쓰였고, 유인원(ape)은 따로 분류되었다. 다양한 영장류를 비교하는 연구가 분자생물학의 수준에서 수행되면서 그전에 제시된 분류와 용어가 지난 수십 년간 많이 변했다. 호미니드 안에는 고릴라와 침팬지가 포함되었으며, 이후에는 오랑우탄으로까지 범위가 확대되었다.[4] 1989년에 처음 사용된 *호미닌(hominin)이란 용어는, 이전에 같은 의미로 쓰였던 호미니드와 같은 의미로 오랫동안 사용되어 인간과 관련 화석만을 지칭하는 데 쓰였다.[5] 최근에 이 용어는 침팬지를 포함할 정도로 그 의미가 넓어졌다. 가장 최근에 인간과 인

---

2) 만약 원숭이가 분류했다면, 인간을 시미모르파(Simimorpha, "원숭이의 형태")로 불렀을지도 모른다.

3) 영장목이라는 용어를 계속 썼다는 것은 여전히 진화의 정점이 인간임을 의미한다.

4) "Hominid and hominin: What's the difference?" Australian Museum, Nov. 11, 2009, http://ausralianmuseum.net.au/Hominid-and-hominin-whats-the-difference. 분류의 변화를 보여주는 도표로는 "Ape," *Wikipedia*, http://en.wikipedia.org/wiki/Ape을 보라. "Changes in Taxonomy" 항목 내에 포함되어 있다.

5) "Hominin," *Merriam-Webster*, www.merriam-webster.com/dictionary/hominin.

간 관련 화석을 지칭하는 용어로는 *호미난(hominan)이 있다. 용어법이 계속 바뀌었다는 점은 당연히 혼란을 초래했다. 이 분야의 전문가들은 정기적으로 더 새로운 용어로 바꿔 썼지만, 이 분야에 문외한인 다수는 기존의 용어를 그대로 써왔기 때문이다. 이는 같은 사람이 상황에 따라 같은 용어를 다르게 쓰거나, 또는 같은 용어가 동시에 다른 사람들에 의해 다르게 쓰이는 상황을 가져온다. 그러므로 어떤 사람이 특정 문맥과 상황에서 어떤 용어를 썼는지를 분명히 해야 한다. 진화 분류상 쓰인 또 다른 복잡한 용어로는 *호미노이드(hominoid)가 있는데, 이 용어는 인간, 유인원, 그리고 그들의 조상을 포함해 인간과 비슷한 모든 동물을 지칭할 때 쓰인다. 하지만 같은 용어가 창조 모델을 옹호하는 이들에게는 인간을 제외한, 인간과 비슷한 동물을 언급할 때 쓰인다. 간단한 분류상의 변화는 표 6.1을 보기 바란다.

다른 문헌을 볼 때 이 용어들이 어떻게 쓰였는지를 이해하는 것도 중요하지만, 이 주제에 대한 선입견을 피하고자 나는 이 책 전반에서 이 용어들의 사용을 피하고자 했다.

화석. 다윈 이후 과학자들은 인간의 조상으로 여겨질 만한 화석을 찾아 전 세계를 샅샅이 뒤졌다. 어느 정도 유인원이면서도 어느 정도 인간의 특징을 지닌 중간 형태 화석을 찾으려 노력했던 것이다. 고생물학의 특징은, 만약 당신이 새로운 종의 화석을 발견한다면 이름을 지을 기회를 얻게 되고, 따라서 당신의 이름이 그 화석과 관련해 계속 회자된다는 점이다. 반면에 만약 당신이 어떤 형태의 화석을 두 번째나 세 번째로 발견한다면, 소수의 전문가 사이에서나 언급될 뿐 거의 대접을 받지 못하게 된다. 그 화석이 매우 온전한 형태를 지니고 있거나 양호해서 뼈들이 각각 제자리에 배열될 수 있지 않는 한 그렇다는 뜻이다.

표 6.1 호미노이드

예전 진화 이론에 따른 분류	최근 진화 이론에 따른 분류	가장 최근 진화 이론에 따른 분류	창조 이론에 따른 분류
유인원 　오랑우탄 　고릴라 　침팬지 **호미니드인** 　인간	**호미니드가 아닌 유인원** 　오랑우탄 **호미니드** 　고릴라 　침팬지 **호미닌** 　인간	**호미니드** 　오랑우탄 　고릴라 **호미닌** 　침팬지 **호미난** 　인간	유인원 　오랑우탄 　고릴라 　침팬지 **(인간)***

*창조 모델은 인간을 호미노이드로 간주하지 않고 따로 분류한다. 호미노이드, 호미니드, 호미닌과 같은 용어들은 창조 관련 문헌에서 대개 진화 관련 문헌을 언급할 때만 쓰인다.

　결과적으로 새로운 종의 발견을 너도나도 원하는 현상이 벌어졌다. 그러다 보니 기존의 종과 비교했을 때 매우 근소한 해부학적 차이를 보이는 적은 수의 뼈만을 가지고 그것을 새로운 종으로 명명하는 일이 일어난다. 나중에 같은 지역 또는 같은 퇴적층에서 더 많은 뼈가 발견되고, 겹치는 특징을 보일 경우 대다수는 같은 종으로 규정된다.[6] 이런 상황은 인류의 조상을 연구하는 분야에서 가장 명백하게 드러난다. 게다가 인간의 조상을 찾고 싶은 욕망이 간절한 나머지 인간과 전혀 무관한 뼈들을 엉뚱하게 분류하거나 심지어 날조하기도 한다.[7] 진화에 의문을 품는 이들은 이런 경우를 빌미로 증거의 신뢰성과 설명 부족을 지적하지만, 이는 마치 과학

---

6) 식물학과 동물학도 마찬가지다. 새로운 종의 발견이 목적인 사람들은 "세분파"(splitter)인 경우가 많고, 그것을 재검토하는 사람들은 주로 "병합파"(lumper)다. 전자는 주로 비슷한 생물을 아주 작은 차이에 근거해 여러 종으로 나누고, 후자는 이종교배가 가능하다는 증거만 있으면 한 종으로 보기에는 외양과 색깔이 많이 다르더라도 한 종으로 묶는다. 반대 상황도 일어나는데, 새로운 종으로 분류하기에는 불충분한 작은 파편의 경우, 우선 기존 종으로 분류했다가 나중에 새로운 종으로 밝혀진 종과 더 비슷한 경우 새로운 종으로 분류하기도 한다.
7) 필트다운인(Piltdown Man), 네브라스카인(Nebraska Man), 그리고 그 밖의 것들에 대한 묘사는 쉽게 찾을 수 있지만, 인류 기원의 증거와는 무관하다.

범죄 수사와 같다. 초기에는 엉뚱한 단서도 많고 용의자 수도 많으나 나중에 증거가 쌓이면 범위가 좁아진다. 이것이 역사 과학을 하는 방식이다.

그렇다면 무엇이 실제 증거인가? 영장류로 규정된, 남아 있는 유해의 수는 매우 제한되어 있고, 보존 상태는 불량해 해석과 규명을 어렵게 하고 있다. 종합하자면, 인간 화석 혹은 인간과 유사한 형태의 화석은 다 합쳐봐야 몇 천 개 정도일 것이고, 그마저도 대부분은 단지 뼈 몇 조각만 보존되어 있을 뿐이다. 실제로 20만 년 이상 된, 인간과 비슷한 개체로 인식되는 중요한 화석은 100개 미만이고 대부분은 두개골 일부만이 전부다. 오직 아르디(Ardi), 루시(Lucy), MH1, 그리고 투르카나(Turkana) 소년이란 별명을 가진 화석만이 거의 완전한 골격이 유지되어 있다.[8] 다른 50개의 화석은 이들보다 더욱 최근의 것으로, 현대 인간 또는 *네안데르탈인으로 분류된다.[9]

방대한 대부분의 화석이 오스트랄로피테쿠스 또는 호모 속에 속하는데, 각 속에는 대여섯 개 정도 널리 알려진 종이 포함되어 있다. 다른 종과 속이 제안되었지만, 결과적으로 얼마나 많이 기존 범주에 넣을 수 있는지는 두고 봐야 할 일이다. 대개 오스트랄로피테쿠스 속은 유인원에 더 가깝고 호모 속은 인간과 더 가까운 특징을 지니고 있다. 전자의 경우 대부분 200만 년 전에 살았다고 추정되며, 후자의 경우 전자와 중복되는 기간이 있지만 그보다는 후대일 것이라고 추정된다(그림 6.1).

---

8) "Prominent hominid fossils," Talk Origin Archive, www.talkorigins.org/faqs/homs/specimen.html. Ardi는 **아르디피테쿠스**(Ardipithecus)로, Lucy와 MH1은 **오스트랄로피테쿠스**(Australopithecus)로, Turkana 소년은 **호모에렉투스**(Homo erectus)로 분류된다.

9) 네안데르탈인을 다른 종(호모 네안데르탈렌시스)으로 분류해야 하는지 또는 인간에 속하는 종(호모 사피엔스 네안데르탈렌시스)으로 분류해야 하는지는 여전히 논쟁 중이다. 최근의 분자생물학 연구는 아직 결론이 나지 않은 상태인데, 한쪽은 이 두 개체군 간 이종교배가 있었다고 주장하고 다른 쪽에서는 없었다고 주장한다.

그렇다면 이 화석들이 유인원과 인간의 중간 형태거나 유인원과 인간과 각각 비슷한 특징을 보이는 것일까? 젊은 지구 창조를 제외하면, 대부분은 그렇다고 생각한다.[10] 현대 인간은 현대 유인원과 구별할 수 있는 신체상의 특징을 많이 지니고 있다. 예를 들어 두개골(두개골 크기와 형태, 치아, 턱뼈), 직립 자세(척추 뼈가 두개골로 들어가는 구멍의 위치나 골반의 모양), 그리고 엄지손가락과 엄지발가락의 크기와 위치 같은 것들이다. 이 모든 특징을 보면, 현대 인간은 현대 유인원과 구별되고, 이 둘 사이 중간 특징을 지닌 형태의 화석이 존재한다.[11]

오스트랄로피테쿠스 약 4백만~150만

호모 하빌리스 190만~150만

호모 에렉투스 180만~20만

호모 네안데르탈렌시스 25만~4만

호모 사피엔스 19만~현재

4　　　　　　　　　3　　　　　　　　　2　　　　　　　　　1

단위: 현재로부터 백만 년 전

그림 6.1 주요 호미니드 화석의 명칭과 방사성 동위원소 연대 측정 결과

---

10) Hartwig-Scherer(1998: 표 9.1)는 각각의 범주 안에서 비슷한 수의 특징을 통해 오스트랄로피테쿠스의 어떤 특징이 더 침팬지에 가까운지, 어떤 특징이 더 인간에 가까운지, 어떤 특징이 중간적 특징을 보이는지, 그리고 어떤 특징이 고유한 것인지를 보여준다. 젊은 지구 창조론자들은 모든 화석에서 인간과 유인원을 확실히 구별할 수 있다고 생각한다. 진화를 지지하는 몇몇은 젊은 지구 창조론자들이 같은 화석을 다른 범주에 넣음으로써 그것들을 구별하기 어렵게 만들었다고 말한다.

11) 인간과 유인원을 완전히 구분해주는 요소로는 Schwarz(1999: 2장)를 보라.

화석에서 형질 전환을 보여주는 뚜렷한 패턴이 있는가? 그래서 더 유인원에 가까운 형태부터 현대 인간에 가까운 형태를 순차적으로 보여주는 정확한 경로를 연대에 따라 그릴 수 있는가? 대부분 고생물학자는 그럴 수 없다는 데 동의할 것이다.[12] 오히려 우리는 형태가 모자이크처럼 되어 있는 모습을 본다. 몇몇 초기 형태는 어떤 측면에서 볼 때 조금 더 인간에 가깝고 다른 측면에서는 덜 가깝지만, 후기 형태는 정반대 모습을 보인다. 이것은 여전히 진화 고인류학자들 사이에 이족보행(bipedalism)과 뇌 발달 중 어느 것이 먼저인지를 놓고 벌이는 풀리지 않는 논쟁으로 연결되었고, 오랫동안 서로 다른 가능한 여러 혈통이 제안되는 결과를 낳았다. 오스트랄로피테쿠스와 호모 에렉투스 사이의 연결고리로 많이 인용되는, 호모 하빌리스로 명명된 화석은 특별히 더 수수께끼 같다. 호모 하빌리스는 뇌 크기가 500~800cm^{3}까지 이르며 광범위한 특징을 보인다. 마찬가지로 이들도 이족보행과 관련된 형질의 증거가 섞여서 존재한다. 어떤 이들은 이러한 화석들이 잘못 분류되었다고 주장하면서, 적어도 몇몇은 다른 종으로 다시 분류하려고 했다. 어떤 이는 그 종들을 모두 없애려고 하고(Mayr, 2001: 246), 반대로 다른 사람들은 토론과 논의를 통해 이 종들은 이제 완전히 규정됐다고 주장한다.[13]

유물(artifacts). 신체상의 특징을 넘어서 인간과 유인원을 구별해주는 요소가 있을까? 가장 주목할 만한 특징은 이성적인 사고 능력, 언어 사용, 그리고 도구 제작이라고 할 수 있다(Schwartz, 1999: 70). 그중 도구에 관한

---

12) Mayr는 인간과 유인원 계통 사이에서 일어난 분화를 보여주는 화석 기록은 없다고 이야기한다. 또한 다양한 화석 사이가 연결이 잘 안 되고, "특히 오스트랄로피테쿠스와 호모 속 사이의 단절이 특히 두드러진다"라고 말한다(2001: 238).

13) Jim Foley, "Hominid species," *Talk Origins Archives*, Apr 30 2010, www.talkorigins. org/faqs/homs/species.html. 이러한 의견 불일치는 진화 고생물학자들 사이에 있을 뿐, 진화와 창조를 옹호하는 사람들 사이에 있는 것은 아니다.

것이 화석과 관련해 가장 직접적인 유물이지만, 예술적·문화적 유물은 이성적 사고를 할 수 있는 능력을 보여주는 유물로 여길 수 있고, 두개골 의 형태와 크기를 바탕으로 언어 사용과 이성적 사고 능력을 엿볼 수 있 는 단서로 간주할 수 있다.[14]

위의 3가지 사항은 인간만이 지닌 특징이 아닌 것으로 잘 알려져 있 다. 모든 동물이 논리적 사고를 할 수 있다. 지능 검사에서 볼 수 있듯이 두족류(문어나 오징어 종류)에서 새나 포유류에 이르기까지 먹이를 얻기 위 해 여러 과정을 거쳐야 하는 문제를 풀 수 있으며, 일부는 단지 호기심으 로 그렇게 하기도 한다. 마찬가지로, 다는 아닐지라도 동물은 대부분 자 기 종의 구성원과 의사소통을 할 수 있는 어떤 형태의 수단을 지니고 있 다. 여러 수단이 있는데 그중에는 다양한 발성을 사용하는 방식도 포함된 다. 똑같이 다시 만들 수도 없고 재사용도 불가능하지만, 몇몇은 도구를 이용하고 목적에 따라 이를 특정한 모양으로 변형하기도 한다. 이것에 기 초하여 (주로 비종교적 견해를 보이는) 많은 연구자는 큰 뇌 용량, 긴 청소년 기, 사회 구조 등에서 인간은 다른 동물과 단지 양적으로만 다르다고 말 한다. 반면에 (종교적인 관점을 지닌) 연구자는 추상적인 사고 능력과 영적 인 것을 인식하는 능력을 인간만이 지닌 고유한 특질로 파악한다.

우리는 초기 호모 속을 대표한다고 여겨지는 이들이 사용한 것으로 보이는 도구들을 발견했는데, 그것들은 250만 년 전에 사용했던 것으로 추정된다. 화석과 마찬가지로 도구도 확연히 구별되는 정체 시기와 도약 시기가 있다고 여겨지므로, 우리는 도구 역시 특정 집단에 속하도록 분류 할 수 있다. 예를 들어 화석 기록이 보여주듯이, 호모 에렉투스는 그 종 자

---

14) 논리적 사고는 전두엽(Frontal cortex)에 위치하는데, 이 부분은 인간의 뇌에서 유인원과 비교해 매우 확대되어 있는 영역이다. 아울러 브로카 영역(Broca's area)은 언어를 담당한다. 이 두 영역 의 크기는 두개골 내부를 주형을 떠서 예측해볼 수 있다.

체가 백만여 년을 지나도록 별로 변한 것이 없으며 그들이 만든 도구도
별다른 변화 없이 간단한 돌로 만든 것들이다. 몸돌 격지(core flake) 기술
이 적용된, 좀 더 진화된 도구들은 20만~30만 년 사이에 살았던 네안데르
탈인이나 초기 현대 인간의 화석이 발견되기까지 나타나지 않았다. 가장
발달한 돌날떼기 기술(Blade technology)은 약 3만 년 전인 구석기 후기에
이르러서야 등장한다. 비슷한 형태가 다른 문화 증거에서도 나타나는데,
이를테면 예술 작품이나 장례 예식을 위한 표지 같은 것들이 그렇다. 예
술 작품과 장례 의식은 돌날떼기 기술과 비슷한 시기에 보편화되어 나타
나는데, 이는 인간과 네안데르탈인과 관련된 화석에서만 나타난다. 도기
의 사용이나 농작물 재배와 같은 다양한 발전은 약 1만 년 전(기원전 8000
년) 신석기 시대로의 변화를 보여주며, 그 후에는 기원전 약 3500년에 금
속 도구가 나타난다.[15]

두뇌의 크기 역시 계속 이어지지 않는다. 호모 에렉투스는 오스트랄로
피테쿠스보다 몸 크기는 약간 크지만[16] 두개골 크기는 많이 다른데, 오스
트랄로피테쿠스의 두개골은 유인원과 크기가 비슷하고, 호모 에렉투스는
오스트랄로피테쿠스보다 2배 정도 크다(인간의 3분의 2 수준). 두개골의 모
양은 서로 조금 다르지만 인간과 네안데르탈인의 두뇌와 몸 크기는 서로
비슷하다(후자가 약간 크다).[17] 현대 인간과 호모 에렉투스 사이에 중간 뇌
크기를 보여주는 몇 개의 두개골 화석이 발견되었다. 몇몇 연구자들은 이

---

15) 이러한 정리는 매우 개략적이며, 서로 다른 시대의 도구들이 세계 여러 곳에서 다양하게 발견된
다는 점을 기억하자.
16) 생쥐와 쥐를 비교했을 때 드러나듯이, 젊은 지구 창조론자들은 뇌의 크기와 지능은 무관하다고
지적한다.
17) 뇌의 구조와 관련해 Mayr는 인간의 뇌가 40여 종의 다양한 신경 세포로 구성되고 그중 어떤 것
은 인간만이 지닌 독특한 것으로 보고 있다. "아마도 가장 놀라운 사실은 약 15만 년 전 호모 사피
엔스의 출현 이후 인간의 뇌가 조금도 변하지 않은 것처럼 보인다는 사실일 것이다"(2001: 252).

화석들을 호모 하이델베르겐시스(Homo Heidelbergensis)로 명명했으나 다양한 지역에서 발견된 것은 거의 없다. 다시 말해 그것들은 대부분 한정된 지역에서만 발견되었고, 다른 화석 형태와의 연관성에 대해 연구자끼리 합의가 된 부분도 없다.

여기서 기억해야 할 요점은, 유일한 실제 증거란 화석과 유물이 상당수 발견되었으며 그들 사이에는 상당한 차이가 있다는 점이다. 그 이상의 모든 연구에는 다양한 수준의 추론이 결부되어 있다. 이를테면 여러 집단으로 분류하고, 각각의 집단 이름을 짓고, 속의 수준에서 어떤 차이가 있는지를 결정하고, 화석의 나이를 정하고, 화석 간 관계를 설명하는 것들 말이다. 그러나 화석을 다룰 때 분류 작업 없이는 화석에 대해 어떤 유의미한 논의도 할 수 없으므로, 분류 작업에서 추론 과정이 결부되고 그 분류 작업을 행하는 연구자의 배경 지식과 전제가 함께 추론에 따라오는 것은 피할 수 없는 결과다.

침팬지 대 인간

두 번째 주요 증거는 인간과 유인원을 비교했을 때 나타난다. 원래 인간과 유인원은 해부학 수준에서 비교되었지만, 최근에 제기된 비교 결과는 대부분 분자 규모의 수준에까지 이르는 유사성을 포함한다. 이 단락에서는 먼저 인간과 침팬지 유전자의 수와 구조상 유사점을 살펴보고, 그 후 DNA 염기 서열상 특별히 유사한 부분과 차이점을 알아보도록 하자. 마지막으로 진화의 관점에서 개체군에 일어난 변화가 얼마나 오래되었으며, 얼마나 큰 범위에서 이루어졌는지를 조사하는 데 쓰인 몇몇 기법을 간략하게 기술하도록 하겠다.

2번 염색체. 인간과 유인원의 염색체 사이에 많은 유사성이 있다는 사실은 이미 오래전부터 알려져 있다. 초기 DNA 염색 기술은 인간과 유인원의 많은 염색체가 거의 똑같은 밴드 패턴을 보인다는 점을 보여주었다. 기술이 점차 발달하면서 그 둘 사이가 얼마나 비슷한지를 더욱 명확히 알게 되었다.

모든 유인원은 24개 쌍으로 된 염색체(모두 48개의 염색체)를 가지고 있으나 인간은 23쌍을 가지고 있다. 그러나 인간의 염색체 중 두 번째로 큰 2번 염색체는 두 염색체 끝과 끝이 연결된 것처럼 보이는 몇 가지의 특징을 가지고 있다. 모든 염색체에는 *동원체(centromere), 즉 세포 분열 시 방추 섬유(spindle fiber)가 염색체에 붙는 부분이 있다.[18] 세포 분열 도표에서 동원체는, 복제된 자매 염색분체(chromatid)가 서로 X자 모양으로 부착된 부분의 가운데 지점이기도 하다. 이 부분의 DNA는 매우 반복되는, 순차적인 염기 서열로 구성되어 있고, 단백질을 코드화하는 부분과는 달리 해당 세포의 주기 내내 매우 응축된 상태로 유지된다. 이를 이질염색질(heterochromatin)[19]이라 부른다. 2번 염색체에서 동원체를 중심으로 긴 팔 쪽을 보면 이질염색질처럼 보이는 염기 서열이 존재한다. 이것과 활동 동원체 사이에는 매 염색체 끝에서 발견되는 *말단 소립(telomere)과 매우 비슷한 염기 서열을 보이는 부분이 존재한다. 말단 소립은 매우 많이 반복되는 짧은 염기 서열로 구성되어 있다. 이 염기 서열은 주로 말단 소립에만 나타난다. 게다가 인간의 2번 염색체에 존재하는 유전자 순서가 침팬지의 서로 다른 2개 유전자 순서와 마치 침팬지의 두 염색체의 짧은 팔이 서로 합쳐진 것처럼 일치한다.[20]

---

18) 방추 섬유는 방추사부착점(kinetochore, 단백질 복합체로서 동원체의 DNA와 결합한다)에 달라붙는다.

19) 동원체의 DNA는 CENP-C라는 단백질로 둘러싸여 있고, 해당 염색체의 다른 부분에 있는 DNA는 히스톤(histone)이라는 단백질로 쌓여 있다. CENP-C의 변이형이 방추사부착점에 붙는 데 관여하는 것으로 보인다.

20) 연결 부분에 2개의 침팬지 염색체에서는 보이지 않는 약 15만 쌍의 염기 서열을 가진 DNA가 존

DNA 염기 서열. 수년간 여러 과학 교과서는 특정 부분 DNA의 초기 비교 분석을 기초로 인간과 침팬지의 유전자가 대략 98.5퍼센트 정도 일치한다는 통계 결과를 인용해왔다. 2000~2005년 사이에 과학자들은 인간과 침팬지의 게놈 전체를 분석해냄으로써 염기 서열을 하나하나 비교 분석할 수 있게 되었다. 이 일로 관련 연구가 더욱 명확해졌지만 반대로 혼란스러워지기도 했는데, 이는 때마다 다른 수치가 발표되었기 때문이다. 예를 들어 어떤 것은 더 오래된 연구를 기반으로 했고, 다른 연구는 한 염색체의 초기 분석 결과를 토대로 했으며(Weissenbach, 2004), 또 다른 결과는 침팬지 게놈 전체를 분석한 초안을 바탕으로 했고(Chimpanzee Sequencing and Analysis Consortium, 2005), 이후에 이루어진 또 다른 연구는 Y염색체 염기 서열을 분석한 결과를 바탕으로 했다(Hughes et al., 2010). 더욱이 차이가 때로는 숫자로, 때로는 퍼센트로도 인용되었으므로, 보통 사람들은 왜 보고서 사이에 이런 차이가 있는지를 이해하기 어려웠다. 마크 트웨인(Mark Twain)이 "통계는 거짓을 말하지 않지만, 거짓말쟁이들은 통계를 이용한다"라고 한 말이 아마도 여기에 해당할 것 같다. 마치 연구자가 자기 주장을 더욱 설득력 있게 보이려고 인용할 통계 결과를 고르듯이 말이다.[21]

가장 기본부터 시작하자면, 인간의 게놈은 대략 30억 개의 염기쌍으로 구성되어 있고, 침팬지의 경우 27억 개 정도로 약 10퍼센트 차이가 난다. 이 차이의 대부분은 DNA의 *삽입(insertion)과 *결손(deletion)에서 기인하는 것으로 대략 5백만 쌍 정도 된다. 삽입과 결손의 범위는 30개의

재하며 다른 게놈에 존재하는 염색체들의 한 부분의 사본을 포함하는 것으로 보인다. 이 DNA의 역할은 어떤 것도 아직 알려진 바 없다.

21) 내가 외견상 상충하는 데이터를 많이 인용하는 것도 마찬가지로 내 주장을 더 설득력 있게 보이게 하려는 의도다.

염기쌍부터 수천수만의 염기쌍 정도이며, 그중 7,000개는 인간과 유인원에게 흔한 *알루 인자(Alu elements)다.[22] 또 다른 크기의 차이는 유전자의 *복제 수 변이(copy number variation) 때문인데, 염색체의 어떤 한 부분이 한 종에서 복제되어 2개가 존재하는 경우다. 앞서 언급한 두 염색체가 합쳐진 경우처럼, 9번 염색체에 보이는 *역위(inversion)와 같이 염색체의 특정 부분이 뒤집힌 경우도 존재한다.

이와 같이 게놈상 규모가 큰 변화를 제외하고, 일치되는 부분을 보았을 때 대략 3,500만의 *단일 뉴클레오티드 치환(Single nucleotide substitution, 하나의 염기쌍을 다른 것으로 치환하는 돌연변이로, 1.23% 차이나 98.77% 유사성을 형성한다)이 있는데, 이는 초기 측정치를 입증한다. 단백질을 만드는 유전자상에서 이 측정치는 더욱 높아서 99.4퍼센트까지 유사성을 띤다. 만약 유전자 안에서 일어나는 삽입과 결손을 고려한다 해도, 95퍼센트의 유사성이 발견되므로 여전히 높다(2010년에 Venema에서 있었던 초기 연구에서 인용함). 하지만 유전자 **발현**에서 대략 20퍼센트의 차이가 있으며 단백질로부터 유전자가 만들어지는 시기와 그 양이 다르므로, 인간과 침팬지의 유전자가 유사하다는 점 자체만으로는 그들을 구분해주는 유일한 요소가 되기 어렵다(Weissenbach, 2004).

다른 한편으로, 가장 짧은 염색체상의 단백질 발현 유전자를 비교하면 또 다른 그림을 예상할 수 있다.[23] 가장 짧은 염색체에서 작용하는 231

---

22) 약 백만 개의 알루 인자가 인간한테 나타나고 유인원에는 약 7,000개 이상 존재한다. 각각은 300개의 염기서열로 되어 있고 게놈의 10퍼센트를 구성하고 있다.

23) 인간은 21번 염색체가 가장 짧다. 인간의 염색체는 대개 가장 긴 것부터 짧은 순서대로 번호가 매겨져 있다. 성 염색체인 23번을 제외한 20, 21, 22번 염색체는 육안으로 보면 별 차이가 나지 않는다. 염기 서열을 분석한 결과 실제로는 21번이 제일 짧다고 밝혀졌고, 과학자들은 현명하게 기존의 번호 매김 방식을 그대로 사용하기로 했다. 유인원도 마찬가지로 긴 것부터 짧은 것 순으로 염색체 번호가 매겨졌는데, 염기 서열 분석이 완결되었을 때 인간의 상동염색체와 비교하기 위해 2번 염색체를 2A와 2B로 나누었다. "Mapping chimp chromosome numbers to hu-

개의 유전자 중 39개(17%) 유전자만이 두 종 사이에서 똑같은 단백질을 생산한다.[24] 다른 140개(61%)는 같은 길이를 지녔지만 적어도 한 개의 아미노산의 변화가 있고, 아마도 단백질 기능에 사소한 영향이 있을 것으로 생각된다. 그러나 52개(22%)의 단백질은 길이가 다르고, 그중 47개(20%)가 유전상의 주요 변화와 관련된 것으로 보인다(Weissenbach, 2004).

그렇다면 어떤 것이 맞을까? 만약 단백질을 만드는 침팬지 **유전자** 99.4퍼센트가 인간과 **똑같다면**, 어떻게 83퍼센트의 **단백질이 다르며** 게다가 그중 20퍼센트는 중요한 차이를 보이는가? 어떻게 이것이 가능한지 실례를 들어보도록 하겠다. 우리가 만약 100개의 아미노산으로 구성된 1개의 단백질을 만드는 1개의 유전자를 가지고 있으면, 3개의 뉴클레오티드가 1개의 아미노산을 암호화하므로 유전자 1개는 300개의 뉴클레오티드로 구성된다. 이러한 뉴클레오티드 중 하나가 변해서 아미노산의 변형이 일어났다고 해보자. 한편으로는 300분의 1의 DNA 변형이 일어났으므로 겨우 0.3퍼센트의 변형이 일어났다고 말할 수도 있고, 다른 한편으로는 100분의 1의 아미노산 변형이 일어났으므로 1퍼센트의 변형이 일어났다고 할 수도 있으며, 기존의 단백질과는 다른 단백질이 형성되었으므로 1분의 1, 즉 100%의 단백질 변형이 일어났다고도 할 수 있다. 무엇을 택하든 사실이다. 일례를 들었으므로 실제 상황에서는 수치가 다를 테고 어느 수치가 맞는지 논쟁을 할 수도 있겠지만, 핵심은 똑같다. 어떤 저자가 어떤 수치를 인용하느냐는 그가 독자로 하여금 어떤 결론을 이끌어내기를 원하는지 보여준다.[25]

---

man chromosomes numbers" (January 2012), UCSC Genome Bioinformatics, http://genome.ucsc.edu/FAQ/FAQdownloads#download25를 보라.

24) DNA 자체에 변화가 없다는 말과는 다른 의미다. 왜냐하면 코돈을 만드는 3개의 염기 서열 중 마지막 염기가 많이 변할 경우 아미노산은 변하지 않기 때문이다.

25) 최근 젊은 지구 창조의 관점으로 쓴 Jeffrey Tomkins(2011)의 저서는 인간과 침팬지의 게놈을

게놈의 유사성과 차이라는 주제를 벗어나기 전에 Y염색체에 대해 간단히 살펴볼 필요가 있다. Y염색체는 특별한데, 그것이 남성을 결정하는 염색체일 뿐만 아니라 다른 염색체의 염기 서열을 분석하는 방식으로는 그것을 읽을 수 없는 구조라서 나중에 따로 분석되었기 때문이다. Y염색체도 비슷한 양식으로 되어 있을 것이라는 예상을 뒤엎고, 2010년 「네이처」(Nature)에 Y염색체에 대해 다음과 같은 결과가 발표되었다. Y염색체는 "다른 염색체와 비교했을 때 매우 큰 수준의 변화를 나타내었다." 분석 결과 침팬지의 Y염색체에는 겨우 11개의 유전자가 있었지만, 인간의 Y염색체에는 16개가 있었으며, 유전자의 순서가 방대하게 재배치되어 있었다.

분자시계 연구. 우리는 종종 인간과 유인원이 갈라진 지 얼마나 되었는지를 다루는 글을 읽는다. 마찬가지로, "미토콘드리아 이브"나 "Y염색체 아담"까지 인간의 기원을 역추적하거나 수백만 년 전 과거에 나타났던 가장 작은 크기의 인간 개체군이 어느 정도인지를 결정하는 것과 관련된 글을 자주 접하기도 한다. 이런 진술은 명백히 추론이다. 그러면 원래 근거는 무엇인가? 관련 논증을 제대로 다루기엔 매우 복잡한 수학이 관련되어 있으므로 지면 관계상 불가능하다. 따라서 그 배경에 놓인 논리를 설명하여 독자들이 해당 논증의 기본 원리와 해당 방법론의 가능성 및 한계를 충분히 이해할 수 있도록 설명하고자 한다.

세부적으로는 차이가 있겠지만, 가장 최신의 *분자시계(molecular clock) 모델은 공통적으로 다형성 연구와 관련된다. *다형성(polymorphism)은 말 그대로 "여러 형태"가 있다는 뜻인데, 돌연변이가 일어났을 때 생기

새로이 비교하면서 인간과 침팬지의 게놈이 기껏해야 89퍼센트 정도 비슷하다고 결론지었다. 그는 비교 연산에 사용된 기존 컴퓨터 알고리즘이 전체 유전자의 염기 서열이 아닌 게놈의 일부만을 사용한다고 지적하면서, 기존 분석이 연산 시간을 단축하려고 일치되지 않는 많은 부분을 제거해버렸다고 비판한다.

며 2개의 다른 형태를 지니는 DNA를 형성한다. 많은 경우 돌연변이는 개인의 측면에서 보면 변화가 없거나 아주 작은 변화를 초래하므로 자연 선택에는 영향을 미치지 못한다.[26] 확률 이론은 이런 *중립 돌연변이(neutral mutation)가 대부분 꽤 빠른 시간 안에 무작위적인 기회를 통해 제거되어야 하지만 몇몇은 유지되어 결국 개체군 안에서 "고정될" 것이라고 주장한다. 그래서 개체군 내 모든 개개인은 해당 돌연변이를 지니게 된다. 종분화로든 혹은 지리적 고립으로든 개체군이 나뉘었을 때 갈라진 처음에는 고정된 형태가 두 집단 모두 똑같지만, 그 후에 추가로 일어나는 돌연변이는 두 개체군에서 각각 독립적으로 일어날 것이고 각각 고정될 것이다. 그래서 서로 다른 두 집단에 존재하는 다양성을 근거로 그들이 어떤 형태로 분기했는지를 결정할 수 있게 된다. 이를 통해 상대적인 측면에서 두 개체군이 얼마나 오랫동안 갈라졌는지를 추정할 수 있다. 유효한 개체군의 규모를 예상하는 연구 역시 다형성에 기초를 두지만, 그 연구는 같은 종 안에서 서로 다른 개체 간 다형성을 비교한다.

위와 같은 추정 방식은, 변화가 임의로 일어나며 비교적 일정한 속도로 일어나고 대개는 원래 형태로 되돌아가지 않는다는 특정 가설을 기반으로 한다. 상대 시간이 아닌 실제 시간을 알아맞히려면 분자시계를 보정해야 한다. 보정은 화석들의 변화와 DNA 변화를 비교해보면 된다. 주요 분기점은 화석 기록에 꽤 잘 나와 있다. 예컨대 영장류의 시작점은 잘 드

---

26) 만약 돌연변이가 단백질을 코드화하지 않는 게놈 부위에서 나타날 경우, 또는 코돈 세 번째 위치에 치환(substitution)이 생긴 경우 유전자 생성 물질에 변화를 초래하지는 않을 것이다. 분자 수준에서 일어나는 다른 변화(가령 눈 색깔의 강도 차이와 같은 변화)는 개개인의 적합도에 영향을 미칠 정도는 아니다. 선택압과 관련해 많은 돌연변이가 별 변화를 주지 않는 현상을 가리켜 분자 진화 중립 이론이라고 부른다. 진화에서 중립적/비중립적 돌연변이의 상대적 중요성과 같은 몇몇 주제는 이 이론에서 여전히 논쟁 가운데 있지만, 진화를 주장하는 학자들은 분자시계를 구성하기 위해 중립 돌연변이를 널리 수용하고 있다.

러나며, 영장류와 다른 포유류를 비교하면 이 지점부터 얼마나 많은 분기가 이루어졌는지를 추정할 수 있다. 그 분기 횟수를 시간으로 나누면, 그 계통의 평균 변화 속도를 얻을 수 있다.[27] 이 모든 가정은 진화 모델 안에서 합리적이지만 비진화 모델에서는 성립하지 않는다.

따라서 분자시계 연구를 기반으로 제시되는 실제 증거는 대부분 DNA 상의 다형성이 생긴 분기 위치와 분기 횟수뿐이다. 이러한 증거는 마치 천문학 자료를 우주의 기원을 보여주는 증거로 제시하는 것만큼이나 비전문가들에게는 별다른 의미가 없으므로, 결국 대중에게는 추론만이 발표된다. 따라서 이 경우 현재 맥락에서의 추론을 보면 유인원과 인간이 450만-600만 년 전에 갈라져 나왔고, 모든 인간은 대략 15만-20만 년 전에 살았던 한 여성에게서 그들의 미토콘드리아 DNA를 추적할 수 있으며, 모든 남성의 Y염색체는 6만-9만 년 전에 살았던 한 남성에게로 거슬러 올라간다.[28] 그렇다고 그 남녀가 당시 살았던 유일한 남녀라는 뜻은 아니다. 20만 년 전쯤 생존했던 고대 인간 개체군의 규모를 연구하는 여러 연구에 따르면, 많게는 만 명 이상부터 적게는 천 명에 이르기까지 다양한 수치를 내놓고 있다. 몇몇 연구자는 2만 년 전쯤 적어도 한 번 이상 급작스러운 인구 감소가 있었거나 소수의 인구가 존재했던 시기가 있었을 것이라고 결론지었다(Tenesa et al., 2007). 이제부터는 증거와 관련된 다양한 해석을 살펴보면서 여러 다른 견해가 이 수치들을 조율하는 방식을 보도록 하자.

---

27) 초기에는 돌연변이 정도가 모든 시기, 모든 종간 동일할 것이라고 생각했다. 하지만 이는 사실이 아님이 밝혀졌고 따라서 현재는 특정 진화 계통 안에서 비교할 때만 쓰인다.

28) 더 정확히 말하면, 아마도 Y염색체 아담은 비교적 작은 개체군 안에 한 종류의 Y염색체가 고정된 경우일 것이다. 이처럼 모든 남성의 시조인 최초의 남자 조상은 특정 시대보다는 더 전에 살았던 것으로 생각되고, 아마 미토콘드리아 이브도 마찬가지일 것이다(Venema, 2010).

6.2 각 모델은 증거를 어떻게 해석하는가?

영장류의 화석 기록 또는 분자 수준의 증거를 살펴볼 때 우리는 특정 관점, 즉 기본적으로 진화 또는 창조 관점으로 증거를 보게 된다. 한쪽 측면에서 다른 쪽을 보거나 심지어 관점을 바꾸는 것이 가능할지라도, 양쪽 관점으로 한꺼번에 증거를 다루기란 불가능하다. 마치 마우리츠 에셔 (Maurits C. Escher, 네덜란드의 판화가. 기하학과 수학을 토대로 2차 평면 위에 3차원 공간을 주로 표현함—편집자 주)의 테셀레이션(tessellations)을 볼 때 두 이미지를 동시에 볼 수 없듯이 말이다.[29]

   조금 깊이 들여다보면 다음 3가지 질문이 제기되는데, 이것들은 과학보다는 종교의 질문이고 사람들이 과학적 증거를 검토하기 전에 이미 어느 정도는 제기했던 질문이기도 하다. 그것들은 각각 인간의 영(soul) 또는 혼(spirit)이 있기는 한가, 어떻게 신은 자기 피조물과 소통하는가, 창세기는 어떻게 해석해야 하는가이다. 이 3가지 질문에 관한 믿음의 교차로는 인간의 기원에 관한 증거를 해석하는 4가지 견해로 우리를 인도한다. 첫째로는, 6가지 기원 모델 가운데 오직 한 모델, 자연주의적 진화만이 인간에게는 영혼이 없다고 믿으며 자연 세계만이 실재한다고 주장한다. 둘째 견해에는 비목적론적 진화와 계획된 진화 모델이 포함되는데, 이 해석에 따르면 영은 존재하고 신이 기도에 대한 응답을 통해 세계에 개입하지만, 기원 문제를 포함해 과학으로 탐구하는 영역에는 개입하지 않는다. 세 번째 해석인 인도된 진화에 따르면, 신은 일정하게 그의 피조물과 소통하지만, 창세기 초반의 몇 장은 창조 기간과 메커니즘에 관해 아무것도 알려주지 않는다. 마지막으로, 오래된 지구 창조나 젊은 지구 창조는 신이

---

29) 예를 들어 *Day and Night*, http://tessellation.org/eschergallery8.htm.

자기 피조물과 일정하게 소통한다고 주장하면서 창세기의 처음 몇 장은 신이 어떻게 창조했는지를 알려준다고 믿는다. 각각의 경우 종교와 관련된 믿음이 과학적 증거를 어떻게 해석할지 그리고 인간을 어떤 시각으로 바라볼지를 매우 강력하게 결정한다. 따라서 뒤따르는 분석을 통해 불가피하게 앞장에서보다 종교 문제에 관해 더 많이 논의할 것이다.

자연주의적 진화, 비목적론적 진화, 그리고 계획된 진화에 해당하는 처음 2가지 해석은 과학에 관해서라면 거의 같은 관점을 보인다. 비록 영이 존재하는가 같은 질문에는 서로 다른 견해를 보이지만 말이다. 이것이 가능한 이유는, 위 세 모델이 겹치지 않는 교도권(NOMA, 2장을 보라), 즉 과학과 종교가 서로 다른 질문에 답한다는 원칙을 수용하기 때문이다. 세 번째 해석에 해당하는 인도된 진화의 경우 과학적 증거를 진화로 해석하지만, 앞의 두 진화 관련 해석보다 창조 관련 해석과 비슷하다. 왜냐하면 이 해석은 과학과 종교의 기본 철학적 전제가 상호 관련되어 있고 진리를 아는 데 과학과 종교를 분리할 수 없다고 생각하기 때문이다.

지각이 있는 동물(sentient animal)

자연주의적 진화, 즉 무신론에 기반을 둔 모델에 따르면, 우주에는 관측을 통해 실증할 수 있는 물질이나 에너지 외에는 존재하는 것이 없으므로 논리상 영혼 같은 것은 없어야 하며 우리의 마음은 그저 우리 뇌를 투영한 것일 따름이다. 우리가 죽으면, 우리의 뇌가 기능하지 않게 되면, 우리는 단순히 거기서 끝이다. 마찬가지로 우리 인간이라는 종이 존재하게된 과정이 자연적이고 전혀 인도되지 않았음이 틀림없다고 믿는다. 우리를 다른 동물과 구별해주는 유일한 특성은 인간의 뇌가 더 크다는 것, 즉 우리가 지각 있는(sentient) 동물이라는 점뿐이다.

이 해석에 따르면, 인간은 점진적으로 유인원에서 갈라져 나와 천천히 진화했고, 도구를 쓰고 가축을 길들이며 작물을 재배하고 문화를 전파하는 능력을 아울러 발달시켜왔다. 호미니드 중 우리와 직접 연결되는 조상이 있음은 확실하고, 단지 그중 누구냐가 문제일 뿐이다. 2번 염색체가 융합되어 인간이 출현했다는 점, 단백질을 합성하는 유전자와 합성하지 않는 부분의 염기 서열의 유사성, 특히 인간과 유인원 둘 다 중립 돌연변이가 명백히 유사하다는 점은 인간이 다른 영장류와 진화를 통해 연결되어 있음을 보여주는 강력한 증거다.

분자 가계도와 분자시계라는 개념은 모두 진화 모델 위에 세워졌고, 그 결과 인간과 유인원이 갈라진 시기를 450만-600만 년 전으로 추정할 수 있다. 이 시기는 정확하다고 여겨진다. 하지만 이 기간과 비교해 미토콘드리아 DNA 또는 Y염색체로부터 계산된 시기는 훨씬 짧은데, 이 차이는 어머니가 아들만 자손으로 낳을 경우 엄마의 염색체(chromosomal DNA)는 후손에 전달되지만 엄마의 미토콘드리아 DNA는 개체군에서 사라지는 경우로 설명될 수 있다. 이렇게 몇 세대가 지나면 단 하나의 미토콘드리아 DNA 혈통만 살아남게 된다. 암컷 후손만 소유한 수컷의 Y염색체에도 같은 논리가 적용된다. 이에 그들은 모든 인류의 공통 조상으로 단 한 명의 인간 남성이나 여성이 있던 때가 있었다는 견해는 말이 되지 않는다고 주장한다. 또한 그보다는 개인으로 구성된 군집이 항상 있었으며, 그 군집이 유인원과 공유했던 어떤 공통 조상으로부터 점차 갈라져 나왔다고 주장한다.

특별한 동물(special animal)

비목적론적 진화와 계획된 진화는 과학적 증거를 어떻게 바라보느냐의 측면에서는 자연주의적 진화와 사실상 구별할 수 없다. 이와 똑같은 논쟁이 인간과 다른 동물의 연계를 보여줄 때도 쓰인다. 하지만 자연주의적 진화와는 달리 비목적론적 진화와 계획된 진화는 종교를 과학과 명백하게 구별되는, 타당한 지식 영역으로 본다. 이들은 인간이 영원한 영혼(soul)을 가지고 있다고 주장한다. 신학적으로 볼 때, 이 견해 안에는 기독교를 단지 신을 아는 지식으로 가는 많은 길 가운데 하나로 보는 관점(대부분 비목적론적 진화)에서부터 그리스도를 유일한 길로 보는 관점에 이르기까지 여러 영역이 있다. 하지만 신이 외부에서 우주를 창조했다고 보고 기적을 통해 드물게 간섭하신다는 주장은 이들의 공통된 견해다. 이 견해에 따르면, 신이 보기에 굳이 한 호미니드를 선택해 특별히 자신의 형상을 지니도록 간섭할 필요가 없을지도 모른다(신의 형상이라는 것은 최소한 부분적으로라도 도덕적인 판단을 내릴 수 있는 능력을 포함한다).

진화 모델을 바탕으로, 이 해석은 분자시계 연구를 통해 얻은 결과도 받아들인다. 먼저 추론할 수 있는 한 가지 사실은, 갑자기 같은 시간대에 한 남성과 한 여성만 남을 정도로 급작스러운 인구 감소는 결코 없었으므로, 이 견해를 주장하는 이들은 인간의 조상인 아담과 하와가 각각 개인인 남녀였다고 보지 않는다. 만약 인간이 특정 시기의 한 남성과 한 여성에게서 나오지 않았다면, 인간이 어떻게 발생했는지를 다양하게 설명할 수 있다. 우선, 수많은 유인원 세대를 지나면서 신과 인간의 죄에 대한 지각이 느리게 발생했을 수 있고, 따라서 (갑자기) 인간 직전의 종이 인간이 된 특정 시점은 없다.[30] 이 해석은 다윈의 점진주의나 자연 과정에 신의 개입이 없다는 개념에 들어맞으며, 오늘날 진화적 창조(evolutionary creation)를 옹호하는 이들이 대부분 지지하는 견해다. 한편, 어떤 특정 시기에 인간에게 인간됨(humanness)이 (갑자기) 나타났다는 주장을 펴는, 진

---

30) 이런 방식으로 인간이 영적 존재가 되었다는 주장을 점진적 다원발생설(gradual polygenism)이라고 부른다(Lamoureux, 2008: 8장; BioLogos Foundation, 2011).

화 관련 견해가 다음과 같이 2가지 존재한다.

특별한 목적(special purpose)

인도된 진화에서 제안하는 해석은 매우 다른 신학적 견해에서 나오는데, 그들은 신이 지속적으로 친밀하게 창조에 관여한다고 믿는다. 이 시각에 따르면 신은 단순히 어떤 특정 기간에만 관여하는 것이 아니라 끊임없이 유지하고 감독하는 데 관여한다고 기술하는 편이 더 정확할 것이다.[31] 그러므로 신은 자신의 목적을 이 땅에서 성취하기 위해 항상 일하고 있다. 인간을 유인원 혈통에서 분리해 점차 그 형태를 빚었든지 혹은 즉시 혼(spirit)을 불어넣어 인간의 형상으로 만들었든지 관계없이 말이다.[32] 앞서 논한 비목적론적 진화나 계획된 진화와 마찬가지로 이 인도된 진화 모델에서도 과학적 증거는 대부분 진화의 관점으로 해석된다. 그러므로 발견된 화석 중 최소한 몇 개는 인간 혈통이라고 해석될 수 있다. 그러나 종의 기원을 논할 때와 마찬가지로 인도된 진화는 화석 기록상의 도약을 중간 이행이 있었으나 그것이 화석에 완벽히 기록되지 못한 표지로 보지 않고, 실제 종이 화석 기록에 보이는 대로 그렇게 도약해 발생했다고 주장한다. 앞서 언급했듯이 분명히 이 견해를 취하는 과학자가 있긴 하지만, 내가 아는 한 이 진영에서 신학과 과학의 틈을 이어주는 완전한 작업이 나온 적은 아직 없다.[33] 이 주장과 앞서 언급했던 견해와의 차이는, 인간 전 단

---

31) 우리는 신이 자연법칙에서 벗어나는 것에만 관여한다고 생각하지만, 이는 이를테면 다음과 비슷하다. 아이가 선물만을 부모에게 받았다고 생각할 수 있지만, 실제로는 그 아이에게 공급되는 모든 것이 부모에게서 온 것과 같은 이치다.

32) 여기서 혼(spirit)이라는 용어는 앞에서 언급된 두 견해를 설명하기 위해 썼던 영혼(soul)이란 단어를 대신해 쓰였다. 영혼과 혼이 어떻게 다른지에 관한 질문은 신학적으로는 여전히 논쟁 중이다. 하지만 종종 영혼은 다른 동물에게도 있는 보편적인 생명의 힘이고, 혼은 신의 특별한 형상으로 인간만이 가지고 있는 속성이라고 여겨진다.

33) Venema은 (예를 들어 Behe처럼) 지적 설계를 주장하는 몇몇 이는 인간과 침팬지의 공통 조상

계의 조상이 인간이 된 특정 시점이 있었는지를 인정하느냐의 여부에 있다. 다시 말해 그 차이는, 진화가 진행 중인 인간 전 단계 조상에서 한 쌍의 개인을 선택해 신이 자신의 형상을 부여했는지 아니면 어떤 한 순간에 인간 전 단계 조상 전체 개체에 신이 자신의 이미지를 부여했는지에 있다.[34] 아마도 각 모델 내에서도 아담을 어느 시점에 위치시킬 것이냐에 따라서도 관점이 나뉠 수 있는데, 가령 아담을 호모 종의 첫 번째 대표로 놓거나 아니면 첫 번째 호모 사피엔스로 놓거나, 또는 아예 그보다도 더 이후에 나타난 종으로 놓을 수 있을 것이다.

인도된 진화를 지지하는 이들은 2가지 측면에서 비목적론적 진화와 계획된 진화를 반박하는데, 그 둘은 모두 분자 영역의 증거와 관련된다. 첫째, 인도된 진화는 다른 두 창조 모델과 마찬가지로 인간과 유인원 사이 유사성의 비율이 아니라 변화된 양상의 수치에 더 비중을 두고 있다. 현재 증거에 따르면, 약 4천만 정도의 DNA 염기 서열 변화가 6백만 년을 지나며 일어났는데, 이는 약 20퍼센트 단백질의 구조와 발현의 실제 변화를 포함한다. 진화를 옹호하는 과학자들은 인간의 계통에 급격한 변화(다시 말해 자연 선택에 의한 점진적 변화를 의미하는 급격한 진화)가 있었고 그 변화는 예상보다 훨씬 빨랐다는 것을 인정한다. 그들은 특히 신경 체계와 관련된 유전자에 급격한 변화가 있었다고 보고 있다(Dorus et al., 2004). 다른 종의 기원과 마찬가지로 인도된 진화는 이런 변화가 무작위로 일어났다기보다는 목적을 가지고 인도되었다고 주장한다. 둘째, 변화에 방향성이 있었고 변화의 시기가 무작위로 점진적으로 나타난 게 아니라 도약이 있

___

이 있다는 점을 받아들이면서 Venema가 "아담과 하와를 인류의 생물학적 조상으로 여기는 진화적 창조(즉 evolutionary monogenism)"라고 명명하는 견해를 주장한다는 데 주의해야 한다고 말한다(Venema, 2010: 각주 52번).

34) 이 두 관점은 각각 진화적 일원발생설(evolutionary monogenism), 일회적 다원발생설(punctiliar polygenism)이라고 불린다(Lamoureux, 2008: 8장).

었다고 한다면, 이는 분자시계 연구가 분기된 시간과 개체군 크기를 계산하는 데 의존하는 기본 전제와는 모순된다고 주장한다는 점에서, 인도된 진화는 비목적론적 진화나 계획된 진화와는 다른 견해를 제시한다.

특별한 창조(special creation)

마지막 해석은 두 창조 모델, 오래된 지구 창조와 젊은 지구 창조다. 언제 창조가 일어났느냐는 질문에는 서로 다른 견해를 제시하지만, 이 두 모델은 신이 공통 조상을 통해서가 아니라 직접 인간의 몸을 만들고 혼을 불어넣어 아담과 하와 두 사람을 만들었다고 믿는다.[35] 물론 이것은 진화 모델 쪽에서 보면 현저히 다른 관점이다. 비록 마이어(Mayr)가 "양식을 갖춘 배운 사람이라면 인간이 영장류 조상, 더 구체적으로는 유인원에게서 내려온 후손이라는 데 더는 의문을 던지지 않는다"(2001: 235)라고 주장하지만, 설문 조사에 따르면 미국 인구 거의 절반이 아직도 진화에 의문을 제기하고 있다.[36]

　이 해석에 따르면, 모든 문제가 되는 화석은 유인원 아니면 인간으로만 분류될 수 있을 뿐 그 사이의 이행 화석으로 볼 수는 없다. 흔히 오래된 지구 창조는 모든 **호모** 화석을 인간으로 본다. 반면에 젊은 지구 창조

---

35) 이런 관점은 일회적 일원발생설(punctiliar monogenisism)인데, 하나님의 형상이 특정 시간 (*punc*, 한 시점)에 한 부부(*mono*, 하나의; *gen*, 시작)에게 주어졌다는 뜻이다(Lamoureux, 2008: 8장).

36) 진화를 지지하는 저널에서 실시한 여론 조사에 따르면, 일반 대중 48퍼센트와 고등학교 생물 교사 16퍼센트가 "지난 1만 년 전쯤 신이 비교적 지금과 같은 형태로 단번에 인간을 창조했다"라고 생각하고, 전체의 30퍼센트와 47퍼센트의 고등학교 교사가 "인간은 수백만 년을 거쳐 변화했으며…신이 이 과정을 인도했다"라고 대답했다." 설문에는 오래된 지구 창조를 위한 선택 항목이 없었지만, 만약 있었다면 아마도 위 대답을 한 사람들이 둘로 나뉘었을 것이다. 다른 선택 사항은 "인간은 수백만 년을 거쳐 변화되었다.…그러나 신은 이 과정에 개입하지 않았다"인데 전체의 13퍼센트 그리고 고등학교 생물 교사의 28퍼센트가 여기에 손을 들었다. 두 집단 가운데 9퍼센트는 대답을 하지 않았거나 어떤 견해를 취하지 않았다(Berkman, Pacheco & Plutzer, 2008).

는 주로 **호모 사피엔스**만 인간으로 보는 경향이 있다. 진화에 근거를 둔 관점 사이에 화석의 분류, 종의 수 또는 그 사이의 연관성에 대해 의견의 불일치가 있듯이, 창조를 옹호하는 견해 사이에도 이런 종류의 의견 불일치가 있다고 예상할 수 있다. 덧붙여 젊은 지구 창조는 다른 화석과 연대 측정 방식에도 의구심을 보인다.

분자 단계의 자료와 관련하여 이 두 모델은 다른 종의 기원과 마찬가지로 침팬지와의 유사성은 공통 설계에 기인할 뿐 공통 혈통에 기인하지 않는다고 주장한다.[37] 아울러 인도된 진화와 마찬가지로, 순전히 돌연변이가 일어난 횟수만 살펴봐도 진화가 신의 인도 없이 진행되었다는 견해를 반박한다고 여긴다. 게놈의 모든 변화는 어떤 (특정) 기능을 가지고 있다는 가정에 유기체들이 공통 혈통이 아닌 공통 설계에 의해 유사하다는 주장까지 더하게 되면, 분자시계 모델의 기본 가정에 큰 의문을 던지게 된다. 따라서 창조 모델들은 분자시계 모델의 가정으로부터 추론된 결과 역시 합당하지 않다고 주장한다.

6.3 어떤 차이가 생기는가?

인간에게 혼이 있는지, 아담이 역사적으로 존재했는지, 창세기의 첫 번째 장을 어떻게 해석해야 하는지 등의 질문이 무슨 차이를 낳겠는가? 예상할 수 있듯이, 각 질문을 얼마나 중요하게 여기느냐는 우리가 어떤 모델

---

37) 오래된 지구 창조를 옹호하는 이들로 구성된 한 단체는 최근 2번 염색체가 두 염색체가 합쳐진 모양을 하고 있다는 점을 받아들였는데, 이에 대한 그들의 설명은 신이 "이미 존재하는 '원형'(template)을 이용하여 재조합해 인간의 물리적 형상을 만들었고, 그 후 자기 형상을 불어넣었다"라고 이야기한다(Rana, 2010). 이는 전통적인 오래된 지구 창조 모델로부터 인도된 진화 쪽으로의 관점 전환을 의미한다.

을 지지하는가에 달려 있다. 특히 그 중요성에 대해 완고한 태도를 보이는 양 극단에 위치한 모델의 경우 더더욱 그러하다. 신학적으로, 개인적으로, 그리고 사회적으로 이런 질문이 어떤 차이를 낳는지를 간단히 살펴보기로 하자.

신학적 문제

앞서 이야기했듯이, 우리는 우리의 철학적·종교적 관점을 벗어나서, 그리고 다른 사람의 관점을 암시적으로든 명시적으로든 판단해보지 않고서는 인류의 기원을 이야기할 수 없다. 자연주의적 진화를 옹호하는 이들은 경험적인 과학으로 연구할 수 없는 것은 존재하지 않는다고 믿으며, 혼의 존재를 믿는 이들을 가리켜 망상에 빠진 것으로 생각할 뿐 아니라 이를 겉으로도 종종 표현한다. 다른 한편으로 그리스도인을 비롯해 다른 유신론자는 자연주의적 진화주의자를 가리켜 자신뿐 아니라 다른 사람까지 속이는 타락한 영혼이라고 부른다.

기독교 공동체 내에서라면 그런 일이 없으리라 생각할지도 모르겠지만, 신자들 사이에도 신학적 견해차로 서로에게 적대적인 경우가 종종 있다. 젊은 지구 창조를 받아들이는 많은 이는 성경에 대한 자신의 해석이 정확하다고 굳게 확신하면서, 다른 모델을 지지하는 이들을 가리켜 영원하고 변함없는 성경의 진리를 항상 변동하는 과학적 생각 따위로 대체하려 함으로써 사단의 거짓말에 놀아나는 타협한 사람들이라고 부른다. 동시에 유신론적 진화를 지지하는 이들은 오히려 젊은 지구 창조론자들이야말로 과학으로 읽히도록 의도되지 않은 성경을 과학 텍스트로 해석하도록 몰아붙여 성경 해석의 원칙을 어기는 사람들이라고 비판한다. 아울러 창조론자들이 명백한 과학적 사실조차 있는 그대로 받아들이지 않는 바람에 기독교에 마음의 문을 열 수도 있는 과학자들에게 걸림돌이 되었다고 비난한다(Carlson & Longman, 2010: 138).

요점은 어떻게 창세기를 해석하느냐다. 예를 들어 창조에 걸렸던 6일간의 시간, 아담의 존재, 노아의 대홍수 같은 것 말이다. 혹자는 기록된 문자 그대로 받아들이는 것은 해석 행위가 아니라고 주장하지만, 실제로는 그렇지 않다. 우리가 보고 듣고 경험하는 모든 것은 해석 과정을 거친다. 무엇이든 말로 표현하는 것은 자동으로 해석의 과정이다. 예컨대 내가 신호등 중간에 있는 빛을 보고 노란색이라고 부를 때, 내 눈은 특정 파장의 빛에 반응하고 뇌에 그 파장의 존재에 관해 메시지를 보내고 뇌는 그것을 이미 저장된 데이터베이스와 비교해 그 결과로 "노란색"이란 반응을 내놓게 된다. 그러나 많은 경우 신호등의 "노란색"은 실제로는 호박색이며 다른 상황에서는 "주황색"으로 불릴 수도 있다. 게다가 내가 "그가 노란불에 가버렸어"라고 쓴다면, 현재 독자들은 명확히 이해하겠지만,[38] 4,000년 전 독자들은 내가 무슨 종류의 빛을 말하는지, 어떻게 노란불에 가버릴 수 있는지, 의미 전달이 잘 되지 않을 것이다.

성경을 문자 그대로 받아들이는(literalism) 사람들은 성경 안에는 문자 그대로 받아들이면 안 되는 부분이 있다는 것을 인정하지만, 성경을 문자 그대로 받아들이는 것이 기본이고 다르게 해석할 경우는 그렇게 해석해야 할 압도적인 증거가 확실히 있을 때뿐이라고 말한다. 그들은 예수와 신약 저자들이 아담을 가리켜 한 명의 실제 개인으로 말하고 있다는 점을 특히 강조한다.[39] 진화 모델을 옹호하는 많은 사람은 이 문제에 대해 문자

---

38) 우리는 자동으로 이것을 다음과 같이 해석한다. "신호등에 노란불이 켜졌을 때, 그는 교차로를 향해 자기 차를 몰고 있었고, 이는 그가 안전을 위해서라면 차를 멈춰야 했다는 것을 의미한다." 원본과 비교해 얼마나 많은 정보가 자동으로 우리의 지식을 통해 공급되었는지를 주의해서 볼 필요가 있다.

39) 어떤 사람들은 "누군가가 행한 일"을 말하는 것과 그 사람이 "실제로 존재하는 개인"이라고 보는 것은 같은 개념이 아니라고 주장한다. 예컨대 신데렐라 이야기처럼 보통 우리가 잘 아는 이야기

적 해석이 맞을 수 없는 수많은 과학적 증거가 있다고 이야기한다.[40] 소수 견해를 대표하는 어떤 보수 신학자는 창세기를 가장 "문자적으로" 읽는 방법은 성경의 원래 독자에게 가장 자연스럽게 다가가는 방법으로, 창조를 24시간 또는 순차적 기간에 일어난 사건이 아니라 신이 자신의 성전을 세우고 그곳에 머무신 사건으로 읽어야 한다고 주장한다(Walton, 2009).

인류의 기원을 설명하는 해석을 선택한다는 것은 우리의 신학적 태도를 반영할 뿐만 아니라 때로는 우리의 신학 자체에 영향을 끼치기도 한다. 예를 들어 만약 아담이 한 개인이 아니었다면 죄와 속죄 교리에 영향을 미칠 것이다. 젊은 지구 창조 진영에서 주로 고려하는 죽음의 문제, 특히 타락 이전의 죽음은 위와 관련돼 있다.[41] 이러한 교리는 하나님이 직접 계시한 것이 아니라 인간이 만든 것이지만, 교회의 오랜 전통에 그 뿌리를 두고 있고 성경만큼이나 귀하게 여겨지고 있다.

분명 이런 주제는 쉽게 해결될 성격은 아니다. 이에 대해 모두가 자기 의견을 존중하듯 다른 사람의 의견도 존중해야 하고, 창세기를 쓴 원래 저자의 의도를 알 수 없으므로 판단을 보류해야 한다고 말하는 것은 의미가 없다. 위의 문제들은 우리가 판단을 보류할 수 있는 성격도 아니다. 그것들이 우리의 내부 깊은 곳에 있는 감정을 이끌어내고 우리가 어떤 존

에서 신데렐라가 이러저러한 일을 했다고 말할 때 신데렐라가 실제로 존재했던 인물이 아니라는 사실을 우리가 다 알고 있는지를 굳이 확인하지 않듯이 말이다.

40) 아담과 하와 이야기를 어떻게 해석하느냐에 대한 질문은 이미 오래되었고, 그것이 진화라는 주제와 배타적으로 관련된 성격의 주제도 아니라는 데 주목해야 한다. 교부들은 이 주제에 관해 다양한 견해를 제시했다.

41) 젊은 지구 창조에 따르면, 성경에 아담과 하와의 타락 전에는 인간과 동물의 죽음이 없었다고 나오기 때문에 이는 창조와 타락 사이에 짧더라도 일정 기간의 시간이 있었어야 한다. 다른 기독교 관련 모델들은 물리적 육체의 죽음과 영의 죽음을 구분하거나(진화론적 입장), 동물의 죽음과 인간의 죽음을 구분한다(오래된 지구 창조 모델).

재인가를 묻는 정체성 문제에 영향을 미치기 때문이다. 우리는 이에 대해 어떤 확실한 대답이 필요하다.

개인의 정체성

인류의 기원을 보는 우리의 관점에 영향을 받는 두 번째 영역은 개개인의 정체성이다. 이 부분은 크게 유신론과 무신론 견해로 나뉜다. 만약 자연주의가 맞고 영혼 같은 것은 존재하지 않는다면, 죽을 때 우리 존재는 완전히 끝난다. 이 견해의 논리적 귀결은 허무주의 또는 실존주의뿐이다. 인생은 의미가 없으며 하고 싶은 대로 하면 되거나, 혹은 상대주의 관점에서 볼 때 우리를 위해 의미를 창조하는 것은 우리 자신이며 이에 대해 어느 누구도 우리가 선택한 목적이 좋은지 나쁜지를 말할 수 없다.

만약 유신론이 맞는다면 개인을 초월하는 도덕 기준이 있고, 현세의 삶을 넘어서는 목적도 마찬가지로 존재한다. 이는 특히 고통 속에 있는 많은 사람에게 희망을 주지만, 역사적으로 많은 위대한 사상가를 힘들게 했던 바로 그 질문, 즉 신이 진실로 선하시다면 고통이 왜 존재하느냐는 신학적 질문을 불러일으킨다.

1장에서 이야기했듯이, 우리 각자는 개인의 철학을 가지고 있으나 그 철학은 우리가 몸담은 사회의 세계관에 많은 영향을 받으며 형성된다. 그러므로 개인 철학의 변화가 일어나려면 종종 우리 사회의 변화가 있어야 한다. 몇몇 개신교 교회와 종파는 과학과 성경 두 부분에서 다양한 해석에 대해 열린 생각을 보여주지만, 대부분은 그렇지 못하다. 불가능한 것은 아니겠지만, 개개인이 맺고 있는 사회관계가 많은 부분에서 자신의 관점을 바꾸기 어렵게 한다. 개인의 생각은 공동체 전체가 통일되어 있어야 한다는 사회적 약속 때문에 무시된다. 과학 이론의 변화가 그렇듯이, 사상의 변화는 영향력 있는 새로운 지도자가 나타나거나 시간이 흘러 세대가 교체되어야 이루어지곤 한다.

사회적 문제

인간이란 무엇인가에 대한 우리의 견해는 사회적 의미도 함축하지만, 물질계를 넘어서는 무언가가 존재하느냐는 기본적인 질문을 먼저 하게 만든다. 순식간에 직접 창조되었든 또는 점진적인 과정을 거쳤든 우리가 하나님의 형상대로 창조되었다면, 우리는 동물 이상의 선천적인 가치를 지닌 존재다. 그렇다면 박애주의에 근거한 노력은 단지 다른 사람을 돕고 그것으로 보람을 느끼는 것이 아니라 궁핍한 자에게 베푸시는 하나님의 사랑을 반영한다는 뜻이다.

반대로 만약 우리가 다른 동물과 마찬가지이며 단지 지능이 조금 더 뛰어나고 생존을 위해 발버둥치는 존재에 불과하다면, 이 역시 사회적 의미를 지니게 된다. 많은 다윈주의자가 부정하지만, 자연주의적 다윈주의의 논리적 귀결은 사회적 다윈주의다. 이에 따르면 한정된 자원 때문에 갈등이 있을 경우, 약한 개체를 개체군에서 제거해버리는 것이 전체 이익에 최선일 것이다. 또한 다양한 정신적·신체적 질병으로 고통 받는 이들은 유전자 풀에서 지원을 끊든지 또는 안락사를 시키든지 해서 제거해야만 한다. 이 부분에 대해 저변에 깔린 문제와 그 결과는 다른 곳에서 충분히 다루고 있다. 따라서 여기서는 자세히 다루지 않을 것이다.

그러므로 기원 논쟁은 과학 차원의 의문에 국한되지 않는다. 기원 논쟁은 인간으로 존재한다는 것이 무엇을 의미하느냐는 질문에 직격탄을 날리고 사회 여러 영역에 많은 영향을 미치기 때문이다. 하지만 가장 큰 차이는 종종 단순하게 묘사되듯이 진화냐 또는 창조냐가 아니다. 우리가 살펴보았듯이, 유신론적인 견해 안에도 과학적 증거를 다루는 서로 다른 해석이 존재하며 그중에는 진화와 창조 모델 둘 다로부터 변형된 여러 견해가 존재한다. 이런 견해는 모두 신이 존재하고 인간이 신의 형상을 지니고 있으며 고유한 가치를 지닌다는 데 동의한다. 무신론에 근거한 기원 관점은 이것에 동의하지 않는다. 다만 인간은 지각이 있는 동물 그 이상은 아니며 우리 자신은 중요하지만 넓은 의미에서 본질적 가치는 없다고 본다. 이것이 바로 우리가 다른 유기체(피조물이 아닌 유기체)와 마찬가지로 목적 없는 자연 과정의 결과이며 우리의 존재가 의도된 것은 아니라고 말할 때 학교 교과서가 전달하게 되는 메시지다. 그리고 바로 이것이야말로 지적 설계와 창조 모델을 옹호하는 이들이 진화 그 자체보다 더 반대하는 것이다.[42]

---

42) 2장의 지적 설계에 대한 설명, 특히 각주 37번을 참조하라.

7장

각 모델에서 무엇을 배울 수 있는가?

나는 3-6장을 통해 가능한 한 객관적으로 기원에 관한 다양한 증거와 해석을 소개하고자 했다. 또한 각 모델의 논리를 설명해주고 어떻게 각 모델의 논거가 해당 모델을 뒷받침하는 철학적 전제에 기초하고 있는지를 보여주려고 했다. 이 장에서는 각 모델의 장점과 단점을 살펴보고자 한다. 이 경우에도 각 모델의 철학적 전제와 관련 가설에 대한 평가는 자제하려고 한다. 대신에 각 모델이 과학에 기여한 바를 살펴보고, 고민해야 할 단점은 무엇인지 제시하고자 한다. 각각의 경우 해당 모델을 제외한 다른 모델들은 해당 모델의 기여를 숙고할 필요가 있다.

기원에 관한 문제는 퍼즐과 같다. 분명한 점은 전체 퍼즐을 맞춘 모델이 아직은 없다는 사실이다. 심지어 모든 퍼즐 조각을 수중에 쥔 모델조차 없다. 이는 마치 커다란 퍼즐을 맞추면서 비슷한 색깔이나 패턴의 퍼즐 조각들을 먼저 모아서 합쳐보고 그다음에야 자신이 맞춰본 부분과 다른 사람들이 맞춰본 부분이 서로 어떻게 들어맞는가를 보는 것과 마찬가지다. 똑같은 방식이 다양한 과학 영역과 기원에 관한 모델에도 적용된다. 각 모델 집단은 자신의 분야에만 노력을 기울이지만, 때때로 어떤 이들은 다른 이의 연구를 살펴보다가 허점이 있는 부분에 꼭 맞는 조각을 찾게 되는 경우도 있다. 그 조각이 제공되었을 때, 빈틈을 메우려는 이는 그 조각이 자기의 빈틈에 적합할 것이라고 믿지 않을 수도 있다. 실제로 대개는 그렇지만, 때때로 들어맞는 경우도 있다.

우리는 같은 퍼즐 조각을 가지고 씨름하고 있고 퍼즐을 완성하려면 결국 함께 맞춰야 한다. 마침내 우리가 성공하더라도, (유신론과 무신론이라는) 서로 다른 방향에서 같은 그림을 바라보기 때문에 완성된 결과를 이해할 때 같은 시각으로 보지는 못할 것이다.

7.1 어떤 증거가 설명이 필요한가?

토론을 하거나 법정에 선 상황에서 다툼을 벌이는 양쪽 진영은 대개 어떤 것이 증거로 채택되어야 하는지 제한을 두려고 노력한다. 자기편에 유리한 증거와 관련 주장은 제시하는 반면 불리한 증거는 깎아내린다. 논쟁에 승리하기 위해서라면 좋겠지만, 과학적으로 이것은 올바른 방법이 아니다. 출발점에서 우리는 어떤 증거가 존재하고 그것을 설명해야 할 필요가 있다는 데 동의해야 한다. 그렇지 않으면, 코끼리를 만지는 6명의 맹인과 다를 바 없다.

6명의 맹인

6명의 맹인이 코끼리가 어떻게 생겼는지를 알아보기 위해 코끼리를 관찰하는 방법에 관한 옛날이야기를 알고 있을 것이다. 상아를 만진 맹인은 코끼리가 단단하고 매끄러우며 끝이 뾰족하다고 말하고, 그 옆에 이리저리 꿈틀거리는 코를 부여잡은 사람은 그게 아니라 뱀처럼 생겼다고 말한다. 우연히 귀를 만진 세 번째 맹인은 커다란 부채를 더 닮았다고 확신한다. 편평한 부분을 만진 네 번째 사람은 벽이라고 주장하고, 다리를 더듬은 다음 맹인은 코끼리가 나무 같다고 선언한다. 마지막으로 꼬리를 쥐고 있던 맹인은 줄과 같다고 자신 있게 말한다. 그들은 각자 자신의 관찰이 정확하다고 굳게 확신하며 서로 비방한다. 이 이야기는 기원에 관한 여섯 모델에도 자주 적용된다.

각각의 모델은 자기가 내린 결론을 확신할 뿐 아니라 서로 다른 표현을 사용하여 상호 소통을 어렵게 만든다. 예컨대 어떤 학술 분야든 구조주의 대 기능주의, 보편주의 대 변용주의 등이 대립하면서 서로 다른 자신만의 전문 용어를 사용해, 이를테면 규범적이거나 서술적인 관점으로 각자 실재와 관련된 견해를 제시할 수 있다. 한 분야 내에서도 이러한데 여러 학문 분야가 한데 모여, 예컨대 경험적이거나 비경험적인 관점과 다양한 철학적·신학적 전제를 기반으로 각자 자기 특유의 용어를 사용하여 탐구하는 기원 문제에 이르게 되면, 각각의 집단이 의미 있는 방향으로 소통하기란 거의 불가능하다. 그뿐 아니라 그들이 그러기를 원하는 것 같지도 않다.[1] 진정한 소통을 원하는 이들은 다른 분야의 언어를 배워서 다른 이들의 세계관을 통해 세상을 보는 법을 배워야 한다. 뿐만 아니라 오늘날 대다수 분야의 실제 자료는 매우 전문적이라 그 분야의 전문가들만 이를 이해할 수 있다. 이것을 비전문적인 언어로 요약해 제시할 때는 작성자의 기대나 철학적 전제에 영향을 받게 되고 이에 대해 다른 집단은 그 요약만을 보고 반대하게 된다. 결국 그 밑바닥에 깔린 철학에 동의하지 않을 때는 무슨 이야기를 해도 믿지 않게 되기 때문이다. 이러한 난관을 해결할 방법이 있을까?

동의하지 않는다는 데 동의하기

의미 있는 대화를 위한 중요한 출발점은 소통 자체를 하고자 원하는 데 있다. 단지 자기주장을 상대방에게 전달하고자 애쓰는 일방적인 방식이 아니라 서로 공통점은 있는지, 다른 점은 무엇이며 왜 다른지를 찾기 위해 실제로 귀를 기울이며 이해하고자 하는 노력 말이다. 그러려면 상대와

---

1) 바꿔 말하면, "각 진영은 자기만의 단체, 학술지, 연락망, 자기만의 용어, 신화, 영웅, 음모 이론, 공포 소설, 비관적 예측, 정설의 기준, 충성심 테스트 등을 발달시킨다"(Ratzsch, 1996: 9).

상대의 견해를 존중하고 배려해야 한다. 그러나 불행히도 소통의 출발부터, 즉 애초부터 소통하기를 원하지 않는 경우가 많다.

단언컨대 이 장에는 독자가 동의할 수 없는 내용이 **분명히 있을 것이다.**[2] 독자가 어떤 견해도 취하지 않는다면 모를까, 분명히 그럴 것이다. 이제부터 내가 각 모델의 장점과 단점이라고 생각하는 것들을 제시할 텐데, 누구도 자신의 모델에 문제가 있다고 인정하고 싶지 않을 것이기 때문이다. 하지만 최대한 공정하게 이를 다룰 것이고, 각 모델에 대해 옳고 그름을 말하기보다 상대방이 고려해야 할, 각각의 모델이 제시하는 중요한 증거를 보여주고자 한다.[3]

7.2 각 모델이 어떤 부분에 공헌했는가?

논쟁이 형성되려면 양측의 주장이 각각 나름 합리적이어서 상당수 대중을 차지하는 비과학자들에게 설득력이 있어야만 한다. 하지만 여기서는 각 모델이 펴는 주장이나 추론을 줄줄 늘어놓을 생각은 없다. 다시 말하지만, 개별 모델만이 잘 설명할 수 있는 증거가 아니라 각 모델이 **모든** 증거를 효과적으로 설명하는 것이 중요하다.

유감스럽지만 대중은 현실적으로 실제 자료를 전혀 볼 수 없다. 증거로 제시된 자료는 언제나 대중에게 알려지기 전에 미리 해당 분야 전문가

---

2) 내 책을 검토했던 이들 중 한 명은 "가능성 극복하기" 단락에 기술한 내 해석을 강력히 반대했다. 물론 그의 의견을 존중하지만, 그 역시 이 부분에서 비난받았던 모델 중 하나를 옹호하고 있다. 또한 그의 의견 일부를 살펴보면, 그는 내 주장을 완전히 이해하지 못한 것 같다. 이 책에서 조금 더 그 부분을 명확히 하고자 노력했다.

3) 분명히 이 작업에도 어떤 증거가 중요하다고 생각하는지에 관한 내 판단이 포함된다. 따라서 내가 중요하게 생각하는 것이 무엇인지 드러날 것이고 은연중에 내 견해가 드러날 수밖에 없을 것이다.

들이 어느 정도 선별하여 해석해놓은 것이다. 이는 현재 과학 기술의 상태를 볼 때 불가피한 일이다. 모든 분야에 전문가가 되기란 불가능하고 과학의 많은 부분이 간접 증거에 의존하고 있기 때문이다.[4] 현재 기원에 관한 질문을 이해하는 데 기여하는 분야 중 많은 분야가 20년 전에는 존재하지도 않았고, 현재 사용되는 최신 자료를 수집·분석하는 방법도 그때는 개발되지 않았다. 불행히도 연구를 통해 밝혀진 것이 교과서에 실리기까지 지체되는 시간이 있다는 사실은 곧 극소수만이 최신 증거를 알게 된다는 것을 의미한다. 즉 대중은 최신 뉴스에 실리는 축약된 형태만을 접하게 된다는 뜻이다. 게다가 뉴스에는 머리기사를 장식할 만한 것만 골라 싣고, 그것에 대한 수정이나 반박 보도는 관심을 받지도 못하는 현실이 대부분이다. 그러므로 과학자들만 알고 있고 대중 서적이나 교과서에는 실리지 않은 증거에 대해 대중의 관심을 불러일으키는 것도 때때로 큰 공헌이 된다.

다음 단락부터는 각 모델을 개별적으로 언급하기보다는 과학적 데이터를 해석하는 큰 4가지 틀에 관해 이야기하려고 한다. 2가지 주된 진화 관련 해석이 있다. 하나는 신다윈주의(neo-Darwinism)이며 다른 하나는 비다윈주의(non-Darwinism)다. 각 해석에는 무신론 관점과 유신론 관점이 다 존재하지만, 이 둘은 우주의 기원에 이르기까지 과학적 증거에 대해 비슷한 방식으로 접근한다. 창조 관련 모델로는 젊은 지구 창조와 오래된 지구 창조가 있다. 아울러 서로 대립하는 모델이 자신의 기본 전제에 의거해 특정 증거를 무시하게 되는 이유, 다른 말로 하면 우리는 우리가 보고 싶은 것만 보는 이유를 살펴보고자 한다.

---

4) 간접 증거에 관한 내용은 3장의 각주 7번을 보라.

신다윈주의의 기여

우선 자연주의적 진화, 비목적론적 진화, 계획된 진화를 주장하는 이들이 대부분 옹호하는 "표준적인" 진화를 살펴보자. 대략 이 분야가 공헌한 점은 신다윈주의의 2가지 중요한 전제와 관련이 있다. 그것은 각각 점진적 변화와 공통 조상 이론이다.

천문학에서는, 최근 여러 분야에서 제시된 다양한 증거를 통해 "점진적으로 변하는 우주" 모델이 한층 강화되었다. 빅뱅 이론에 의해 정립된 예측을 근거로, 우주 배경 복사 패턴에 관한 자세한 관측이 이뤄졌다. 관측을 통해 얻은 값과 흑체 온도의 냉각 속도 예측치가 상당히 일치한다는 사실은 빅뱅 이론을 뒷받침하는 강력한 증거를 제공했다. 또한 빅뱅 이론은 허블 망원경으로 더 희미한 물체를 관측하게 되면—더 희미한 물체는 더 멀리 떨어져 있고 더 오래된 물체라고 해석할 수 있다(빛이 지구에 도달하는 데 걸리는 시간 때문이다)—그것들이 현재 우주와는 판이한 모습일 것으로 예측했고, 이 예측 역시 사실로 밝혀졌다. 이상의 증거와 여타 증거가 모두 우주의 시작점이 언제였는가 하는 질문에 비슷한 시작점을 제시한다(3장을 보라).[5]

유전학에서는, 다형성 연구가 가설로 여겨진 진화 관계들을 확증해줄 것으로 예상되었다. 비록 서로 다른 계통에 존재하는 동일한 돌연변이가 점진적으로 누적되어 나타나기는 하지만 말이다(5장을 보라). 이것이 비록 단세포 동물에서는 증명되지 않았지만, 다세포 동물 사이에서는 사실

---

5) 3장에서 논의했듯이 많은 젊은 지구 창조론자마저도 이 증거가 오랜 우주를 암시한다는 데 동의하며, [이 부분에 대해 그들은] 우주의 원거리 지역은 몇 십억 년 전 떨어져 있는 반면에 중력으로 인한 시간 지연과 천지 창조 넷째 날의 "무시간 영역"(timeless zone) 효과로 지구는 약 6천 년 밖에 안 되었다는 화이트 홀(white-hole) 우주론을 지지한다. L. Vardiman and D. R. Humphreys (2011), "A new creationist cosmology: In no time at all, part 3," *Acts & Facts* 40 (2): 12-14, www. Icr.org/article/5870을 보라.

로 증명되었다. 여기서 사용된 방법은 성경의 다양한 필사본 중 어떤 것이 원본과 가장 비슷한지를 확인하기 위해 사용하는 방법과 본질상 같다. 원본을 단어 대 단어로 필사할 때 발생된 오류가 고쳐지지 않는다면 이후 필사본에는 계속 그 오류가 전달될 것이다. 이를 고려하면서 여러 사본의 계보를 확인하고 추적하여 원본을 재구성할 수 있을 것이다. 이런 방법은 일반적으로 널리 받아들여지고 사용된다. 동일한 유전 표지를 보여주는 예가 젊은 지구 창조론이 상정하는 생명체의 "종류"라는 경계를 넘어서서 상이한 유기체 내에서도 발견되었다. 아울러 동일한 유전 표지가 유인원과 사람 사이에도 발견된다.

고생물학은, 어떤 특정 시대의 암석에서 중간 형태 또는 이행 형태의 화석이 발견될 것이라고 예상한 대로 그런 화석이 발견된 여러 사례가 있었다(5장을 보라). 현재 가장 잘 알려진 것은 고래 종으로, 특히 고래와 우제류(짝수 발가락을 지닌 발굽 동물-역자 주) 사이를 연결하는 분자학적 증거가 화석 증거와 일치한다(Falk, 2004: 105-11). 이 중간 형태가 정확히 어떻게 생겼는지, 또는 그들이 있을 만한 암반층이 정확하게 어디인지 예측하기란 무척 어렵다. 이러한 어려움은 놀랄 만한 것이 아니다. 화석화 과정 자체가 띄엄띄엄 일어나고 생물학과 지질학은 본질적으로 결정론적인 예측을 내리기 어려워서 물리과학보다는 연구의 성격이 확률론적이기 때문이다.

창조 모델은, 이 분야가 기여한 바를 별로 인정하지 않으려 할 것이다. 애초에 창조 모델 지지자들은 생명체의 종류가 각각 따로 창조되었다는 전제에 충실하기 때문이다. 현대의 창조 모델은 한 개체 내 종 분화는 인정하지만(*분류학상으로 구성원 내에서 일어나는 분화), 이는 완벽하고 매우 다양한 유전적 정보를 포함했던, 서로 다른 원형(prototype)을 지닌 한 쌍의 개체로부터 시작된 다양성을 나타낸다고 주장한다. 그들에 따르면, 각 원형은 개별적으로 창조되었으며 돌연변이는 대부분 해롭고, 태초에는 모든 피조물이 완벽했으나 성경에서 나오는 인간의 타락 사건 때문에 그 이후 이런 돌연변이들이 생겼다. 그러나 게놈을 분석하면 할수록 명백하게 중립적인 차이(difference)가 다양한 개체의 같은 부위에서 발생한다는 점이 발견되었다.[6] 고래와 하마는 과연 지난 6천 년 이내에 똑같이 완벽한 생물에서 유래한 것일까? 만약 아니라면, 왜 그처럼 수많은 중간 형태의 생물이 존재하고 유전적으로 유사한 부분이 존재할까?

비다윈주의 진화 모델의 기여

5장에서는 인도된 진화를 주장하는 소수의 학자들과 자연주의적, 비목적론적, 계획된 진화론을 옹호하는 과학자들의 경우 도약 진화를 가정한다고 언급했다. 또한 이들은 주로 신다윈주의의 2가지 주요 주장, 즉 점진주의와 자연 선택이 무언가를 창조해낼 수 있다는 주장에 이의를 제기해주는 중요한 증거를 제시했다.

비다윈주의 진화 모델을 옹호하는 학자들은 다형성과 화석이 공통 조상의 증거를 제시한다는 데는 대개 동의하지만, 점진적인 변화를 통해 주요 신체 구조상의 변화가 생긴다는 주장과 자연 선택과 돌연변이가 새로운 종을 형성하는 데 충분하다는 견해에는 의문을 제기한다. 이에 이들은 급격한 변화를 일으키는 메커니즘이 무엇일지를 탐색해왔고 적어도 3가지 가능성, 즉 후성적 변화, 공생 관계, 발생 유전자를 통해 한 세대 안에서도 종 분화가 일어날 수 있다고 말한다.

이 분야 학문은 조금씩 과학계에서 받아들여지기 시작했다. 5장에서

---

6) 진화 모델에서는 "변이"(mutation)나 "변화"(change)라고 말하겠지만, 이런 단어 사용은 실제로 관찰이 아니라 해석이기 때문에 증거 그 자체를 나타내는 중립 용어인 "차이"(difference)를 사용하기로 했다.

언급했듯이 미토콘드리아와 엽록체의 원천인 세포내공생 개념은 이제 표준 진화 이론의 일부가 되었고, 예전에는 거부되었던 유전자 수평 이동 개념도 일반 원칙이 되었다. 다른 공생 관계도 매우 빠른 종 분화를 야기할 수 있다는 의견은 아직 이보다는 천천히 받아들여지고 있지만, 점차 그 중요성이 강조되고 있는 복잡한 계 개념과 생태학적 관계성 개념이 분자생물학적 환원주의에 보강되면서 더욱 큰 영향력을 미치게 될 것이다.

마찬가지로 과학자들이 확인한 첫 유전자들은 여러 대립 형질 유전자가 사용 가능하여 해당 유기체에 영향이 크지 않은 것들이었다. 반면에 유기체에 더 큰 영향을 끼치는 유전자, 특히 발생 초기 단계에 작용하는 유전자에서 일어나는 돌연변이는 보통 해당 생명체를 죽음에 이르게 하므로 당연히 거기서 진화는 막다른 길에 도달한 것처럼 보였다. 그런데 지금은 같은 유전자들이 한 종에서 다른 종으로의 변화, 또는 심지어 그보다도 더 큰 범위의 형태 변화를 일으킬 잠재성이 있는 요인으로 여겨진다. 남은 문제는 어떻게 그런 과정이 목적을 지닌 통제 없이 발생할 수 있었느냐다. 이것은 점진주의뿐만 아니라 목적이라는 더 중요한 주제에 도전하는 것이어서 수용되려면 더욱 큰 싸움에 직면하게 될 것이다. 하지만 현재 증거는 세포 내 한 세대 안에조차 중대한 형태 변화를 일으킬 메커니즘이 존재한다는 점을 보여준다.

진화를 옹호하는 이들은 대부분 이런 증거에 동의하지 않는다. 부모 세대와는 상당히 다른, 하지만 생존 가능한 자손을 생산하는 데 필요한 변화를 조직적으로 여러 유전자에서 발생하게 하는 자연 메커니즘이 아직까진 알려진 바 없기 때문이다. 창조론자들도 이를 반대하는데, 그들은 다양한 생명체의 종류가 애초부터 새롭게 창조되었다는 선험적인 믿음을 견지하기 때문이다. 하지만 분명히 그 증거가 존재한다는 사실은, 그런 조직적인 변화를 통제하는 메커니즘이 있는지를 확인하는 연구가 충분한

결실을 낳을 것을 시사한다.[7]

오래된 지구 창조와 지적 설계의 공헌

지적 설계 이론은 오랜 지구 창조와 같은 증거에 중점을 두기 때문에, 두 이론을 함께 고려해보고자 한다. 이들은 주로 비목적론적인 모델의 문제점을 확인시켜줌으로써 몇 가지 영역에 도움을 주었다.

아마도 이들이 가장 초기에 기여한 바는 생명체가 살기에 적합하도록 다양한 특성이 정교하게 조율된 것처럼 보이는 우주와 태양계에 관한 연구일 것이다(3장을 보라). 생명체가 존재하는 데 필요한 정도로 한정된 수많은 비우연적인 수치를 볼 때, 이것은 신의 작품이라는 명백한 증거라고 이들은 말한다. 이 증거가 얼마나 중요한지는 자연주의 측에서 이 증거의 대안으로 인류 원리를 여러 형태로 내놓았다는 점만 봐도 알 수 있다. 인류 원리에 기반을 둔 자연주의의 대안은 언급된 수치를 증거로 인정하면서도 그 증거에 목적론적 의미를 부여하는 해석은 거부한다.

이들이 공헌한 두 번째 영역은 캄브리아기 대폭발로(5장을 보라), 이 시기는 약 10년 전까지만 해도 교과서에조차 실리지 않았으나, 실제로 이 시기의 화석 기록을 보면 매우 짧은 기간에 걸쳐 서로 다른 수많은 문의 생명체가 등장하는 현상을 볼 수 있다. 그리고 이것은 실제로 오랫동안 알려진 사실이었다. 내 생각에는 캄브리아기 대폭발이 최근까지도 교과서에 실리지 않았던 것은, 그 현상을 주목하고 널리 알린 인물들이 바로 지적 설계나 창조를 주장하는 이들이었기 때문인 것 같다. 그들은 캄브리아기 대폭발을 창조 활동이 특정한 시기에 일어났음을 보여주는 예로

---

7) 이와 관련된 새로운 정보는 부모의 경험이 자식의 형질에 영향을 미칠 수 있다는 견해다. 예를 들어 Sharon Begley, "The sins of the fathers, Take 2," *Newsweek*, January 16, 2009, www.newsweek.com/id/180103을 보라.

간주한다.[8] 물론 교과서에 실린 설명은 다르다. 거기서는 여전히 다윈주의 원리를 사용하여, 급격하지만 여전히 점진적인 변화가 일어난 시기라고 설명한다. 이는 단속 평형 이론과 똑같은 설명 방식이다. 그들 사이에 해석이 갈리긴 하지만, 어쨌든 이 증거에 대한 대중의 관심을 불러일으킨 것은 주로 신다윈주의를 반대하는 이들이었다.

더욱 최근에 지적 설계 지지자들은 수학적 증거를 제시했다. 이에 따르면, 정보는 정보 전달 매체와는 별개이므로 별도의 설명이 필요하다. 궁극적으로 그 정보의 기원이 어디냐는 논제가 바로 특정화된 복잡성과 환원 불가능한 복잡성을 보여주는 증거의 핵심이다(4장을 보라). 진화 모델 관련 학자들 역시 정보의 근원지를 연구하고 있지만, 현재 주류 과학 철학에 도전하며 명백히 목적론적인 지적 설계의 주장과 관련이 있다는 이유로, 주류 과학자 집단은 이런 종류의 증거가 지닌 중요성을 자주 무시하곤 한다.

젊은 지구 창조의 공헌

객관적으로 젊은 지구 창조의 기여를 평가하기란 무척 어렵다. 이 모델에 의해 제시된 증거와 해석이 과학계 대다수의 주장과는 너무나도 다르기 때문이다. 그래서 젊은 지구 창조론은 과학적 증거로 기여하는 바가 전혀 없다고 생각하는 사람들이 있는 반면에, 젊은 지구 창조론자들은 자기들이 지구의 나이를 이해하는 현재의 방식에 있는 중요한 결함을 지적하면서 모든 부분에 가장 위대한 공헌을 하고 있다고 믿는다. 정말로 그들

---

8) 많은 요인이 그와 같은 결정에 관여하기 때문에 확실한 인과 관계를 증명하기란 어렵지만, 그 시기는 상당히 의미가 있다. 예전에는 실리지 않았던 캄브리아기 생물 대폭발을 교과서에 신기로 결정한 일과 회색가지나방의 내용을 빼고 흔적 기관과 척추동물의 상동성에 대한 설명을 최소화한 일이 동시에 일어났는데, 이는 모두 지적 설계를 주장하는 이들이 이런 주제를 다룬 연구 결과를 발표한 지 몇 년 이내에 일어난 일이었다.

이 옳다면 천문학, 물리학, 화학, 생물학, 지질학, 인류학을 포함해 모든 과학 교과서를 다시 써야만 할 것이다. 이유는 각 과학 분야의 내용이 대부분 젊은 지구라는 개념과 상충하기 때문이다. 적어도 젊은 지구 창조는, 과학계에는 잘 알려졌지만 대중 서적이나 교과서에 채택되기까지는 너무 오랜 시간이 걸리는 증거를 끄집어내어 공론화하는 데는 기여했다고 볼 수 있다.

젊은 지구 창조가 상대적으로 기원 논쟁의 증거에 기여한 바가 적은 이유는, 최근까지 젊은 지구 창조론자 중 소수만이 학위가 있는 과학자였기 때문이다(Numbers, 1992). 최근에 젊은 지구 창조론자들은 스스로 전문 학술지를 창간하여 방사성 동위원소를 이용한 연대 측정, 화석, 분자 생물학적 유사성 및 다른 주제에 관한 연구를 게재했다.[9] 빙하 시대(Oard, 1990)[10]와 판 구조론[11]에 대한 메커니즘으로 젊은 지구 해석을 제시하기 위해 광범위한 연구를 진행했지만, 지금까지 이런 작업은 주류 과학계로부터 대개 무시당했다.

비록 젊은 지구 창조가 과학계에 미친 영향은 미미했지만, 대중으로 하여금 과학계에서 널리 인정받고 있지만 교과서에서는 강조되지 않는 것들을 인식할 계기를 마련해주었다. 오늘날 젊은 지구 창조가 힘을 얻기 한참 이전부터 지질학자들은 점진적인 변화와 급격한 대재난이 둘 다 지구 역사에 작용했음을 알고 있었다. 그럼에도 퇴적, 화석화, 침식 과정에 관한 교과서의 내용은 규칙적인 퇴적 과정, 완만한 화석 강화 작용, 강과

---

9) *Answers Research Journal*, www.answersingenesis.org/arj.
10) 더 짧은 요약은 Ham(2006: 207-19)을 보라.
11) 많은 YEC 과학자는 일부 형태의 격변적 판 구조론, 즉 지각 판들이 불안정해져서 매우 빠르게 이동하여 대홍수를 유발했다고 생각한다. 이러한 변형은 Snelling(2009)과 Brown(2001)의 저서에서 찾아볼 수 있다. 간단한 설명은 Ham(2006: 186-97)의 저서에 수록된 Snelling의 "Can catastrophic plate tectonics explain flood geology"를 보라.

계곡의 점진적인 침식 과정에만 중점을 두는 경향이 있었다. 대신에 젊은 지구 창조는 이런 과정이 어떤 상황에서는 매우 급격히 일어날 수 있다는 증거를 강조하였다.

많은 화석층이 격변적인 사건을 통해 신속하게 층을 이뤘던 것으로 보인다. 깊은 석탄 매립지, 직립 상태로 묻힌 나무들, 특정 지역에 뒤범벅인 많은 양의 화석 등이 두꺼운 물질층이 급격히 매립된 사례를 보여준다. 세인트헬렌스 산(Mount St. Helens)의 화산 폭발 잔해가 보여준 것처럼 화석화 과정은 급속하게 일어날 수도 있다.[12] 자연적으로 형성되었던 댐이 터지면서 최근에 침식된 침전물을 통해 협곡이 급격히 깎이는 현상이 세인트헬렌스 산의 화산 폭발 후에도 관찰되었고, 이는 홍수로 생긴 자연 댐들이 무너진 후에 일어난 급격한 침식으로 그랜드캐니언이 생겼다는 젊은 지구 창조의 주장을 지지해주는 근거로 인용되었다(Austin, 1995; Morris & Austin, 2003). 이러한 *격변설(catastrophism)에 관한 증거를 다른 과학자들이 문제 삼지는 않았지만 그 증거가 교과서에는 거의 실리지 않았다. 대중이 그 증거를 인식하도록 도움을 준 젊은 지구 창조론자들은 자신들의 주장이 *동일과정설(uniformitarianism)에 도전하기 때문에 억눌려 있다고 주장한다.[13]

---

12) 예를 들어 폼페이 지역에 화산 활동으로 인한 빠른 화석화 과정이 일어났다는 점은 오랫동안 잘 알려져 있었지만, 대부분 화석은 화산 활동과는 무관하게 퇴적 작용에 의한 매장으로 형성되기 때문에 이것은 화석화 진행 속도와는 별개의 문제다.

13) 적어도 2가지 형태의 동일과정설이 있는데, 하나는 과거의 지질 과정의 진행 속도가 현재와 동일하다는 설이며 다른 하나는 진행 속도는 서로 다르더라도, 과거의 지질 과정이 현재 관찰되는 동일한 자연법칙을 따른다는 설이다. 오늘날 거의 모든 과학자가 후자의 가설을 지지한다.

7.3 각 모델이 더 다뤄야 하는 내용은 무엇인가?

각 모델이 대답해야 할 가장 중요한 질문에 대해 생각해보자. 이 경우에는 스펙트럼의 한쪽 끝에 있는 세 모델과 반대쪽 끝에 있는 세 모델로 나눌 수 있다. 전자는 과학이 방법론적 자연주의(Methodological Naturalism)를 따라야 한다고 주장하고, 후자는 이 개념에 반대한다. 전자는 과학이 자연 인과를 근거로 우주의 기원 후 나타난 모든 것을 완전하게 설명할 수 있을 것이라고 주장한다. 반면에 후자는 만약 하나님이 현재 행하시는 방식과 다르게 역사 속에서 일하셨다면 단지 자연적 원인을 찾는 방법론적 자연주의만으로 진실을 찾기란 불가능하다고 주장한다. 이러한 차이점이 있지만, 궁극적으로는 어느 한쪽도 생명의 기원에 관해서라면 아직까지 훌륭한 **과학적** 설명을 내놓지 못하고 있다.

확률 극복하기

3장에서 보았듯이 첫 세 모델, 즉 자연주의적 진화, 비목적론적 진화, 계획된 진화는 근본적으로 자연법칙에 기초하여 생명의 기원을 설명할 수 있다고 주장한다. *확률론적(stochastic)이고 무작위적인 사건들이 다소 포함되기도 하는데, 이런 일련의 사건이 적재적소에서 일어나 신의 개입이나 인도 없이도 생명이 발생할 수 있었다는 주장이 제기된다. 초자연적인 것이란 아예 존재하지 않는다고 주장하거나(자연주의적 진화), 또는 창조된 순간부터 이후 자연 사건에는 초자연적인 것의 개입이 없다고 주장하거나(비목적론적 진화), 아니면 창조주가 완벽하게 미리 계획해놓은 것이라고 주장하는(계획된 진화) 등 서로 차이가 있지만, 이 세 모델은 생명 기원에 실마리가 되는 모든 사건이 자연적으로 발생했다고 생각한다는 공통점이 있다. 이 시나리오의 문제점은 어떻게 생명이 발생할 수 있느냐는 질문에 관한 현실성 있는 가설이 없다는 것이다. 다시 말해 반드시 생명의 발생으로 귀결되는 결정론적인 과정을 찾지 못했다는 뜻이다. 아울러 복잡한 생명체가 우연히 발생할 확률이 지극히 낮다는 점도 문제다.

다시 한 번 용어의 정의를 살펴보자. 많은 사람이 확률과 우연의 개념을 이해하는 데 어려움을 겪고 있으며, 많은 용어에는 그것을 일반적으로 사용하느냐 혹은 과학적으로 사용하느냐에 따라 차이가 있다.[14] **우연**(chance)이란 용어는 가능성 있는 다양한 결과가 균등하게 나올 수 있다는 의미로는 **무작위적**(random)이며, 그 결과에 영향을 미치는 지적 행위자가 없다는 의미로는 **비목적적**(undirected)인 사건을 가리킨다. 이 장에서 나는 이 **우연**이란 용어를 써서 무작위적이고 동시에 비목적적인 사건을 지시하려고 한다. 하지만 둘 중 하나만을 의미할 경우에는 해당 단어를 택해서 사용할 것이다.

자연법칙의 개념을 다시 한 번 살펴보는 것도 역시 중요하다. 어떤 법칙은 근본적으로 결정론적이어서 각 결과를 예측할 수 있지만, 다른 법칙은 확률론적이어서 전반적인 패턴을 예측할 수는 있지만 어떤 특정 사건의 결과는 예측할 수 없다. 카드 게임으로 이 차이를 알 수 있다. 당신이 쌓여 있는 카드를 돌린다면, 그 카드는 100퍼센트 테이블 쪽으로 떨어질 것이다. 중력의 법칙이 그 결과를 결정한다. 그러나 공평하게 카드를 돌리려 할 때는 확률 법칙이 결과를 결정한다. 첫 번째 카드로 스페이드를 받을 기회는 4분의 1이며, 다른 무늬의 카드를 받을 확률도 4분의 1이다.

어떤 사건이 결정론적인지 혹은 확률론적인지가 정확히 예측하는 능력에 영향을 미치는 유일한 원인인 것은 아니다. 관련된 요인의 수와 관

---

14) 예컨대 통계학에서 확률(probability)과 우도(尤度, likelihood)에는 분명한 차이가 있지만, 일상 대화에서 이 두 단어는 같은 의미로 사용된다(Sober, 2008: 35).

찰된 사건의 수 역시 영향을 미칠 수 있다. 연관된 요인의 수가 많아서 정확한 예측이 어려운 예로는 룰렛이 있다. 룰렛의 경우 공이 튀어 오르는 현상이 완전히 물리 법칙에 의해 결정되기 때문에 카드와는 다소 다르다. 당신이 휠과 볼의 정확한 속도, 입사각과 위치, 충돌의 탄성, 그리고 다양한 요인을 정확히 계산할 수 있다면, 이론적으로는 결과를 매번 예측할 수 있을 것이다. 그러나 초기 값과 진행 속도에 관한 지식이 부족하기 때문에 결과를 정확히 예측할 수 없다. 카드 게임으로 다시 돌아오면, 확률 법칙은 어떤 특정한 카드를 받을 가능성이 얼마인지를 정확히 예측해주지만, 내가 특정한 어떤 카드를 뽑게 될지를 예측할 수는 없다. 여러 번 같은 사건을 반복해 충분히 큰 경우의 수를 얻으면 확률로 예측했던 패턴을 비슷하게 관찰할 수 있을 따름이다.

이런 4가지 상황을 그림 7.1로 설명했다. 중력의 법칙은 예측할 수 있고 결정론적이다. 스페이드를 받을 확률을 4분의 1로 예측할 수 있지만, 그것은 확률에 근거한 예측일 따름이다. 룰렛 휠 판의 회전은 복잡성 때문에 예측할 수 없다. 당신이 특정 뽑기 차례에 에이스를 뽑느냐 마느냐는 무작위적이어서 예측할 수 없다.

예측 가능

	예측 가능	
개연성 = 100% 혹은 0%	결정론적 (Deterministic)	개연적 (Probabilistic)
	복합적 (Complex)	확률론적 (Stochastic)

동등한 확률

예측 불가능

그림 7.1 사건의 확률과 예측 가능성

이 모든 논의가 생명의 기원과 무슨 상관이 있는가? 지적 설계를 주장하는 이들은, 설계가 아닌 다른 방식으로 생명을 설명하고자 한다면 연관된 사건들이 우연 또는 필연으로 일어났다는 두 설명만이 가능한 대안이라고 주장한다. 다시 말해 확률론적인 과정이거나 결정론적인 과정 중 하나일 것이다. 신다윈주의 학자들은 이것이 잘못된 이분법이라고 반박한다. 그들에 따르면, 고려해야 할 인자 중에는 자연 선택도 있기 때문이다. 마치 포커 게임을 하는 사람이 자신이 이길 가능성을 높이고자 카드를 버리거나 들고 있듯이 생존에 우호적인 조합을 선택하는 과정 말이다. 하지만 지적 설계를 주장하는 이들의 논점은 자연 선택이 작용하는 대상인 물질의 생성 매커니즘이 무엇이냐는 데 있다. 이 논리를 따라가 보면, 웅장한 우주의 특징과 생명의 기원 사이에 차이점이 나타난다.

빅뱅 우주론으로 시작한다면, 은하 성단의 구성 성분에서부터 별의 유형과 행성에 이르기까지 현재 우주 대부분의 양상에 관한 기원을 설명할 수 있을 것이다.[15] 3장에서 보았듯이, 이것은 우주가 신의 창조 행위 없이 탄생할 수 있다고 말하는 것과는 다르다. 왜 기본적인 물리 상수가 생명이 존재할 수 있도록 적정한 수준으로 준비되었는지에 관한 설명이 여전히 필요하기 때문이다. 어찌 되었든 그 상수값들이 그렇게 주어진 이상, 우주 대부분의 물리적 특징이 초기 조건으로부터 결정론적이고 확률론적인 자연법칙의 조합으로 신의 개입 없이 형성되었을 수도 있다는 점은 사실이다. 이 과정에는 누군가의 선택이 필요 없고, 수많은 별과 은하 성단이 우연히 형성된 초기 조건에 따라 형성된다는 것이 관찰된다.

오랫동안 생명은 지극히 단순하여 무생물로부터 발생하는 편이 쉬울

---

15) 암흑 물질(dark matter), 암흑 에너지(dark energy), 팽창(inflation)과 같이 아직 발견되지 않은, 가설에 근거한 몇 가지 실체를 인정해야 한다.

것이라고 여겨졌다. 그래서 진화 모델을 지지하는 학자들은 자연 선택에 시간과 우연성이 더해지면 모든 것을 설명할 수 있을 것이라 생각하고 그렇게 가르쳤다. 충분한 시간이 주어지면, 생명은 생성될 수밖에 없다고 말이다. 그러나 세포를 이해하는 데 엄청난 변화가 있었다. 불과 50년 전만 하더라도, 흔히 세포는 일부 소기관(organelle)이 둥둥 떠다니는 원형 세포질(protoplasm) 주머니로 여겨졌다. 지금 우리는 모든 세포에 마치 문이 달린 도로 같은 길들이 존재하고, 매우 복잡한 방식으로 상호 작용하는 분자들로 채워져 있다는 점을 알고 있다. 우연만으로 생명에 필수인 이런 수준의 복잡성이 생겨났다고 말하기에는 그 확률이 너무 낮아 보인다.

이런 낮은 확률의 문제를 극복하려고, 이 모델들은 결정론적 메커니즘과 확률론적 메커니즘을 잘 조합하고 여기에 생존에 유리한 형태를 선택하는 자연 선택을 더하면 그 문제를 극복할 수 있을 것이라는 데 희망을 걸고 있다. 다시 말해 생명은 궁극적으로 무작위적인 사건이 아니라 복잡성 범주에 해당하는 사건이라고 주장하는 것이다. 그들은 그 밑바닥에 깔린 원리를 발견할 수 있을 것으로 기대한다. 그 원리란 아마도 완전히 결정론적이지는 않으며 초기 조건의 아주 미세한 차이에 따라서도 달라질 수 있겠지만, 그럼에도 생명체를 반드시 발생하게 하는 원리일 것이다. 그러나 이상의 모든 논의를 다 받아들인다 해도 아직 남아 있는 한 가지 문제가 있는데, 그것은 바로 정보에 관한 문제다. 신다윈주의에 반대하는 많은 주장을 잘 따져보면, 결국 비생명체인 별이나 여타 물리적 개체가 아니라 생명체에서 발견되는 정보의 기원이 무엇이냐는 질문으로 수렴한다.

실험실에서 우리는 고분자의 기본 단위인 *단위체(monomers)를 만들어낼 수 있다. 그래서 어떻게 자연 과정이 그 "생명의 기본 글자"들(DNA 염기 서열을 구성하는 네 염기의 머리글자 A, T, G, C를 의미함—편집자 주)을 만들어내었는지를 추정하기란 비교적 쉽다. 아직 모르는 것은 글자들을 유의미하도록 합치는 타당한 방법이다. 지적 설계 시지자들이 지적하듯이, 이 글자들이 어떤 식으로든 무작위적인 과정으로 결합된다면, 그들이 유용한, 특히 기능을 지닌 세포를 창조하는 데 필요한 양만큼 정보를 제공할 확률은 매우 희박할 것이다. 반면에 그것이 결정론적인 과정이라 한다면 DNA 염기 서열에 실존하는 다양한 형태나 그 양만큼을 창조해내지는 못한다. 여기서 (자연) 선택으로 그 문제에 답을 할 수도 없다. 왜냐하면 선택이 작용하려면 최소한 부분적으로라도 기능을 지닌 부분이 있어야 하는데, 그러려면 사전에 많은 기본 단위가 모여서 기능을 지닌 부분을 미리 형성하고 있어야 하기 때문이다.[16]

정보에 관한 질문은 다른 분야로도 확장된다. 새로운 유형의 생명체에 대한 기원에도 새로운 정보가 필요하다. 밀접하게 연결된 종 사이에서 나타나는 작은 형태 변화는 돌연변이에 의한 변형일 수도 있다. 그러나 근본적으로 모든 유전자에는 정보가 들어 있다. 세상에 있는 수백만 종의 생명체에는 얼마나 많은, 개별적이며 독특한 유전자들이 존재하는가? 여기에는 얼마나 많은 정보가 들어 있는가? 그 모든 정보는 어떻게, 언제 만들어졌는가?[17]

심지어 "진화는 열역학 제2법칙(시간이 지남에 따라 엔트로피가 증가하는 자연의 보편 경향—역자 주)에 위배된다"라는 젊은 지구 창조론자의 주장도

---

16) 여기서 나는 자연 선택을 포함하는 것이 기능을 생산하는 데 충분하다고 주장하는 이들과는 다르다는 사실을 명확히 하고자 한다. 이런 주장을 하는 모델은 대부분 목표가 미리 설정되어 있다는 주장을 하는데, 어떻게 생물 발생 이전의 분자 집합체가 무엇이 목표인지를 알 수 있다는 말인가?

17) DNA로 코드화된 게놈 여러 부분에서 발견된 기본 요소들이 합쳐져 기능성 단백질을 형성할 수 있으며(Shapiro, 2011: 95-98), 전부는 아니지만 이런 기본 요소가 대부분 원핵생물에서도 발견된다는 증거가 늘어나고 있다. 하지만 여전히 남아 있는 2가지 의문이 있다. ① 특정한 목적을 위해 어떤 기본 요소가 필요한지를 세포가 어떻게 알 수 있을까? ②그 요소 자체는 어떻게 유래한 것일까?

결국은 정보에 관한 질문이다. 상대편은 자주 그 주장을 왜곡하는데, 지구는 닫힌계가 아니라 태양으로부터 나오는 에너지를 받으므로 엔트로피 감소가 열역학 제2법칙을 위반하지 않는다는 사실을 젊은 지구 창조론자들이 무시한다고 주장한다. 그러나 젊은 지구 창조론자들의 주장은, (간단히 말해) 어떤 구성 인자 없이 에너지의 유입만으로는 어떤 계의 엔트로피를 감소시키지 못한다는 데 있고, 이는 사실이다.[18] 광합성과 다양한 화학 합성 메커니즘이 현재 지구를 구성하는 기작이지만, 그렇다면 맨 처음 이 방법을 만든 체계적인 법칙(원리)은 무엇인가 하는 질문으로 다시 돌아가게 된다. 어떤 법칙이든, 그 법칙대로 잘 만들어진 구조물처럼 그것은 본질적으로 정보와 관련이 있다.

다시 말하자면, 신의 불간섭을 주장하는 이들이 대답해야 하는 근본 질문은 어떻게 생명체의 복잡성이, 그것에 코드화되어 들어가 있는 모든 정보와 함께 발생할 수 있었느냐다. 현재까지는, 그런 복잡성이 우연의 산물로 생길 확률이 지극히 낮다는 문제를 해결해주는 메커니즘이나 또는 복잡성의 형성이 우연이 아니라 반드시 일어나는 메커니즘이 제시된 바 없다. 카드 게임 비유로 다시 돌아가 보면, 자연 선택으로는 카드를 택할 수 있지만, "그 카드를 처음에 어디서 가져온 것인가?" 하는 질문이 여전히 제기되는 것과 같다.

메커니즘 제시하기

두 번째 집단, 즉 인도된 진화, 오래된 지구 창조, 젊은 지구 창조는 서로 많이 다르지만, 생명의 기원 영역에 관해서라면 다소 비슷한 관점을 보인다. 생명체에 필요한 정보가 어디서 왔는가 하는 질문에 이 모델은 하나

---

18) 이것이 한동안 YEC의 주장이었다(Moris & Parker, 1987: 205-6).

님의 개입으로 답하지만, 창조에 관해 과학적인 메커니즘을 제시한 적은 없다. 그리고 그중 두 모델은 이것이 가치 있는 질문이라고 생각하지도 않는 것 같다.

인도된 진화는 계획된 진화와 다른 별개의 모델로, 이 모델의 근본적인 철학적 전제는 계획된 진화의 주장처럼 신이 세상을 완전하게 창조하셔서 아무런 간섭이 필요 없다는 것이 아니라, 하나님이 피조 세계와 예전부터 지속해서 상호 작용하실 수 있고 또 실제로도 그렇게 해왔다는 것이다. 앞서 논의했듯이, 이 모델을 지지하는 이들은 한편으로는 창조 모델의 문제점, 다른 한편으로는 신다윈주의 모델의 문제점을 다루기 위해 주로 글을 써왔다. 내가 알기로는 이 모델을 옹호하는 이들이 특별히 생명의 기원을 다룬 적은 없다. 이것은 이 모델이 다뤄야 하는 중요한 영역일 것이다. 신과의 상호 작용은 어떤 형태로 이루어지며, 그것을 과학적으로 확인할 수 있을까? 이런 질문에는 다양한 답이 제시될 수 있다. 예를 들어 (과학으로는 증명이 불가능하겠지만) 하나님이 확률이 낮은 사건을 조절하여 첫 번째 세포가 형성되도록 인도하셨다고 보거나, 적어도 첫 번째 세포들을 (자연적 과정으로는 설명할 수 없는 틈새에서 창조를 감지할 수 있다는 창조 모델의 주장과 마찬가지로) 즉시 창조하셔서 그들이 진화 과정을 거쳐 생명체 형태로 변화하게 하셨다는 식의 대답이 논리적으로는 가능한 제안일 수도 있겠다.[19]

두 창조 모델은 구체적인 메커니즘을 밝히지 않고 한마디로 하나님이 창조하셨다고 한다. 신학에서는 이를 제1원인(primary causation)이라고 하며 자연 과정을 초월하는 하나님의 직접적인 활동을 말한다. 반대로 제2

---

19) 완결판으로 출판된 Poe & Davis (2012)의 저서에 따르면, 하나님은 양자 단계의 불확실성과 혼돈계를 통해 과학으로는 설명할 수 없는 방법으로 창조를 주관하실 수 있다.

원인(secondary causation)는 자신의 목적을 이루시려고 자연 과정을 사용하시는 하나님의 행위를 뜻한다. 비록 하나님이 사용하신 방법이 우리의 일반 경험에서 벗어난다 해도 그분이 창조하신 방법에 관해 우리가 가설을 세울 수는 있을 것이다. 실제로 하나님의 활동을 묘사하기 위해 창세기에 기록된 히브리어 단어들은 여러 가지 과학적 설명이 가능함을 암시한다.

하나님은 실제로 무에서(ex nihilo) 창조하셨을 수도 있다. 다시 말해 어떤 생명체를 구성하는 해당 기본 원자들을, 그 생명체가 형성될 바로 그 형태로 이미 완전히 연결된 상태로 창조하셨을 수도 있다. 여기에는 아마도 새로운 창조물로 채워질 장소에 이미 존재하던 물질을 치우는 행위도 포함될 것이다. 이것은 "바라"(bārā')라는 히브리어 단어의 의미와 비슷하다. 이 단어는 하나님만이 하실 수 있는 창조 행위를 가리킨다. 반면에 하나님이 처음부터 물질을 창조하셨고, 새로운 생명체를 만들기 위해 그 물질이 사용되었을 수도 있다. 이것은 히브리어 단어 "아사"('āśāh)와 "야차르"(yāṣar)의 의미와 비슷하며, 야차르는 하나님이 땅의 흙으로 아담을 만드신 모습을 묘사하는 단어다. 실제로 이 세 단어가 모두 창세기에 나오므로, 오래된 지구 창조나 젊은 지구 창조는 **어떻게** 하나님이 창조하셨는지 구체적으로 설명하려는 시도를 하지 않는다. 그렇다면 단지 "하나님이 창조했다"라는 언급만으로는 과학적 설명이라고 하기 어려울 것이다.

창조를 옹호하는 이들은 창조 자체가 기적이므로 그것의 과학적 메커니즘을 제공하는 것은 불가능할 뿐 아니라 불필요하다고 주장할지도 모른다. 그러면서도 젊은 지구 창조는 성경에 기록된 대홍수를 기적이라고 생각하지만 광범위한 연구를 진행하여 하나님이 대홍수를 일으키셨던 방법이라고 여겨지는 것을 입증하고자 했다. 마찬가지로 오래된 지구 창조는 하나님이 우주를 창조하실 때 사용하셨던 방법으로서 빅뱅 이론을 받아들인다. 젊은 지구 창조는 빅뱅 이론 대신에 다른 과학적 방법인 화이트 홀 우주론을 제시했다. 이처럼 다른 영역에 대해서는 과학적 방법을 시도하면서 왜 생명의 기원 문제에서는 그렇게 하면 안 되는가?

그런 메커니즘에 대한 가설이 없다면, 젊은 지구 창조와 오래된 지구 창조는 자신들로서는 **생명의 기원에 관해** 과학적인 메커니즘을 제시할 수 없다고 인정하는 편이 나을지도 모른다. 그렇다고 자연히 모든 창조 모델이 비과학적이라는 의미는 아니다. 실제로 창조 모델을 지지하는 이들은 자신을 정확히 진화 관련 모델과 같은 위치에 두는데, 그 이유는 진화 모델 역시 생명의 기원을 설명해주는 그럴듯한 가설을 가지고 있지 않기 때문이다. 진화를 옹호하는 이들은, 최소한 자기들에게는 어떤 가설을 세울 만한 이론적 틀이 있다고 주장하면서 창조 모델의 주장에 틀림없이 동의하지 않을 것이다. 그럼에도 내가 주장하는 것은, 단위체와 세포 사이에 차이를 줄여줄 설명이 없는 한, 자연주의 관점 역시 생명의 시작에 관해 그럴듯한 과학적 설명을 제시할 수 없다는 것이다. "하나님이 하셨다"라고 말하는 것이나 "자연(Nature, 이 경우 자연은 일반적인 의미의 자연이 아니라 신격화된 자연을 뜻한다)이 했다"라고 말하는 것이나 똑같이 종교적인 설명이다.

젊은 지구 창조가 폭넓은 과학계에 진지하게 수용되기 위해서는, 이 모델이 구체적으로 대답해야 할 많은 질문이 여전히 있다.[20] 현대 젊은 지구 창조 이론에 따르면, 근본적으로 화석을 지닌 모든 퇴적암은 노아의 홍수 기간에 만들어졌다. 꽃가루가 전 세계로 퍼져나간다는 사실을 고려

---

20) YEC는 그런 질문에 대답했다고 스스로 생각할 수도 있으며, 실제로 여러 질문에 해당하는 답변을 다양한 YEC 웹사이트 상에 올려놓았지만, 내 개인적으로는 그 답변들이 불충분하고 부정확하다고 생각한다. 하지만 여기서 세부적인 분석은 생략하고자 한다.

하면, 깊은 바닷속 퇴적물 중심부와 극지방의 빙하 중심부에서도 그것이 발견되어야 할 뿐만 아니라 홍수로 침전된 모든 퇴적물 내에서도 발견되어야 할 것이다. 실제로 이런 방식으로 퇴적된 것처럼 보이는 다른 화석들도 있다. 하지만 꽃가루는 중생대(공룡 시대) 이전 암석에서는 발견되지 않는다. 젊은 지구 창조가 자신의 홍수 지질학이 옳음을 증명하려면 적은 양이라 할지라도 모든 층에 규칙적으로 꽃가루가 존재한다는 사실을 보여주면 될 것이다.[21] 마찬가지로, 세계 곳곳에서는 공룡 시대 말기를 나타내는 경계선에 이리듐(iridium), 그을음, 그리고 변종 석영(shocked quartz)이 함유된 얇은 층이 존재한다. 설령 큰 생명체들이 홍수 작용에 의해 몰렸다고 해도, 어떻게 이렇게 미세한 표지들이 그렇게 다양한 지역에 걸쳐 단 하나의 층에만 존재할 수 있었는지를 젊은 지구 창조로서는 현재 설명해내지 못한다. 또한 젊은 지구 창조에 의하면, 홍수 이후에 지각 판들의 급격한 움직임이 있었고 뒤이어 빙하 시대가 있었으며, 모든 창조물의 이동과 종 분화가 있었다. 이는 상이한 종이 나뉠 수 있을 정도의 유전적인 변화를 포함해 모든 사건이 2~3천 년 안에 일어났어야 한다는 뜻인데, 그러려면 진화가 말하는 변화보다도 더 빠른 변화 속도가 필요하다.[22]

다시 말하건대, 과학은 주로 현상을 설명하면서 시작한다. 하지만 이

---

21) YEC 그룹은 꽃가루가 선캄브리아기 암석에서 발견되었다고 말한다(예. Emil Silvestru and Carl Wieland, "Pollen paradox," *Creation Ministries*, http://creation.com/pollen-paradox). 보통 인용된 참고 문헌은 R. M. Stainforth (1966) "Occurrence of pollen and spores in the Roraima Foundation of Venezuela and British Guiana," *Nature* 210 (1966): 292-94. 이것은 예외 범주에 해당하며, 단 한 건의 자료로 좋은 설명을 하기는 어렵다. 말하려는 논지로 되돌아오면, 만약 모든 퇴적물이 대홍수 때 쌓였다면, 오늘날 꽃가루가 퇴적층에 존재하듯이 전 세계 거의 모든 퇴적층에 그것이 산재해 있어야 한다.

22) 전통적인 YEC 연대기가 말하는 대로 만약 기원전 4000년 창조 사건이 일어난 지 약 1650년 후에 노아가 생존했다면, 대홍수와 약 기원전 2000년경 중국에서 문서 기록이 시작된 시기 사이에는 단지 350년 정도의 차이만이 존재할 것이다.

내 그 단계를 넘어서려 할 것이다. 그 현상의 메커니즘과 인과 관계를 결정하기 위해서 말이다. 그러므로 과정상 일부분과 관련된 메커니즘을 제시하지 못한다고 해서 이 모델들이 비과학적이라고 말할 수는 없겠지만, 기원에 관한 논의를 계속하려 한다면 부족한 부분을 보완해나가야 할 것이다.

7.4 큰 그림 이해하기

우리는 전문가 시대에 살고 있다. 과학자들은 철학이나 신학은 고사하고 자신의 전문 분야를 제외한 다른 과학 분야의 자료조차 폭넓게 읽어낼 시간이 없다. 철학자나 신학자도 자신의 분야 중 특정 하위 분야에 대해서는 매우 잘 알고 있지만 다른 분야에 대해서는 아는 바가 거의 없다. 하지만 기원 연구를 위해서라면 과학과 신학뿐 아니라 과학의 본질에 대한 철학적 질문을 포함하는 많은 분야를 함께 다뤄야 한다. 어쨌든 우리는 큰 그림을 얻기 위해 공동 연구 방법을 찾아야 한다.

극과 극

자연주의적 진화와 젊은 지구 창조는 극과 극이라는 말을 들어본 적이 있을 텐데, 이 비유는 참으로 적절한 표현이다. 만약 한 관찰자가 북극 한 지점에서 지구를 바라본다면, 아마도 북극의 거의 50퍼센트를 차지하는 많은 땅과 중앙에는 얼음으로 덮여 있는 바다와 함께, 주로 한쪽 면을 따라 있는 바다를 볼 수 있을 것이다. 또 지구가 반시계 방향으로 도는 것처럼 보일 것이다. 반대로 남극에서는 주로 바다만 보이고, 정중앙에는 얼음으로 덮여 있는 대륙과 그 주변으로 조금 더 작은 땅덩어리들이 보일 것이다. 또 남극에서 보는 지구는 시계 방향으로 회전하고 있을 것이다. 이 두 모델이 각자 다른 부분의 정보만 이용한 것을 인정하고 서로 정보를 기꺼이 공유한다면, 상당히 완벽한 그림을 얻을 수 있을 것이다. 불행히도 기원에 관한 연구에서는 이런 경우가 없었다.

중간 지점에 관찰자가 있다면 모두는 아니지만 양쪽 반구(hemispheres)로부터 나온 약간의 정보를 볼 수 있을 것이다. 이 관찰자도 자신의 관찰 지점만이 옳고 자신만이 전부를 볼 수 있다고 주장할 수도 있고, 반대로 자기 관점의 한계를 인정하고 전체를 보는 지식에 이바지하고자 노력할 수도 있다.

물론 이 비유는 과도한 단순화다. 기원 문제상의 주된 문제는 모든 증거가 양쪽 진영에서 서로 볼 수 있도록 이미 한 테이블에 있고, 필요한 것은 단지 이 모든 증거를 한데 모아 맞춰봐야 한다는 것뿐이다. 이것이 말처럼 쉬운 일이라면, 실제로 그렇게 할 수 있을지도 모른다. 우리는 지표면에 묶여 있는 존재이고 높이 난다고 해도 비행기를 타는 정도일 뿐, 그 이상은 되지 않아 우리가 상상하는 것보다 우리의 관점은 훨씬 더 한정되어 있다.[23] 우리는 주위 사람과 대화하고 이를 근거로 우리가 살고 있는 동네에 관해 상당히 좋은 그림을 떠올릴 수도 있다. 이웃 동네 사람과도 대화를 나누며 그들이 사는 동네가 어떤지도 알 수 있다. 그러나 극과 극 사이에는 의사소통을 위한 연결 고리가 없고 언어도 다르다. 기원 문제를 지역으로 비유하자면 많은 부분이 여전히 미탐사 지역이거나 심지어 미발견 지역으로 남아 있어서 대화가 거의 불가능하다.

---

23) 설령 관찰자가 가장 높은 반영구적 관찰 지점인 국제 우주 정거장 높이에 있다고 하더라도, 관찰자는 바로 자신의 밑 지점에서 약 25° 떨어진 곳만을 볼 수 있을 것이다. 북극계 또는 남극계에서 볼 때와 거의 비슷하게 말이다. 즉 극지방에서 보는 지구의 모습은 모든 세상은 고사하고, 각 극지방이 속해 있는 전형적인 반구의 모습조차도 다 안 보인다.

의사소통의 연결 고리와 언어 문제가 해결된다고 하더라도 여전히 근본적인 딜레마가 있을 수 있다. 마치 남반구와 북반구 두 진영이 서로 지구의 꼬리가 어디냐는 문제에 대해 서로 다른 견해를 지닌 채 자신이 꼭대기에 올라서야 한다고 주장하는 것과 같다. 그래서 먼저 각 진영이 지닌 퍼즐을 한곳에 모아 함께 연구하여 완성품을 근거로 어떤 방법이 좋을지를 결정하기보다는 자신의 자리를 위해 치열한 로비를 벌이고 있다.

눈가리개 없애기

개인의 철학은 마치 말의 눈가리개 같아서 바로 눈앞에 있는 것을 잘 보게 해주지만, 동시에 우리의 관점을 제한해 특정 증거나 논의의 방향을 놓치게 하기도 한다. 또한 이 눈가리개는 반대 진영의 논의 중 최상의 것이 아닌 최악의 것에만 집중하게 만들기도 한다. 눈가리개는 말을 모는 기수에게는 유용한 물건으로, 경기 중이나 도로상에서 말의 주위가 산만해지지 않게 해서 말을 더 몰기 쉽게 해주지만, 위험한 길을 안전하게 빠져나가고자 할 때나 끊임없이 변화하는 미지의 지형을 통과하는 새로운 길을 찾을 때는 무척 불편하다. 우리의 철학적 전제를 넘어서 타인과 사회라는 눈가리개가 있다는 점도 알아야만 한다.

개인의 수준에서 각 과학자는 미완성된 그림을 가지고 있을 수밖에 없다. 기원 논쟁에서 발견되는 문제점은 과학 전반에서 발견되는 문제점과 닮았다. 어느 분야에서건 문헌의 양이 방대하기 때문에 우리는 선택해서 읽게 된다. 우리가 동의하고 우리에게 더욱 유용한 개인과 집단일수록 그들의 문헌을 더욱더 자세히 읽게 된다. 반면에 우리는 다른 의견을 가진 사람의 글은 빨리 대충 보고 지나가며 그들의 주장에 있는 잘못된 점과 공격할 점을 찾는다. 때로는 시간이 없기 때문에 자료를 읽어나갈 때도 눈가리개를 쓰게 된다.

비슷하게 우리는 자신이 알고 신뢰하는 것을 가지고 다른 사람의 연구를 판단한다. 여러 관점 사이의 충돌은 기원에 관한 영역이나 장구한 영향을 미치는 주제에만 국한되지 않는다. 모든 과학 분야에는 각기 다른 관점을 가지고 같은 주제를 연구하는 집단들이 있는데, 그들은 많은 경우에 서로 적당히 적대감을 드러내며 서로 자신의 방법이 더 좋다고 주장한다. 각 집단의 중심에는 성공적인 연구비 신청서를 작성하고, 연구 자금과 대학원생을 유치해서 많은 업적을 남기며, 논문 심사 과정에 많은 지지자를 끌어 모을 수 있는 중요한 한 사람이 자리 잡고 있다. 현재 유명한 연구소에서 성공적으로 진행 중인 프로젝트에 대해서는 거의 자동으로 연구비가 계속 지원된다. 그 분야에 대해 잘 알고 있는 누군가가 연구비 신청서를 제출한 집단에 대해 알 수 있는 힌트는 항상 충분하기에, 공정한 평가란 사실상 어렵다. 현재의 패러다임에 도전할 수 있는 새로운 생각을 가지고 있는 젊은 과학자가 제출한 프로젝트에 대한 연구비는 극히 제한적이다.[24] 우리의 경험이 우리가 고려해야 할 사항에 눈가리개를 씌워놓는 셈이다.

일부 사람이 그렇게 믿듯이 과학은 진리를 발견하기 위해 완전한 객관성과 냉철함을 요구하는 학문은 아니다. 일반 사회 과학 연구소처럼 과학 분야도 연구비 지원 기관이 정하는 특정 목표를 추구한다. 기관들이 정해놓은 기준에 맞지 않아서 다수의 좋은 연구가 연구비를 못 받고 있다. 연구비를 지원하는 어떤 기관의 관점과 다른 결과를 발표한 연구자라면, 다시는 연구비를 받기 어려울 것이다. 그래서 현재 주류 과학 기관으로부터 지원을 받은 연구가 진화와 관련해 어떤 허점도 찾지 못하고 있다

---

24) 한 평가자가 언급했듯이, 혁신 연구를 위한 연구 지원비가 있지만 그 금액이 매우 적으며, 여전히 재정 지원 기관의 목표와 부합해야만 한다고 한다. 따라서 여기서 내가 묘사한 현재 상황이 정확하다고 생각한다.

는 점이나, 젊은 지구 창조를 옹호하는 단체로부터 지원받은 연구는 지구가 젊다고 결론을 내린다는 사실은 전혀 놀랍지 않다. 연구비 지원 체계가 우리 연구에 눈가리개를 씌워놓은 것이다.

이에 대한 해결책은 있는가? 우리 손안에 있는 퍼즐 조각만을 가지고 애쓰는 한 이 문제를 해결하는 방향으로 진행할 수는 없다. 이 문제는 너무나 방대하고, 모든 조각을 가지고 있는 집단도 없다. 그러나 함께 연구하기 위해서는, 반대편의 약점이 아니라 장점, 즉 그들의 **최선의** 증거, 사례, 그리고 논증을 살펴봐야 한다. 어떤 모델에서 나온 주장 또는 어떤 전제 위에서 나온 주장이라는 이유만으로 비판해서는 안 되며, 그들이 이미 폐기한 주장에 중점을 두어서도 안 된다. 그저 공격할 부분을 찾기보다는 그들이 쓴 것을 실제로 읽어봐야 하고, 논쟁보다는 대화에 참여해야 하며, 2차 진술이 아니라 실제 증거를 직접 살펴봐야 한다.[25] 많은 작업이 필요하지만, 원하는 목표에 도달할 유일한 방법은 바로 이것뿐이다.

각 관점은 일반 대중의 눈높이에 맞추거나 학문적인 발표를 목표로 2가지 수준에서 연구와 저술을 진행한다. 대중적 수준의 저술은 공격을 받기 쉬운 편이고, 실제로 잘못된 부분이 있다면 그것은 논박당해야 한다. 교과서에서 발견되는 많은 "진화의 아이콘"(Wells, 2000)은 공격을 받을 만했다. 5장에서도 언급했지만, 어떤 논증은 폐기되었고 교과서에서 빠진 것도 있으며, 아직은 아니지만 그렇게 되어야 할 것들도 여전히 남아 있다. 다른 한편으로 창조론자들도 어떤 논증은 아예 포기하거나 수정을 가하기도 했다. 하지만 모든 견해에는 학술적 연구라는 또 다른 층위가 존재한다. 대중이 이해하기에는 너무 전문적인 증거를 학술적인 수준에서

---

25) 또 다른 이가 같은 주제에 관해 이렇게 말한 것처럼 말이다. "그리고 어쩌면 다양한 관점에서 이야기를 해야 할 것이다. 논쟁이 아니라 대화 말이다"(Ratzsch, 1996: 198).

조사하여 그것이 설득력이 있다고 판단한 그리스도인 과학자 다수는 진화 관련 견해를 고수한다. 한편, 해당 과학 분야에서 학위를 받은 새로운 그리스도인 과학자 세대가 나타나 젊은 지구 창조의 관점에서 철저하게 과학적인 대안을 발전시키고자 노력하고 있다(Ratzsch, 1996: 82). 진화 모델조차 현재 단계까지 발전하는 데 150년이 걸렸다는 점을 고려하면, 그들이 아직 성공하지 못했다고 해서 놀랄 필요는 없다. 현대 젊은 지구 창조 운동은 약 50년 정도밖에 되지 않았다. 지적 설계 운동(20년)이나 진화에 관한 비다윈주의 모델도 마찬가지일 것이다.

요즘, 과거에 전혀 교류가 없었던 여러 학문 분야를 연계하는 연구를 통해 과학에 획기적인 발전이 일어난 것처럼, 기원 논쟁의 모든 당사자가 함께 모여 일하면서 상대방을 배려하는 데 시간과 노력을 기울인다면 기원 관련 연구가 엄청나게 발전할 것으로 믿는다.

8장

기원 논쟁의 핵심: 과학의 정의

이 책 전반에 걸쳐 우리는 기원 논쟁의 과학적 측면을 주로 다루었다. 하지만 모든 과학 논쟁은 사회 배경과 함께 다뤄야 하며 이를 간과해서는 안 된다. 과학의 정의도 여타 다른 정의처럼 오랜 기간, 사회 안에서 변화를 통해 형성된 것이다. 이 정의는 경험적 증거에 기초하지 않으므로 과학의 방법론으로 결정될 수는 없다. 최근에는 이렇게 과학의 정의가 논의의 핵심으로 떠오르고 있는데, 왜냐하면 과학의 정의에 따라 어떤 모델은 과학 교육에서 제외될 수 있기 때문이다. 하지만 우리 자신의 철학적 전제에 따라 다양한 추론의 장단점을 판단하게 되듯이, 과학의 여러 정의가 얼마나 타당한지를 결정하는 일도 우리의 철학적 전제를 따른다. 지금까지의 논의가 그러했듯이 이번 장에서도 나는 어떤 특정한 과학의 정의를 주장하기 위해서가 아니라, 논쟁 전체를 독자들이 잘 이해할 수 있도록 각 관점의 논리를 하나하나 설명하려고 한다.

적어도 지난 20년 동안 미국의 여러 과학 교육 기준은 과학의 본질을 가르치는 데 중점을 두었는데, 이것은 특별히 기원을 가르치는 것과 연관되어 있다(AAAS, 1993; NAS, 1998; NRC, 1996). 하지만 이와 같은 여러 교육 기준은 과학을 정의하는 것이 상당히 어렵다는 점도 명확하게 보여주었다. 이 책의 첫 장에서 나는 거치(Gauch)의 전제-증거-논리(PEL, presupposition, evidence, logic) 모델을 인용하여 나름대로 과학을 정의했다. 그리고 이어지는 장들에서는, 서로 다른 6가지 기원 모델이 과학 영역 밖에 있는 서로 다른 철학적 전제를 기반으로 어떻게 각각 논리적 추론을 이끌어내고 같은 증거로부터 서로 다른 해석을 제시하는지 설명했다. 이번 장에서는 과학에 대한 정의 자체가 어떻게 이 기원 논쟁의 핵심에 있으며 우리의 철학적 전제에 따라 어떻게 정의되는지를 알아봄으로써 기원 논쟁을 전반적으로 정리하고자 한다. 그렇다면, 과연 우리는 과학에 대해 어떤 정의를 사용해야 하며 왜 그 정의를 사용해야 하느냐는 질문이 떠오를 것이다.

8.1 어떤 과학의 정의를 사용할 것인가?

베이비붐 세대는 과학이 객관적 진리로 여겨지던 시대에 자라났다. 경험적 증거가 견고하게 뒷받침된 과학은 절대 진리로 여겨졌는데, 이는 프랜시스 베이컨(Francis Bacon)과 논리 실증주의의 유산이었다. 그러나 현재 과학자들과 과학철학자들은 모두 과학에서 인간적이며 주관적인 요소를 제거할 수 없다는 사실뿐만 아니라 실제로 주관적인 요소도 과학의 한 부분임을 점차 받아들이고 있다. 그런데도 교육에 몸담은 많은 이들은 아직도 실증주의에 근거한 과학의 정의를 아이들에게 가르치고 있다. 이미 확립된 질서를 (물리적으로나 이념적으로) 뒤엎는 혁명 없이는, 사회 관습이 변하기까지 오랜 시간이 걸린다. 낡은 생각은, 그것을 지닌 사람 자신과 마찬가지로, 그 영향력을 다음 세대에 쉽게 양도하려 하지 않는다. 그러나 과학의 정의는 변하고 있으며, 우리는 그 이유를 이해해야 한다.

이제 우리는 과학의 정의와 관련된, 깊이 있는 4가지 문제를 집중적으로 살펴보고자 한다. 첫째, 경험적 지식은 본질상 다른 지식보다 우위에 있는가? 둘째, 과학에 대한 보편적인 정의가 과연 있는가? 셋째, 과학이 초자연적인 개입을 탐지하는 것이 이론적으로 가능한가? 마지막으로, 과학 또는 과학과 관련된 우리의 정의가 어느 정도나 객관적일 수 있는가?

실증주의의 부적합성

주로 자연주의 철학 관점으로 말하는 몇몇 무신론자는 과학만이 지식을 쌓는 유일한 방법이라고 주장하는 과학주의(scientism)를 고수한다. 그러나 이런 과학주의에는 치명적인 철학적 약점이 있다.

과학에는 보편적이며 명확한 결과를 보여주는 많은 분야가 있다. 물리 법칙은 어떤 사람이 실험을 해도 항상 같은 결과를 보여준다. 그러나 이 물리학에서도 연구 대상이 매우 크거나 매우 작은 경우, 혹은 매우 복잡하거나 매우 멀리 떨어져 있다면, 대부분 그 실험 결과에 관한 해석이 하나 이상 존재하게 된다. 이러한 해석에는 연구자 자신의 철학적 가정을 포함해 여러 가지 가정과 배경 지식이 내재해 있으며, 현대의 과학 철학자들은 대부분 이를 인식하고 있다.

과학이 완전히 경험적이지 않다는 점을 깨닫긴 했지만, 어쨌든 과학은 경험적 증거에 기반을 두었으므로 다른 어떤 종류의 지식보다 우위에 있다고 주장하는 사람이 여전히 많다. 하지만 이 주장은 그 자체로 치명적인 결함을 지니고 있다. 경험적 증거가 다른 논증보다 우위에 있다는 주장 자체가 경험적인 증거로 뒷받침되지 않는 비경험적 진술이기 때문이다. 만약 이런 기초 주장의 기반 자체가 비경험적이라면, 실증주의에 대한 우선성 자체가 약화되고 붕괴될 것이다.[1]

과학을 뒷받침하는 철학적 전제 없이 과학을 하기란 불가능하다. 우리 시대에 어떤 전제와 법칙이 과학 연구를 주도하고 있는가 하는 질문이 곧 기원 논쟁의 실제 근간이다. 그리고 경험적 증거로는 이 논쟁을 해결할 수 없다.

---

1) 다른 많은 이도 같은 견해를 주장하고 있으며, 더 깊이 있는 설명을 제시하고 있다(예. Ratzsch, 1996).

과학에 대한 서로 다른 정의

만약 과학 이외의 방법으로도 지식을 습득할 수 있다면, 비록 그 경계가 명확하지 않더라도 과학과 다른 방법의 차이를 잠정적으로 정의하는 일은 매우 중요할 것이다. 이 책에서 나는 과학에 대한 거치의 정의를 잠정적으로 사용했지만, 이외에도 다른 정의가 많이 제시되고 있다.

다른 사회 제도처럼 과학도 끊임없이 변화하고 있으며, 사회 흐름을 반영하기도 하고 그것에 영향을 주기도 한다. 그러므로 과학을 한 가지로 규정하기란 불가능하다. 과학은 각 사회에 따라, 매 시간마다 동일하지 않다. 특정 과학 분야마다 과학자들이 특정한 때에 적합한 과학 기술이 무엇인지를 결정하는 동안, 과학철학자들과 과학사가들은 무엇이 과학을 정의하는가를 규명하기 위해 더 넓은 시야를 갖고 연구했다. 그리고 그들이 말하는 바에 따르면, 과학의 정의는 끊임없이 변하고 있다.[2]

20세기만을 놓고 봐도, 귀납주의(inductivism), 가설-연역주의(hypothetico-deductivism), 반증주의(falsificationism), 후기 경험주의(postempiricism)와 같은 4가지 과학 패러다임이 대중적으로 인기를 얻었다가 사그라졌다(Ratzsch, 1996: 8장). 과학철학자들은 이 4가지 패러다임이 적절하지 않다는 점을 보였지만, 아직도 몇몇 단체에서는 어떤 것이 과학적인가를 판단할 때 해당 패러다임을 **유일한** 기준으로 사용하도록 장려하고 있다.

종종 젊은 지구 창조와 관련된 문헌들은 과거사가 과학적으로 연구될 수 없다는 점과 실험과학만이 진정한 과학이라는 인상을 준다.[3] 모든

---

2) 과학의 역사적·현대적 개념에 대한 정리 및 창조/진화 관련 이론이 자연 과학에 대해 언급할 때 범하는 오류에 대해서는 Ratzsch(1996: 8-11장)와 Ratzsch(2000)를 보라.

3) 젊은 지구 창조를 지지하는 이들은 아마도 이를 부인할 것이다. 그러나 이것은 신뢰성이 높은 실험 과학과 신뢰성이 낮은 역사 과학의 차이점을 찾기 위해 젊은 지구 창조론자들 사이에서 매우 일반적으로 사용되고 있다. 예를 들면 "그러나 이러한 가르침은 경험적(재현 가능성과 실험 가능

과학자가 보편적으로 추구하는 과학 방법은 없다는 사실이 지난 수십 년 동안 알려졌지만, 아직도 이 정의는 "과학 방법론"이라는 오래된 교과서에 수록된 과학의 정의를 고수하고 있는 것처럼 보인다.[4] 많은 현상이 실험하기에는 너무 크거나 작고, 혹은 너무 느리거나 빠르므로, 어떤 변수나 반복되는 실험을 수정하기 위해 과학은 실험 외에도 관찰을 통해 이루어지기도 한다. 이 방법은 천문학, 기상학, 기후학에서부터 입자물리학, 양자물리학 및 실험에 도덕적 한계가 있는 역학(epidemiology)에 이르기까지 과학 분야 전반에 걸쳐 사용된다. 또한 특정 과거사를 연구하는 많은 역사 과학 분야가 있다. 고고학을 과학에서 분리하지 않고는 진화 관련 연구가 과학이 아니라고 할 수 없는데, 정작 이런 주장을 하는 젊은 지구 창조론자들은 고고학을 사용하여 성경의 역사적 진실성에 대한 증거를 제시하려고 한다.

반대로 진화 모델은 창조 모델이 실험적 예측과 반증을 제시할 수 없으며 방법론상 자연주의 원칙과 부합하지 않으므로 과학이 아니라고 주장하기도 한다. (이론-연역주의와 관련된) 예측과 반증 모두 과학을 정의하기에는 불충분한 기준이라는 점이 알려졌으며(Gauch, 2003: 3장), 따라서 위 근거 중 어느 하나도 주장을 강하게 뒷받침하지는 못한다. 자연 현상을 오직 자연주의로만 설명하기 위해 과학이 반드시 자연주의적인 방법론만을 사용해야 하느냐는 문제는 더욱 신중하게 다룰 필요가 있다.

진화 및 창조 관련 견해는 모두 과학이 자연 세계와 경험적인 현상에 대한 연구를 포함하는 분야라는 데는 동의하지만, 따라서 초자연적인 영

성)인 관점에서 과학이 **아니다**. 과학자들은 지금 연구하는 현재만을 다룰 뿐이다. 현재와 과거를 연결하는 것은 증명이 불가능한 추정을 기반으로 한 해석을 포함한다"(Ham, 2006: 50).

4) 일반 교과서에서 기술된 과학적 방법은 질문을 제기하고 가설을 세우는 데서 시작하여, 실험을 통해 이 가설의 진위를 따진다. 일반 학교의 과학 교육에는 이 설명이 유용할지 모르겠지만, 과학이 실제로 어떻게 수행되는지를 설명하기에는 매우 부족하다.

역이 과학의 영역에서 당연히 배제되어야 하느냐는 질문에는 서로 다른 견해를 보인다. 기원 논쟁과 관련된 다른 대부분의 주제와 마찬가지로, 이 문제도 서로 다른 두 관점으로 문제를 바라보기 때문에 발생한다. 자연주의적 진화, 비목적론적 진화, 계획된 진화는 **현상과 경험적 자료의 자연적 원인과 설명**을 찾는 과업이 과학이라고 주장한다. 반면에 인도된 진화, 오래된 지구 창조, 젊은 지구 창조는 **자연 현상과 경험적 자료의 원인과 설명**을 찾는 과업이 과학이라고 주장한다. 여러분은 위 문장에서 단어 하나의 위치가 얼마나 큰 차이를 만드는지 알아차렸을 것이다. 첫 번째 범주에 속하는 모델들은 방법론적 자연주의를 수용하면서 과학을 자연적 **설명**을 찾는 학문으로 국한하고 있다. 반면에 방법론적 자연주의를 배제하는 모델들은 과학을 자연 **현상**에 대한 설명을 찾는 학문으로 확장한다.

과학에 대한 서로 다른 두 정의는 두 집단이 지닌 철학적 전제와 밀접하게 연관되어 있다. 자연주의적 진화는, 초자연적인 것은 존재하지 않으므로 지식을 습득하는 유일하고 타당한 방법은 과학뿐이라고 주장한다. 비목적론적 진화와 계획된 진화는 지식에 대해 상호 보완적인 태도를 보이면서 과학과 과학이 아닌 지식의 습득은 분명하게 나뉘어야 한다고 주장한다. 이 두 관점은 증거와 설명이 반드시 과학으로 증명할 수 있는 자연 영역에 기초해야 한다고 말한다. 지식의 상호 작용에 기반을 두는 인도된 진화와 오래된 지구 창조는 이 상호 작용을 당연한 것으로 여기면서 과학과 과학이 아닌 지식의 습득을 나누는 데 반대한다. 따라서 과학은 경험적 자료에 대한 설명을 자연 영역이든 초자연 영역이든, 혹은 둘 사이의 상호 작용이든 관계없이 찾아야 한다. 젊은 지구 창조는 과학만으로는 찾을 수 없는, 창조에 관한 어떤 지식을 하나님께서 성경 안에 기록하셨다고 주장한다. 따라서 앨빈 플란팅가(Alvin Plantinga, 2006)가 언급했듯이, 마지막 세 모델은 "만약 당신이 과학에서 초자연적인 것을 배재한다면, 그 안에 속한 세상이나 몇몇 현상이 (세상 사람들이 대부분 믿고 있듯이) 초자연적으로 발생했을 때, 당신은 진리에 과학적으로 접근할 수 없을 것이다"라고 주장한다.[5]

과학에 관한 이 2가지 정의는 서로 다른 철학적 토대 위에 세워졌다. 하지만 그중 어느 정의가 더 낫다고 말할 수 있을까? 이 질문에 대답하려면, 과학에 대한 우리의 정의와 과학에 대한 우리의 전제를 먼저 고려해야만 할 것이다.

전제와 과학의 정의

거치의 전제-증거-논리 모델에 따르면, 어떤 과학적 주장이라도 전제, 증거, 논리에 기반을 둔다(Gauch, 2003: 128). 중요한 것은, 고려할 수 있는 다양한 가설로부터 전제를 세워야 하고 "각 가설의 신뢰성에 대해 차별이 없어야"(p.127) 한다는 점이다. 더 나아가 거치는 "너무 많은 전제를 갖고 있으면 과학을 하나의 세계관에만 결부시키고 다른 세계관과 단절시켜서, 과학으로 하여금 그 객관성을 잃게 할 것이다"(p.113)라고 말했다.[6] 따라서 과학이 특정한 하나의 철학적 관점과 결합하지 않으려면, 전제의 적절한 수준을 고려하는 것이 반드시 필요하다. 특별히 초자연적인 것이 자연 과정과 상호 작용하지 않는다고 전제하는 것이 과연 적절할까?

과학자는 자연 세계가 존재한다는 데 모두 동의한다. 또한 여섯 모델 중 다섯 모델에 속한 과학자들은 초자연적인 어떤 것이 존재한다고 확신한다. 순수 논리학에 기초하여 거치는, 만약 자연(N)과 초자연(S)이 동시

---

5) 이 인용문은 항상 제대로 된 출처 없이 사용된다. 이 인용문이 포함된 학술지는 더는 출간되지 않지만, 해당 논문은 www.discovery.org/a/3331에서 볼 수 있다.

6) Gauch는 내가 이 책에서 한 것처럼 **세계관**을 정의하거나 그 문화적·개인적 요소를 나누지는 않았다. 대부분의 경우 그의 세계관은 내가 "개인의 철학"이라고 부르는 것과 같은 개념이다.

에 존재한다면 이 둘 사이에는 상호 작용(S × N)이 있을 수도 있으며, 만약 이 상호 작용이 존재한다면 이 작용이 자연 요소를 포함할 것이므로 그것은 과학으로 연구할 수 있는 영역이라고 설명했다. 또한 그는 다음과 같이 지적해준다. "결국 자연 대상을 과학적 방법으로 관찰할 때 초자연적 설명과 세계관이 필요할 법한 경우는 일어나지 않을 것이라고 가정할 수 있는 것은 오직 초자연적 실체와 자연적 실체 사이에 상호 작용이 없는 경우뿐이다"(Gauch, 2003: 372). 계속해서 그는 이렇게 말했다.

더 나아가 과학의 위치를 공공 제도로 유지시키기 위해, 과학의 전제들은 반드시 (극단적 회의주의를 제외한) 모든 세계관을 포함하는 세계관 포럼에 적절해야 한다.…만약 어떤 세계관으로 설명할 수 있는 세계라면, 초자연적 활동의 자취는 과학적 관찰로 찾을 수 없을 것이다. 하지만 만약 다른 어떤 세계관을 사용해 설명해야 한다면, 우리는 거기에 초자연적인 설명이 필요한 과학적 관찰이나 물리적 관찰이 있을 것이라고 예상할 수 있다. 그리고 또 다른 세계관으로 설명될 수 있는 세상이 여전히 남아 있다면, 관찰 가능한 자연적·초자연적 현상의 상호 작용이 존재하는지를 예측하기란 어려울 것이다. 어떤 경우든, 방법론적 관점에서 중요한 점은 다음과 같다. 즉 물리적 현실과 비물리적 현실이 상호 작용하는지 혹은 그렇지 않은지를 판단하는 가설은 (타당한) 과학적 전제의 범주에 속하지 않음이 명확하기 때문에, 이러한 가설들은 적절하면서도 용납되는 자료들이 확인되고 모였을 때만 그 자료들을 고려하여 적합성을 유지할 수 있다는 것이다(2003: 372).

거치가 옳다면, 어떤 가설이 단지 설명을 위해 초자연과 자연의 상호 작용을 언급했다는 이유로 이를 배제하는 것은 전제를 오용하는 것이다. 그보다는 이러한 상호 작용을 뒷받침할 만한 증거가 있는지를 질문하는 것이 논리상 타당하다. 자연적 설명에 한정된 과학의 정의를 선호하는 세 모델(사연주의적, 비목적론적, 계획된 진화)은 이러한 상호 작용에 대한 증거가 존재하지 않는다고 여긴다. 이와 반대로, 두 창조 이론(오래된 지구 창조, 젊은 지구 창조)은 그 증거가 존재한다고 생각한다. 마지막으로, 인도된 진화는 하나님의 간섭을 과학적으로 발견할 수 있다는 부류와 그렇지 않다고 생각하는 부류로 나뉜다.

창조 관점을 수용하는 이들의 경우, 왜 비목적론적 진화가 과학을 자연 인과로 한정하려 하는지를 이해하기란 어렵지 않다. 비목적론적 진화는 자연계 외에 아무것도 존재하지 않는다고 주장하기 때문이다. 하지만 계획된 진화가 왜 이렇게 한정된 과학의 정의를 수용하는지를 이해하기란 쉽지 않다. 이 모델을 지지하는 이들은 하나님의 아들이 사람의 형태로 오셨고, 죽음에서 부활하셨으며, 성경에 나오는 다른 기적 역시 많은 경우에 사실이라고 인정한다. 따라서 자연적 인과 관계로 설명할 수 없는 이 모든 것을 하나님께서 이 세상을 창조하신 이후에, 역사의 흐름 속에서 수행하셨다는 점을 인정한다. 그러나 계획된 진화를 지지하는 이들은 구속사에서 하나님께서 일하시는 방식과 자연사나 형성사에서 그분이 일하시는 방식이 서로 다르다고 주장한다. 더 나아가 그들은 과학의 정의를 확장하는 것은 과학주의의 손아귀에 놀아나는 것이며, 과학이 침해할 수 없는 신학 영역을 보호하기는커녕 과학의 영역을 확장하는 행위라고 주장한다.

반면에 지적 설계나 창조 모델을 옹호하는 이들은 과학이 하나님께서 사용하셨을 법한 두 번째 메커니즘(제2원인)을 계속 연구하는 것은 타당하지만, 그리스도인이라면 성경에 특별히 언급되어 있지 않지만 하나님께서 직접 개입(제1원인)하신 기간이 있을 수 있다는 가능성에 열려 있어야 한다고 주장한다. 이를 기초로 그들은 하나님이 직접 개입하신 증거를 찾아야 한다고 주장한다.

여기서 다시 한 번 강조해야 할 점은, 양쪽 모두 하나님이 어떻게 일하시느냐는 질문에 대한 주장이 자료에서 얻어진 결론 자체를 유도하는 것이 아니라 과학 연구의 방향을 설정한다는 것이다. 이는 과학에 관한 어떤 정의가 온전히 객관적인 철학적 전제를 지닐 수 있느냐는 궁극적인 질문을 다시 불러일으킨다.

과학의 객관성

거치는 과학이 객관적이며 또한 객관적이어야만 한다고 주장한다. 이는 주요 과학 단체의 주장과도 일치하며, 자연계의 실재 자체를 부정하는 극단적인 회의론을 제외한 여타 철학적 전제로부터 거의 독립적이라는 데 강점이 있다. 하지만 과학이 객관적이어야만 하는가? 그리고 과학의 **정의** 자체가 객관적이어야만 할까? 이런 질문에 대한 대답 역시 우리의 철학적 전제에 달려 있다.

진화 관련 모델을 주장하는 이들은, 진화를 통해 해석할 경우 똑같이 적용되는 기본 설명이 어떤 철학과 관계없이 자료와 일치한다는 장점이 있다고 주장하면서, 이에 반해 창조와 관련된 설명은 명백히 하나의 철학적·신학적 관점에만 결부되어 있다고 말한다. 한편, 창조 관련 모델(젊은 지구 창조, 오래된 지구 창조)을 추종하는 이들은 창조를 연구하는 과학이야말로 창조자의 **존재**뿐만 아니라 그의 **정체**도 밝혀줄 것이라고 주장한다. 이 관점에 따르면 과학은 객관적이지 **않으며**, 오히려 과학을 통해 성경과 기독교 세계관의 진실성을 입증할 수 있을 것이다. 세 번째 견해는 지적 설계다. 이 관점은 기본적으로 초자연과 자연의 상호 작용을 탐지할 수 있으며 그 상호 작용이 설계를 보여준다고 주장한다. 하지만 이 견해는 초자연적 존재의 정체성을 드러내어 한정하려 하지는 않으며, 그것은 오직 신학을 연구하여 알 수 있다고 말한다.

따라서 과학이 객관적인가 하는 질문은 신학적 견해뿐만 아니라 철학적 견해에도 밀접한 영향을 미친다. 스펙트럼의 왼쪽 끝에 있는 모델들은 과학이 객관적이어야 하며 세계관과 상관없는 결과를 제공해야 한다고 주장한다. 과학과 종교가 서로 다른 질문을 다루기 때문이다. 스펙트럼의 오른쪽에 있는 대다수 모델은, 창조에 관한 연구가 그 창조자를 밝히게 될 것이며 하나님의 일반계시와 특별계시가 서로 나뉠 수 없다고 믿기 때문에, 객관적 시각으로 과학을 연구한다는 것은 불가능하다고 말한다.

마찬가지로, 많은 과학 단체 및 과학 교육 단체에서 최근 사용하는 과학의 정의에 따르면, 창조 관련 모델들은 특정한 종교를 믿는 신앙에 근거하며 따라서 객관적이지 않으므로 과학적이지 않다. 반대로, 만약 같은 정의가 종교적 믿음이라는 이유로 미국 인구의 절반이 수용하는 관점을 배제하게 된다면, 이것이 객관적이라고 말할 수 있는 것일까?[7] 모든 종교가 과학의 한 정의에 동의한다면 (그 정의가 과학과 종교를 다른 영역으로 설정하는 한) 과학의 정의는 종교로부터 독립적일 수도 있다. 그러나 누군가가 과학과 종교를 서로 구별되는 지식 영역으로 확실한 선을 긋기 전까지는 철학적 전제와 상관없는 유일한 과학의 정의가 존재하기란 어렵다.

---

7) 지금 우리는 과학의 정의가 해당 정의가 기반을 둔 다양한 철학적 전제와 관련해 객관적일 수 있는지를 묻고 있을 뿐, 어떤 특정 모델이 사실인지를 묻고 있지 않다는 데 주목하자. 기원과 관련해 발생했던 사건들에 대한 정확한 해석이 무엇이냐는 질문에 대해서라면 결국 여섯 모델 중 하나만이 진리일 것이다. 여기서 다루고자 하는 질문은 이 여섯 모델이 모두 과학적 설명으로 불릴 수 있느냐는 것이다.

8.2 기원 논쟁의 핵심

지금까지 우리는 과학의 정의가 어떻게 기원 논쟁의 핵심인지 살펴보았다. 이제 우리는 기원 논쟁 자체가 왜 중요한지 살펴보도록 하겠다. 아마도 서로 다른 기원 모델의 논지를 접해봤겠지만, 정작 논쟁이 일어났을 때는 감정과 이성 사이에서 종종 감정이 이기곤 했을 것이다.[8] 우리가 믿는 가치를 이성적으로 설명하거나 변호할 수는 있겠지만, 개인의 철학적·종교적 선택은 대개 과학적 증거와는 무관하다. 우리가 자신의 선택이 옳다고 확신한다면, 자연스럽게 그것을 다른 사람에게 전하려 할 것이다.

개인의 철학적 견해뿐만 아니라 개인이 속한 사회를 지배하는 세계관도 있으며 그 세계관은 다음 세대에 큰 영향을 미친다.[9] 그러므로 어떻게 과학을 정의하고 기원을 가르쳐야 할 것인가와 관련된 논쟁은 다음 세대의 감정을 지키는 핵심이다. 하지만 과학 교육이 종교에 대해 중립이어야 한다고 주장하는 사람들조차도 중립을 지키는 방식에 대해서라면 서로 다른 견해를 보인다. 나는 과학을 우리와 다른 방식으로 정의하며 하나님이 창조하신 방식을 우리와 다르게 이해하는 그리스도인 형제자매를 어떻게 대해야 할지 생각해보는 방향으로 결론을 도출하려고 한다.

미국 젊은이들을 위한 투쟁

기원 논쟁의 과학 관련 측면을 벗어나면 그다음으로 사회적 측면을 마주하게 되는데 그 주요 양상은 어린아이들과 관련된다. 다시 말해 학교에서 어떻게 기원이라는 주제를 다룰 것이냐 하는 논쟁으로, 이 논쟁에서는 과

---

8) 물론 자연주의는 감정과 이성을 뇌가 만들어낸 허상이라고 주장한다.
9) 어떤 사회를 지배하는 세계관은 그것을 지지하는 숫자만으로 측정될 수는 없으며, 서로 다른 세계관을 지닌 사람들의 권력과 영향력을 포함해 측정해야 한다.

학의 정의가 중요한 역할을 한다. 진화를 주장하는 이들은 대부분 창조를 주장하는 이들이 자신들의 논증을 과학이 아닌 종교적 논증이라고 부르는 한, 얼마든지 주장을 펼쳐도 된다고 말한다. 그러나 창조를 주장하는 이들은 자신의 기원 모델이 과학이라고 주장한다. 이때 그들이 의미하는 과학은 과학과 종교를 명확하게 구분하지 않는 어떤 철학에 기반을 둔다. 2장에서 다뤘듯이 어떤 특정 종교를 언급하지 않고도 기원에 대해 가르칠 수는 있다. 하지만 어떤 철학적 관점을 암묵적으로라도 받아들이지 않고는 기원에 대해 가르칠 수 없다. 어떻게 교육 정책이 현시점까지 왔는지를 이해하기 위해 우리는 미국에서 일어났던 공적 논쟁의 역사에 대해 간단히 알아보고자 한다.

백년 전까지만 해도 학교에서는 창조론을 가르쳤으며, 진화를 가르치는 것은 금지되었다. 1947년에야 비로소 "교회와 연방의 분리"라는 문구가 법으로 제정되었다(Everson v. Board of Education, 330 U.S. 1). 제2차 세계대전 이전에는 사람들이 대부분 하나님이 세상을 창조하셨다는 기독교의 가르침에 동의했다. 창조의 방법은 사회적 쟁점이 아니었으며, 교과서들도 꼭 그 문제에 답하려고 하지는 않았다. 냉전 시기에 시작된 교과 과정 개정으로 나타난 Biological Science Curriculum Study(이하 BSCS, 1958년에 시작됨) 같은 교과서들은 진화를 생물학 교과 과정의 핵심으로 다뤘다. 한때는 각 지역 공동체 내에서 상대적으로 균일한 가치관을 반영했던 교육이 이제는 연방과 주정부 정책에 의해 통제되기 시작했다. 교육에서 교회의 역할이 축소됨에 따라 인간의 진화를 가르치는 것을 금지하는 연방법은 1968년에 폐지되었다. 이 판결은 과학을 자연 과정을 설명하는 데만 한정했다는 점에서 중요한 의의를 지닌다(Epperson v. Arkansas, 393 U.S. 97).[10]

---

10) 여기서 법정에서 자주 사용되는 과학의 정의는 Michael Ruse의 증언에 기반을 두고 있다. 그

그러나 법원의 결정이 대중의 생각을 통제하지는 못하며, 많은 사람이 법원의 결정에 동의하지 않을 수도 있다.[11] 교육의 세속화와 진화의 약진에 대한 대응으로, 1961년에 『창세기의 홍수』(The Genesis Flood)가 출간되었다. 이는 많은 보수 교회를 자극하고 젊은 지구 창조 운동을 시작하는 계기가 되었다. 최신 논쟁의 투쟁 전선이 이렇게 형성된 것이다.

새로운 교과 과정의 등장으로 유신 진화를 주장하는 이들은 다른 진화론자 혹은 그리스도인 가운데 어느 한곳을 선택해야만 했다. 핵심 사안이 과학 교육이었으므로, 그들은 그들이 선호했던 과학적 해석을 선택했다. 수년간 지속된 논쟁의 다른 쪽에는 창조 관련 단체가 있다. 특히 젊은 지구 창조와 오래된 지구 창조 사이에는 항상 미약한 교류만 있었다. 이 두 진영이 진화에 대항해 연합하려 할 때, 창조 기간에 대한 서로 다른 해석은 그들의 연합을 방해했다. 최근에는 새로운 연합이 지적 설계를 주축으로 형성되고 있다. 이는 다윈주의 진화와 과학의 최신 정의에 반대하는 창조 단체와 유사하지만, 중도주의 연합의 성격이 더 짙다. 하지만 아직 창조 단체의 대다수를 차지하는 젊은 지구 창조론자들의 지원을 받지는 못하고 있다.

진화 측을 연대시키는 힘은 과학이 종교적 믿음으로부터 독립적일 수 있다는 그들의 정의에서 비롯된다. 지적 설계의 강점은 어떤 특정 모델을 지지하지 않아도 된다는 데 있으며, 현재까지는 진화적 창조, 오래된 지구 창조, 젊은 지구 창조를 지지하는 그리스도인들이 모두 모여 자유롭게

증언은 다음과 같다. 어떤 이론이 과학이 되기 위해서는 ① 자연 법칙을 따라야 하며, ② 자연 법칙으로 설명되어야 하고, ③ 경험적 세계를 따르지 않는 방식으로 검증해볼 수 있어야 하며, ④ 결론은 잠정적이어야 하고, ⑤ 반증할 수 있어야 한다. 나중에 여러 분야의 많은 학자가 이 정의의 다양한 부분에 이의를 제기했으나, 법으로 그 정의를 바꾸지는 못했다.

11) Bill Clinton 전 대통령의 재판에서 "성적 행위"의 정의나 George Bush 전 대통령의 재선 때 유효한 선거 도장의 인증에 대한 정의와 같이 판결에서 정의가 중요한 경우에는 특별히 더 그렇다.

자기 견해를 밝힐 수 있는 유일한 토론장을 제공해주기도 한다.

공공 정책이 변함에 따라 입증 책임도 변했다. 1925년 당시 스콥스 재판에서 입증 책임은 진화론자들이 그들의 소송에 장점이 있음을 보이는 것이었으며, 무신론자들은 신이 존재하지 않는다는 것을 보여줄 책임이 있었다. 그 후로 사회에서 종교의 영향은 썰물처럼 빠져나갔으며, 사회는 갈수록 다원화되었다. 이제 입증 책임은 유신론자들이 신의 존재를 밝히고, 창조자가 있거나 진화에 문제가 있음을 밝히는 것으로 바뀌었다.

이러한 입증 책임이 한쪽에만 주어지는 것은 어쩔 수 없다. 많은 경우 법정 소송은 다른 식으로도 해석될 수 있는 정황 증거를 기반으로 판결이 나며, 그 판결은 교착 상태에 빠졌을 때 어떤 방향으로 가야 할지를 미리 판단해 결정되어야 한다. 만약 고소당한 사람이 증거가 입증되지 않아 풀려나왔다고 해도, 이것이 그 사람의 무죄를 증명해주지는 않는다. 이는 증거 없이 쇠창살 아래 죄 없는 사람을 가두는 것보다는 차라리 죄인을 자유롭게 해주는 것이 더 낫다는 것이 사회의 결정임을 의미한다. 마찬가지로, 현재 창조론이 진화를 반대할 증거를 제시할 수 없으므로 진화를 자유롭게 이야기할 수 있다고 해서 진화에 전혀 문제가 없다는 것은 아니다. 이 진화-창조 소송은 교착 상태에 있다. 배심원들은 이념에 따라 나뉘어 있지만, 사회는 학교에서 기원에 대해 무언가를 가르쳐야만 한다. 최근 사회는 신의 존재를 전제하는 모델보다 신에 대해 중립적인 모델을 가르치는 것이 낫다고 생각하고 있다.

아마도 우리는 입증 책임이 없는 완벽한 세상을 꿈꿀 것이다. 만약 피고를 포함해 모든 사람이 항상 진실만을 말한다면, 재판은 매우 짧게 끝날 것이며 판결은 언제나 공정할 것이다. 그러나 재판 전 선서를 했음에도 사람들은 아직도 재판 결과에서 자신의 이익만을 좇고 있으며, 심지어 진실 외에 다른 것을 말하지 않았다고 하더라도 그것이 항상 진실 전체인 것은 아니다. 이런 상황은 기원을 어떻게 가르칠 것인가 하는 문제에도 그대로 적용된다. 각 진영은 상대편 주장의 강점과 약점을 인정하려 노력하기보다 자신이 이 소송에서 이기는 데만 관심을 둔다.[12] 이런 태도는 매우 위험하다. 다음 세대에게 영향을 미칠 권리, 특정 이념에 대한 갈망, 특정 철학을 알리고 싶은 욕망은 제대로 해석된 증거를 완전히 공개하려는 의도를 막을 수 있으며, 이는 진리를 자신만이 알고 있다고 믿고 있을 때 더욱 깊어질 수 있다.

토론장을 평평하게 다듬기

이제 다른 비유를 들어보자. 스포츠 정신은 모든 참가팀이 동등한 조건으로 경기하기를 요구한다. 그러나 기원 논쟁에서는 종종 홈그라운드의 이점을 가진 팀이 승리자로 나타나기도 한다. 많은 경우 이것은 대다수 청중이 동의하는 과학의 정의를 홈그라운드로 설정하기 때문에 일어난다. 다윈 시대 이후로, 토론장은 처음에는 한쪽으로 기울어졌다가 다시 반대쪽으로 기울어지게 되었다. 무거운 추가 양끝에 걸려 있을 때는 양끝에서 각자의 선호에 맞는 쪽으로 기울어지도록 노력하는 것을 막을 수 없다. 하지만 시간이 지날수록 스펙트럼 중간의 견해가 더욱 소리를 내게 되며, 어떤 이들은 토론장을 공평하게 만들려 애쓰고 있다. 비록 그렇게 하는 가장 좋은 방식에 대해서는 아직 합의가 이뤄지지 않았지만 말이다.

2010년 봄, 휘튼 대학교(Wheaton College)에서 스티븐 바(Stephen Barr)와 마이클 비히(Michael Behe) 사이에 지적 설계를 과학으로 가르쳐야 하는지를 두고 토론이 열렸다. 물리학자인 바는 이 책의 분류를 따른다면 아마도 계획된 진화에 가깝다. 한편 생화학자이며 지적 설계를 옹

---

12) 이 점이 과학적 논쟁에서도 일어나느냐는 것은 별개의 쟁점이다.

호하는 비히는 인도된 진화에 가깝다고 볼 수 있다. 이 두 관점은 기원 논쟁 스펙트럼 중앙의 인접한 위치에 있었지만, 그들의 철학적인 신념은 그들이 서로 합의할 수 없음을 확인시켜주었다. 결국, 여러 토론에서 빈번하게 일어나는 경우처럼, 두 사람은 그들의 의견을 갈라놓은 근본 쟁점은 풀어내지 못한 채, 청중을 설득하기 위해 서로의 쟁점과는 상관없는 이야기만을 늘어놓았다.

두 사람 모두 본질적으로는 동등한 토론장을 추구했다. 하지만 스티븐 바는 과학에서 철학을 제거해야 한다고 주장한 반면, 비히는 다른 철학들도 똑같이 접근해야 한다고 주장했다. 바에 따르면, 지적 설계는 과학이 아니라 철학이므로 과학으로서 가르치면 안 된다. 그렇지만 그 말대로라면 무신론도 철학이므로 과학 교육에서 금지되어야 할 것이다. 비히는 이와 다른 견해를 보였는데, 많은 과학 교과서에서 철학적 자연주의가 실제로 강조되고 있으므로, 지적 설계 역시 과학 교과서에 허용되어야 한다고 주장했다.

둘 다 풀지 못한 근본 질문은 정말로 어떤 철학 관점에 대한 암묵적인 승인과 강조 없이 과학을 하거나 가르칠 수 있는가 하는 점이다. 지적 설계 운동의 가장 중요한 목적은 현시대의 주된 패러다임과는 다른 과학 철학을 퍼뜨리자는, 그래서 과학의 최신 정의에 도전하자는 것이다(이것은 매일 실제로 수행되는 과학 활동에 도전하자는 뜻은 아니다). 어떤 사람은 지적 설계가 과학이 아니라고 주장하다가 종종 암묵적으로 이 사실을 눈치채기도 한다. 지적 설계가 진화를 지지하는 진영이 규정하는 과학이 아니라는 것은 사실이라 하더라도, 이것은 "과연 기존의 틀과 다른 어떤 철학적 틀로 과학을 해도 괜찮은가?"라는 근본적인 질문에 아무런 답을 주지 않는다. 기본적으로 누구든 근본적인, 때때로 내포된 어떤 철학적 틀 없이 과학을 하기란 불가능하다.

우리는 어떤 결론을 내려야 하는가?

이제 우리는 어떤 결론을 내려야 할까? 다른 사람에게는 자명하지 않거나 진리로 받아들여지지 않더라도 우리 개개인은 자명한 진리로 받아들이는 것들이 있다. 우리 각자에게는 증거에 반하지도 않고 증거에 의해 확정되지 않더라도 참이라고 믿는 것들이 있다. 유신론자든 무신론자든 이 상황은 같으며, 이것은 다양한 기독교 신앙에도 적용된다. 그렇다면 우리는 문서 증거인 성경과 경험 증거인 과학을 다르게 해석하는 사람들을 어떻게 대해야 할까?

마지막 분석을 상기해보면, 우리 모두는 우리가 볼 수 없거나 과학적으로 판단할 수 없는 어떤 것을 믿고 있다. 무신론자들은 과학적 증거가 없는 무한하고 영원한 다중 우주를 믿는다. 비슷하게 유신론자들은 무한하고 영원한 하나님을 받아들인다. 많은 과학자는 보이지 않거나 탐지할 수 없는 어떤 것을 믿기도 한다. 관련 이론이나 가능한 증거가 그것이 존재한다고 주장하기 때문이다. 주요 예로는 암흑 물질을 들 수 있다. 어떤 사람도 과학 도구를 이용하여 암흑 물질을 직접 관찰하거나 발견한 적이 없지만, 과학자들은 대부분 암흑 물질이 존재한다고 믿는다. 은하계에는 은하계의 모양 및 빛줄기의 휘어짐을 통해 측정되는 중력의 인력이 존재하지만, 이 현상을 설명할 충분한 물질은 존재하지 않는다.[13] 암흑 물질은 바로 이 모자라는 질량을 보완하기 위해 제안되었다. 최근 추정치에 따르면 우리가 보는 모든 것을 형성하는, 보통 물질의 5배에 해당하는 암흑 물질이 존재해야 한다. 이런 식의 설명은, 누구도 하나님을 직접 보지는 못했지만 그리스도인이 하나님을 믿는다는 사실과 크게 다르지 않다. 우리는 예수 그리스도라는 역사적 증거를 통해 이를 확신할 뿐 아니라, 우리

---

13) 빛이 휘는 현상은 상대성 이론에 의해 예측되었으며 상대성 이론의 강력한 증거로 여겨진다.

자신의 삶을 통해 본 증거를 통해서도 그렇게 한다.

번 포이트리스(Vern Poythress)는 다른 사람들이 교부들에게 그 기원을 두는 한 가지 견해를 다음과 같이 언급했다.

성경과 과학 사이에 확실한 차이가 있는 경우에 우리는 성경에 대해 생각하는 것과 과학에 대해서 생각하는 것 모두를 재검토할 준비를 해야만 한다.…그러나 성경은 언제나 옳다. 그리고 성경과 과학이 다를 때는 성경을 신뢰해야만 한다. 마찬가지로 섭리와 관련된 하나님의 말씀은 항상 옳으며 신뢰할 만하다. 그러나 하나님의 섭리에 대한 인간의 해석인 현대 과학은 실수를 저지를 수 있다. 하나님의 섭리에 대한 우리의 해석은 개정될 수 있다. 그리고 성경에 대한 우리의 해석도 개정될 수 있다(2006: 43-44).

문제는 이 책에서 설명한 여섯 모델이 특정 신학에 따른 성경 해석과 직접 연관되어 있어서, 모델과 신학이 함께 받아들여지거나 거부당할 수 있다는 점이다. 우리는 각자 특정 신학에 충실하므로, 이에 상응하는 모델 역시 수용하게 된다. 모델을 바꾸기 위해서는 우리의 신학을 바꾸고, 그 믿음이 잘못되었다고 인정할 필요가 있다. 이것은 거의 일어나기 힘든 일이며, 따라서 논쟁은 계속될 것이다.

전쟁은 계속되고 있지만, 이것은 과학과 종교 사이의 전쟁이 아니다. 그보다는 과학이 대체 무엇인가 하는 질문과 연결된 전쟁이며, 종교에 기대거나 종교 용어를 사용하여 말하는 것처럼 보이지만, 이것은 엄연히 철학적인 전쟁이다. 기원 논쟁의 다양한 관점이 무엇이고, 왜 그들의 생각이 상호 양립할 수 없으며, 따라서 이 전쟁이 계속될 것임을 독자들이 쉽게 이해하는 데 이 책이 도움을 주었기를 바란다. 기원 논쟁은 다음과 같은 2가지 근본 질문으로 압축된다. 하나님이 존재하는가? 만약 존재한다면, 그는 자신의 피조 세계와 어떻게 교제하고 있는가? 이 두 질문으로부터 지식 관련 질문의 경험적 부분과 비경험적 부분이 겹칠 수 있는지 아니면 상호 작용 없이 완전히 나누어질 수 있는지를 질문하거나, 이 둘이 분리될 수 없는지 혹은 둘 중 하나가 다른 것을 능가하는 지식인지를 질문할 수도 있다.

이런 질문들은 오랫동안 끊임없이 논의됐으며, 그 논쟁은 앞으로도 인간사에서 겉모습만 바꾼 채 계속될 것이다. 이를테면 우리가 어떻게 이 땅에 나타났는지, 그리고 창조주이신 하나님과 우리의 관계 및 다른 창조 세계와의 관계 같은 논의 말이다. 이런 주제는 이것 아니면 저것 식으로 해답을 요구하는 질문이 아니라, 다른 관점에서 봤을 때 미묘한 차이를 보이는 질문이다. 나는 각 진영의 상호 이해를 돕고, 근본 쟁점에 대한 반감은 줄이며, 솔직한 의사소통을 이끄는 방법으로 다양한 관점을 풀어보려고 노력했다.

전쟁은 대가를 치르며 타자에게서 자원을 빼앗아간다. 더 나은 곳에 쓰여야 할 시간, 돈, 생명이 영토 분쟁에, 또는 다음 세대의 마음과 정신을 지배하려는 싸움에 허비되고 있다. 불행하게도 인간의 죄가 부른 자만은 우리가 범접할 수 없는 영역에 진리가 있다는 사실을 인정하지 않은 채 자신만이 옳고 다른 사람은 틀렸다고 믿게 하여 이 전쟁을 피할 수 없게 하는 것 같다. 한 세기 전만 해도 상상도 못 했던 설명을 현대 유전학이 해주는 것처럼, 마지막에는 모든 진리가 우리가 지금 생각하는 것보다 훨씬 더 복잡하다는 사실을 확실하게 증명해줄 것이다. 이런 지식과 직면했을 때, 우리는 자신과 다른 관점을 가진 형제자매에게 (심지어 그리스도 안에서 가족이라고 생각하지 않는 자들까지도) 겸손과 관용으로 대하려고 노력해야 한다. 우리가 진리를 직접 대면하기 전까지는, 우리는 모두 "거울로 보는 것같이 희미"(고전 13:12)하게 보고 있다는 사실을 깨달아야 한다.

나가는
말

완전히 객관적인 시각으로 글을 쓸 수 있는 사람은 없다. 어느 저자든 자신의 관점에 관한 단서를 항상 남기게 마련이다. 단어 선택에서 주제 배열이나 강조하는 철학에 이르기까지 단서는 모두에게 열려 있으며, 하려고만 한다면 알아낼 수 있다.

그렇다면 나는 어디쯤에 서 있을까? 내가 아는 한, 내가 지지하는 모델의 정당성을 포괄적으로 제시한 이는 아직 없다. 이제 이 책이 완성되었으니, 앞으로 그런 시도를 해볼까 하는 생각을 해본다.

이 책의 도입부에서 나는 누군가 견해를 바꾸도록 설득할 의지가 없다고 말했다. 왜냐하면 나는 개념 변화(conceptual change)라는 견해를 지지하기 때문이다. 개념 변화라는 주제를 놓고 상당한 양의 문헌이 쏟아져 나왔는데, 그중에는 케네스 스트라이크(Kenneth Strike)와 조지 포스너(George Posner)가 1992년에 발표한 중요한 기고문도 포함된다.[1] 이들의 기고문이 언급하듯이, 어떤 개념 변화가 일어날 때는 다음과 같은 4가지 요인이 수반되어야 한다.

---

1) K. A. Strike & G. J. Posner (1992), "A revisionist theory of conceptual change," in *Cognitive models of science*, ed. R. N. Giere (Minneapolis: University of Minnesota Press), pp. 147-76.

1. 기존 개념에 대한 불만족이 있어야 한다.

2. 이해할 수 있는 새로운 개념이 등장해야 한다.

3. 새로운 개념이 처음에는 타당하게 보여야 한다.

4. 새로운 개념이 풍성한 연구 과제를 제시해주어야 한다.

사람들은 대부분 기존 개념에 별로 불만을 품지 않는다. 따라서 누군가 그들의 마음을 설득하려 할 때 그 노력은 실패할 운명에 처해 있다. 반대로, 무슨 이유에서건 당신이 이전에 듣고 믿었던 기원 모델에 만족하지 못하게 된다면, 당신이 다른 모델의 논리와 적합성 및 그 가능성을 이해하도록 내가 도움을 주었기를 바란다. 아울러 당신이 다음 단계로 나아가 세계를 더욱 넓은 관점으로, 아마도 결국 다른 관점으로 볼 수 있도록, 내가 충분한 관련 자료를 제공했기를 바란다.

6가지 기원 모델 비교

표 A1.1. 6가지 기원 모델

이름	자연주의적 진화 (NE)	비목적론적 진화 (NTE)	계획된 진화 (PE)	인도된 진화 (DE)	오래된 지구 창조 (OEC)	젊은 지구 창조 (YEC)
이 책에서 사용된 이름	자연주의적 진화 (NE)	비목적론적 진화 (NTE)	계획된 진화 (PE)	인도된 진화 (DE)	오래된 지구 창조 (OEC)	젊은 지구 창조 (YEC)
일반적인 이름	유물론적 진화	유신 진화	유신 진화	유신 진화	점진적 창조	최근 창조
지지자들이 사용하는 이름 (하위 모델들)	현대적 종합, 단속 평형		진화적 창조		날-시대 창조, 간격 이론	과학적 창조
반대자들이 사용하는 이름[1]	다윈주의	다윈주의, 이신론적 진화			창조론	창조론
기본 명제						
과학적 과정	무차별적이고 자발적인 자연 과정	우주가 창조됨, 이후에는 인도되지 않은 자연 과정일 뿐임	완벽한 우주로 창조됨, 이후에는 신의 개입 없음	신이 자연 과정을 인도하여 개입	주요 체계가 각각 창조됨	각각 종류대로 창조됨
참조 기사 해석	고대 신화, 신이 존재하지 않음	고대 신화, 신은 존재함	비일차주의,[2] 아담과 하와는 개인이 아님	비일차주의, 아담과 하와는 개인을 지칭	일차주의, 하루를 긴 기간으로 해석	일차주의, 24시간 길이의 하루
특징						
신학?	비초자연적	창조주	창조주	창조주	창조주	창조주
목적론?	무목적	무목적	목적	목적	목적	목적
개입?	비개입	비개입	비개입	개입	개입	개입
재료?	공통 조상	공통 조상	공통 조상	공통 조상	새로운 창조	새로운 창조
우론?	오래된 우주	오래된 우주	오래된 우주	오래된 우주	오래된 우주	젊은 우주

근본철학

신학	무신론, 불가지론[3]	일신론, 이신론, 기타[4]	일신론	일신론	일신론	일신론, 기타
과학과 종교의 관계[5]	중복 또는 상호 보완 영역[6]: 동등	상호 보완 영역: 동등	상호 보완 영역: 각자 해당 영역에서 우세	상호 보완 영역: 각자 해당 영역에서 우세	상호 작용 영역: 동등	중복 또는 상호 작용 영역[7]: 우세
과학을 하는 방식	자연주의: 오직 자연 인과	방법론적 자연주의: 오직 자연 인과	방법론적 자연주의: 오직 자연 인과	자유 탐구: 최고의 자연 혹은 초자연 인과	자유 탐구: 최고의 자연 혹은 초자연 인과	불완전한 탐구: 언제나 계시에 의해 부차적

1) 이 항목은 공개 논쟁 시 진영이 양분되어 있음을 보여준다. 2개의 중간 진영은 훨씬 최근에 나타났다(둘 다 1995년 이후에 퍼졌다). 반대자들은 이 둘을 각각 양 극단(다원주의 모든 진영군)으로 분리했지만, "특징" 항목을 살펴보면 몇몇 중요한 차이점들을 볼 수 있다.

2) 일라주의와 비일라주의의 관점을 비교하려면 부록 2를 보라. 아담과 하와에 대한 해석은 이런 경향을 보이지만, 예외도 존재한다.

3) NE를 지지하는 많은 이는 세속 인본주의자(secular humanist)다. 실증주의에 뿌리를 둔 무신론자라는 뜻이다.

4) 전통적인 다신론 종교가 자신들의 창조 이야기를 과학과 조화시키는 일은 거의 없다. 이것은 사실상 NTE나 YEC의 경우도 마찬가지다. NTE와 YEC는 각각 다른 영역을 대표하는데, (YEC처럼) 다른 질문에 대답하거나, (NTE처럼) 중요과 가르침의 그것이 옳다고 주장한다. 동양의 범신론과 뉴에이지를 포함해 다른 많은 종교 역시 다른 이유로 같은 결론에 도달하는데, 그들은 물질세계가 좌차이라고 주장한다. 이런 관점들은 보통 과학과 증거를 자기들의 종교 신념에 비추어 설명하려 하지 않으므로, 논의의 대상이 될 수 없다. 따라서 여기에도 포함되지 않았다. 하지만 그들은 논리적으로 NTE 혹은 YEC 중 하나를 제시할 것이다.

5) "중복"은 실증적인 방법(과학)으로는 비실증적인 방법(종교)의 모든 진실을 알 수 있음을 뜻한다. 이런 경우처럼, 과학 혹은 종교 중 어느 하나가 다른 하나를 무색하게 만들 정도로 더 나은 설명을 제시해야만 한다. 도표로 나타내면, 이런 중복은 2개의 원이 될 것이다. "상호 보완"은 과학과 종교가 다른 방법으로 다른 질문에 답하는 식으로 우리에게 무언가 서로 다른 것을 말하는 것이다. "상호 작용"은 비록 과학과 종교가 각자의 영역에 우주로 제한을 진다고 하더라도 반대 영역도 여전히 해당 분야에서 중요한 한 기여를 하고 있다는 뜻이다. 도표로 나타내면, 마치 톱니 문양처럼 될 것이다.

6) 중복 = 무신론; 상호 보완 = 불가지론.

7) 중복 = 지적 설계 이론을 지지하지 않음; 상호 작용 = 지적 설계 이론을 지지함

표 A1.2. 우주의 기원

	자연주의적 진화 (NE)	비목적론적 진화 (NTE)	계획된 진화 (PE)	인도된 진화 (DE)	오래된 지구 창조 (OEC)	젊은 지구 창조 (YEC)
설명	우주의 시작점이 있다고 여겨짐	우주의 시작점이 있음				현재 모습으로 창조함 (겉보기 나이)
메커니즘	빅뱅, 다중 우주	빅뱅, 특이점을 창조의 순간으로 간주함				화이트 홀, 각 구성 요소가 인도된 창조
주장	우주의 조건과 물리 상수가 우연히 생명체가 발달하기에 적당함	우주의 조건과 물리 상수가 생명체가 발달하기에 알맞도록 정해짐				우주는 본질적으로 지금과 같은 모습으로 창조됨
변화하는 우주						
증거	적색 편이	먼 은하에서 온 빛이 스펙트럼의 적색 쪽으로 편이가 일어남				
해석	팽창하는 우주					겉보기 나이
증거	우주 배경 복사(CMBR)	은하계 간 우주 공간의 배경 온도가 냉각 속도를 바탕으로 예측한 값과 일치한다.				
해석	138억 년 된 우주					겉보기 나이
증거	상대적으로 가벼운 원소와 동위원소(H, H-2, He, Li)가 많음	빅뱅 이론과 핵합성 이론을 통해 예측된 비율				
해석	빅뱅 이후 우주의 팽창으로 인한 급속한 냉각					그대로 창조됨

증거	이론과 부합함 빅뱅 이론에 바탕을 둔 예측이 관측으로 확인됨	
해석	빅뱅 이론이 관측 값을 가장 잘 설명함	그대로 창조됨

미세 조정된 우주

증거	완전하게 균형을 이루는 우주 상수 우주 상수가 조금이라도 다르다면 원소나 은하가 존재하지 못할 것이다.	
해석	우연	
해석	생명체가 밀담하도록 완벽하게 창조됨	그대로 창조됨
증거	생명체에 이상적인 우주 만약 조건이 조금만 달라도, 우주는 생명체를 유지하지 못할 것이다.	
해석	우연	
해석	생명체가 밀담하도록 완벽하게 창조됨	그대로 창조됨
증거	밀담된 생명체에 이상적인 태양계 만약 조건이 조금만 달라도, 지구는 생명체를 유지하지 못할 것이다.	
해석	우연	
해석	생명체가 밀담하도록 완벽하게 창조됨	그대로 창조됨

표 A1.3. 생명의 기원

	자연주의적 진화 (NE)	비목적론적 진화 (NTE)	계획된 진화 (PE)	인도된 진화 (DE)	오래된 지구 창조 (OEC)	젊은 지구 창조 (YEC)
설명	펼연(불가피함)			목적이 있는 방향	직접 출현함	
메커니즘	무작위 발생 및 선택과 결합된 자연 법칙 같은 과정			낮은 확률 사건을 인도함	완전한 유기체를 직접 창조	
주장	창조 후 초자연적인 개입이 없음			행위자가 조립해서 창조함	너무 복잡한 계이므로 단계적으로 발달할 수 없음	
무생명체에서 생명체로						
증거				실험실에서 각 분자마다 다른 매우 제한된 조건하에 무기물로부터 유기 전구체가 형성될 수 있음		
해석		그런 조건이 있었을 것이다.		신중히 디자인되고 조절된 조건이다.		
증거		무작위 반응 살아 있는 생명체가 없을 때 무작위 결과물인 라세미 혼합물이 생성되는 반응이 나타난다.				
해석		결정되거나 선택된 어떤 미지의 메커니즘		질서는 무질서로부터 자연히 생기지 않는다.		
증거		코아세르베이트 지질의 간단한 기포로 유기 물질을 에워쌀 수 있다.				
해석				세포막과는 매우 다르다.		
증거		반응을 보호하고 촉진할 수 있을 것이다. 세포 가장 간단한 세포도 매우 복잡하다.				
해석		점진적인 과정을 발견하게 될 것이다.		인도됨		점진적인 과정이기에는 너무 복잡하다.

정보		
증거	대부분 보편적이며 이상적인 암호 유전자 암호는 거의 보편적이고 효율적이며 번역상의 오류를 최소화한다.	
해석	생물 전 단계 진화로 선택됨, 공통 조상	계획됨	공동 설계
증거	매개체의 독립성 무작위 DNA의 기원은 세포 생산물과 기능을 코딩하기 위해 정보를 운반하는 DNA와 같지 않다.		
해석	생물 전 단계 진화로 선택됨 유효한 메시지	만들어짐	기능 세포의 일부분으로 창조됨
증거	특정화된 복잡성 임상의 경험에서 나타나는 복잡하고 특정화된 정보는 지능과 관련 있음		
해석	유용한 DNA 서열은 선택되고, 자연적으로 수정됨	지적 행위자의 존재를 가장 잘 보여줌	
증거	환원 불가능한 복잡성 만약 많은 문자체의 어느 한 부분이라도 없어진다면, 해당 계가 전혀 작동하지 않을 것이다.		
해석	굴절 작용과 성자소것이 단순 계를 변형시킨다.	인도됨	점진적인 과정이기에는 너무 복잡하다.

표 A1.4. 종의 기원

	자연주의적 진화 (NE)	비목적론적 진화 (NTE)	계획된 진화 (PE)	인도된 진화 (DE)	오래된 지구 창조 (OEC)	젊은 지구 창조 (YEC)
설명	신다윈주의적 종합			비다윈주의적 진화[1]	주요 체계(문)를 직접 창조	종류대로 직접 창조(속/과)
메커니즘	무작위 사건과 생식 격리 및 다른 자연 메커니즘을 수반하는 무작위 돌연변이에 작용하는 자연 선택			낮은 확률 과정을 인도함	완전한 유기체를 직접 창조	
주장	종 분화는 점진적이며 모든 형태의 생명체에서 계속된다.			행위자가 목적을 가지고 변형시킨다.	창조 행위가 일어난 어떤 기간	창조 주간(6일)
화석						
증거	분류					
해석	상대적으로 같은 배열을 보이는 표준 화석이 발견될 뿐 아니라 각기 다른 종류의 화석이 발견된다.					전 지구적 홍수
증거	연대 결정 주상 단면도에서 낮은 곳에 있는 암석은 보통 방사성 동위원소 연대 측정 시 위에 있는 암석보다 오래된 것이다.					
해석	지층 누중 및 다른 자연 과정들					부정확
증거	정체와 도약 종은 갑자기 출현하고 사라지는데, 오랜 기간 변하지 않은 채 유지되며 중간 단계가 거의 없다.					
해석	불완전한 기록, 상대적으로 빠른 변화				창조 기간	전 지구적 홍수
증거	멸종과 폭발 여러 차례 한 종에 존재했던 거의 전체 생물군이 다음 종에서는 완전히 다른 생물군으로 바뀌어 있다.					
해석	새로운 복소수의 작은 방사선에 따른 대량 멸종				창조 기간	전 지구적 홍수

---

1) NE, NTE, PE에 속한 소수의 과학자는 비다윈주의적 진화 모델 역시 선호한다. 과학적 메커니즘이 유사할지라도 하나님의 관여 수준에 대한 이들의 주장은 DE에서 주장하는 수준과는 다를 것이다(5장을 보라).

증거	지리 분포 포유류는 대륙마다 차이가 있지만, 대부분의 초기 화석은 그렇지 않다		
해석	분리된 판 구조론, 이지역종 형성		독립된 창조, 거의 논의되지 않음
유전학			
증거	선택 한 개체군 내에서 일어나는 선택은 한계가 있다. 안정된 환경에서는 인정화가 추가 된다.		
해석	새 환경에서 점진적인 변화가 일어남	추가 메커니즘 필요	
증거	집단유전학 개체군에서 유전자 빈도는 강한 선택압이 없다면 천천히 변화한다.		
해석	여러 세대 혹은 강한 선택	인도됨	미세 진화
증거	돌연변이 대부분의 돌연변이는 미세한 영향만을 미치거나 해를 끼친다.		
해석	드물게 이로운 선택	목적론적	돌연변이는 중립이거나 해를 끼침
증거	항상성 유전자 전반적인 발달을 결정하는 유전자는 종간 큰 차이가 없다.		
해석	계통을 통한 유사성, 유기체 내에서 빠른 변화 유도	목적론적	유사하게 설계됨
증거	기능의 복잡도 가까운 관계에 있는 종이 다른 경우 이종 교배가 불가능한데, 그 이유는 염색체 수 혹은 구조가 다르기 때문이다.		
해석	격리 메커니즘	인도됨	다르게 창조됨

표 A1.4. 종의 기원 (앞에서 이어짐)

	자연주의적 진화 (NE)	비목적론적 진화 (NTE)	계획된 진화 (PE)	인도된 진화 (DE)	오래된 지구 창조 (OEC)	젊은 지구 창조 (YEC)
유사성						
증거	발생학적 유사성	유사한 형태가 다른 과정으로 생겨날 수 있으며, 다른 형태가 유사한 과정으로 생겨날 수도 있다.				
해석	변형을 갖는 공통 조상				다르게 창조됨	
증거	흔적 구조	흔적이라고 여겨졌던 많은 구조의 기능이 밝혀지고 있다.				
해석	원시 세포의 형성과 재충수는 공통 조상을 보여준다.				모든 것은 기능을 가지고 창조됨	
증거	비암호화 유전자	가치 없다고 여겨지던 많은 DNA의 기능이 밝혀지고 있다.				
해석	공통 조상이 기능 없는 것을 전달했다.			전부가 아니더라도 대부분 기능이 밝혀질 것이다.		
증거	유전자 순서	광범위한 종들을 통틀어 유사한 유전자들은 염색체 상에서 유사한 순서로 존재한다.				
해석	공통 조상이 같은 순서를 전달함			영속 의견을 수용	제대로 기능하기 위해	
증거	분자 서열	계통도는 DNA 서열의 차이를 나타낼 수 있지만, 각 유전자마다 계통수가 같은 것은 아니다.				
해석			패턴은 유사하나, 차이점은 밝혀질 것이다.	인도됨	유사하게 설계됨	
증거	공생	미토콘드리아와 엽록체는 DNA를 포함하며 원핵생물과 구조상 유사하다.				
해석	세포내공생				유사하게 설계됨	

표 A1.5. 인간의 기원

설명	자연주의적 진화 (NE)	비목적론적 진화 (NTE)	계획된 진화 (PE)	인도된 진화 (DE)	오래된 지구 창조 (OEC)	젊은 지구 창조 (YEC)
메커니즘	지각 있는 동물	특별한 동물		특별한 목적	특별한 창조	특별한 창조
주장	인간의 형태와 뇌가 목적 없이 진화	지각이 있도록 만들어진 우주는 진화의 명백한 결과; 유인원이 점차 사람이 됨		형태를 유도함, 영혼을 부어넣음	인간의 형태와 영혼이 각각 새로 창조됨	인간의 형태와 영혼이 각각 새로 창조됨
	정신은 뇌의 반영일 뿐, 영혼이 따로 있는 것은 아님	지각을 통해 도덕 능력 발달, 지각은 하나님의 형상의 핵심, 영혼에 대한 해석은 다양함		첫 번째 선조에게 영혼이 주어짐	아담과 하와는 하나님의 형상으로 창조된 두 사람이었음, 몸과 영혼이 동시에 창조됨	아담과 하와는 하나님의 형상으로 창조된 두 사람이었으며, 몸과 영혼이 동시에 창조됨

호미노이드, 호미니드, 호미닌

증거	화석 중간 뇌 크기에 어느 정도는 유인원과 유사하고 어느 정도는 사람과 유사한 특성을 보이는 화석이 존재한다.	
해석	적어도 그중 몇몇은 유인원 조상이며 진화로 연결되어 있다.	이들은 유인원이거나 사람이다.
증거	유물 유물은 가장 초기의 호모 화석과 함께 250만 년 전부터 시작되며 시간에 따라 변화했다.	
해석	점차 도구가 발달함, 현대 인간에서 빠른 변화를 보임	후모 인간 / 시대가 부정확함

침팬지 대 인간

증거	2번 염색체 인간의 2번 염색체는 유인원 염색체 2개가 합쳐진 것처럼 보인다.	
해석	공통 조상의 증거	공통 설계 때문에 유사함
증거	DNA 염기 서열 3500만 뉴클레오티드 치환(1.23%), 500만 삽입-결손(게놈 크기가 10% 다름)	
해석	유사성을 강조(치환 비율을 강조)	차이를 강조(개수를 강조)
증거	분자시계 다양성의 차이로부터 계통이 분리된 시점, 최소 개체군 크기를 분석할 수 있다.	
해석	추론된 시점과 개체군 크기를 정확한 것으로 받아들임	다양함 / 방법론이 가정을 의심함

표 A1.6. 최근에 각 모델을 지지하는 이름

	자연주의적 진화 (NE)	비목적론적 진화 (NTE)	계획된 진화 (PE)	인도된 진화 (DE)	오래된 지구 창조 (OEC)	젊은 지구 창조 (YEC)
지지[1]	도킨스(Dawkins) 데닛(Dennett) 굴드(Gould) 마이어(Mayr) 스콧(Scott) 윌슨(Wilson)	바버(Barbour) 드두브(De Duve) 호트(Haught)	콜린스(Collins) 포크(Falk) 라무뢰(Lamoureux) 밀러(Miller) 반 틸(Van Till)	비히(Behe) 하스마(Haarsma) 쉐퍼(Schaefer)	케니언(Kenyon) 마이어(Meyer) 뉴먼(Newman) 로스(Ross)	오스틴(Austin) 버그먼(Bergman) 브라운(Brown) 햄(Ham) 험프리스(Humphreys) 모리스(Morris) 넬슨(Nelson) 오어드(Oard) 레이놀즈(Reynolds) 샌포드(Sanford) 사르파티(Sarfati) 와이즈(Wise)
기관[2]	Berkeley ENSI NCSE TalkOrigins		BioLogos		RTB	AIG CMI CRS ICR

다중 모델	지적 설계 이론(ID)[3]
저자	뎀스키(Dembski) 존슨(Johnson) 오리어리(O'Leary) 웰스(Wells) 우드워드(Woodward)
기관	ARN DICSC IDN ISCID

1) 이 명단은 절대로 완전한 것이 아니다. 하지만 다각 다각 각가 혹은 잘 알려진 각가 중 누가 어떤 관점인가를 알아보는 시각점이 될 것이다.

2) 기관: NE: Understanding Evolution(Berkeley), Evolution and the Nature of Science Institutes, National Center for Science Education, Talk Origins Archive; PE: BioLogos Institute; OEC: Reasons to Believe; YEC: Answers in Genesis, Creation Ministries International, Creation Research Society, Institute for Creation Research; ID: Discovery Institute Center for Science and Culture, Intelligent Design Network, Access Research Network, International Society for Complexity Information and Design.

3) 이들은 지적 설계 이론을 전파했는데, 이것은 특정 과학 모델이라기보다다 DE, OEC, YEC 어느 것과도 양립할 수 이론이다. 어떤 특정 모델을 지지하는 이들(베히, 캐닌, 마이어)이 지적 설계 이론 역시 지지하기도 한다. DE나 YEC의 모든 사람이 이 이론을 지지하는 것은 아니다. 더 자세한 것은 2장, 특히 2, 2를 보라.

창세기 1장에 대한
다양한 해석 비교

A. 상징(NE와 NTE 진화 모델이 지지하는 해석 방식)

기본 개념: 창조 이야기는 전반적으로 상징적이다.

차이점: 1. 오직 종교적인 기록. 성경은 오직 종교적인 사실만 가르칠 뿐 과학과는 관련 없다.

      2. 계시의 날. 하나님은 창세기 저자에게 서로 다른 6일에 관한 계시를 주셨다(현재는 드문 견해).[1]

B. 비일치주의(DE와 PE 진화 모델이 지지하는 해석 방식)

기본 개념: 6일은 순차적인 날이 아니다. 하나님께서 세상과 맺고 계신 관계에 대해 알려준다.

차이점: 1. 틀(Lamoureux, 2008). 태초에 지구는 형체가 없고 공허했다. 따라서 하나님은 형태를 만들고 그 공허함을 채우셨다. 틀 이론은 무엇이 일어났는지를 이야기해주지만 창조 행위의 기간이나 순서에 대해서는 말해주지 않는다.

형성	채움
1. 빛과 어두움이 나누어짐	4. 빛과 어두움을 채우심 (해와 달/별)
2. 물과 하늘이 나누어짐[a]	5. 물과 하늘을 채우심 (물고기와 새)
3. (물로부터) 땅이 나누어짐	6. 땅을 채우심 (동물과 사람)

a. 이 구절의 두 단어는 번역하기 매우 어렵다. 윗물과 아랫물 사이의 공간에 해당하는 첫 단어(히브리어 "라키아"를 가리킴-편집자 주)는 "창공"(firmament), "궁창"(expanse), "둥근 천장"(vault), "공간"(space) 등으로 다양하게 번역된다. 그 후에 이 공간은 "하늘"(sky, heaven, 히브리어 "샤마

---

1) 이렇게 다양한 각각의 해석에 대한 더 많은 정보와 평가를 원하면, Poythress (2006)을 보라. 그는 50년 넘게 거의 변하지 않은 기본 범주에 대해 말한다.

임"—편집자 주)로 불린다. 히브리어 단어의 의미를 그대로 전달할 만한 단어가 마땅치 않다.

2. 유비적 날(Poythress, 2006). 하나님은 우리가 6일 동안 일하고 하루를 쉬는 것과 마찬가지로 6일 동안 창조하셨고 하루를 쉬셨다.

3. 우주적 성전(Walton, 2009). 하나님은 지구 전체를 자신의 성전으로 세우시고 일곱째 날 그곳에 머무르신다. 이것은 다른 고대 문헌의 성전 건축 이야기와 유사하다. 따라서 그는 생명체의 형태를 창조하시기보다는 그 기능을 부여하신다.[2]

C. 일치주의(YEC와 OEC의 해석)

기본 개념: 하나님은 연속된 6일 동안 세상을 창조하셨다.

날	1	2	3	4	5	6
창조된 것	어둠 빛	물 하늘	땅 식물	해 달 별	물고기 새	동물 사람

차이점: 1. 간격 이론(OEC): 원창조(창 1:1) 시기와, 이후에 땅이 혼돈하고 공허하게 "되었던" 상태(1:2)에서 6일 동안 세상이 재창조된 시기 사이에는 간격이 있다. 화석은 원창조에 속한다

---

2) 이 해석은 오랜 기간에 걸쳐 새로운 창조를 하는 것과 논리적으로 모순되지 않는다. 그러나 꼭 창세기에서 명확히 서술하는 순서를 따라 창조될 필요는 없다고 보기 때문에 현재 OEC 모델과는 양립하지 않는다. 비슷하게 이 3가지 비일치론자 모델 각각이 생물학적 영적으로 다른 생명체와 연속적 또는 불연속적이라는 아담에 대한 다양한 시각에 논리적으로 모순되지 않는다. 따라서 창조 기사 해석에 관한 여러 제안 가운데 다양한 의견이 있을 수 있다.

(오늘날에는 드문 주장이다).

2. 간헐적인 날'(OEC): 창조의 각 날은 24시간이었다. 하지만 각 날은 어떤 창조도 일어나지 않았던 긴 기간으로 구분되었다(오늘날에는 드문 주장이다).

3. 점진적인 날 또는 날-시대 창조(OEC): 각 날은 오랜 기간이었다. 광명들은 첫째 날 창조되었지만, 아마도 대기가 맑아진 뒤 넷째 날이 되어서야 보였을 것이다.

4. 24시간-날(YEC): 각 날은 24시간 길이였다. 현대의 젊은 지구 창조론에서 이 견해는 대개 홍수 지질학(화석층은 전 지구를 덮은 홍수 때 쌓여 생겼다는 주장) 및 장년기 창조(지구가 현재 겉모습으로 창조되었다는 주장)와 관련되어 있다.[3]

---

3) OEC는 때때로 "바깥에서 안으로"라고 불리는데, 그 이유는 성경 밖에 있는 증거가 성경 안에 있는 내용을 해석하는 데 사용되기 때문이다. 반대로 YEC는 "안에서 바깥으로"라고 불리는데, 그 이유는 성경 안에 있는 내용을 시작으로 그것을 바탕으로 외부의 (과학적) 증거를 해석하기 때문이다(Walton과의 개인적인 대화에서 발췌함).

이 책에서 쓰인 용어의 의미를 간략하게 정리했다.
다른 분야에서는 이 책에서 쓰인 의미와 다르게 쓰일 수도 있다.

가설(Hypothesis). 어떤 현상에 대해 제안된 설명으로 과학적인 방법으로 실험해볼 수 있다.

가설−연역주의(Hypothetico-deductivism). 과학적 추론은 연역을 포함하며 예측을 통해 해당 이론을 검증해야 한다는 철학적 관점. 오늘날 과학의 주요 관점으로 많은 대학교 생물학 교과서에 나타난다(과학적 방법론에 대한 철학적 견해로, 과학적 가설로부터 예측을 도출하는 과정은 연역 추론이고 그렇게 도출된 예측을 실제 경험 자료에 비추어 해당 가설의 검증을 수행해야 한다는 관점이다—역자 주).

게놈(Genome). 한 생물 종의 완전한 유전 정보. 염색체 한 세트의 DNA에 포함되어 있다.

격변설(Catastrophism). 지구 역사상 특정 시간대에 굵직한 격변(소행성 충돌 또는 전 지구적인 홍수)이 반복되었고 그로 인해 지구 생태계가 빠르게 변화되었다는 주장.

결손(Deletion). 하나 또는 그 이상의 염기쌍이 DNA 염기 서열에서 사라진 것.

겹치는 지식 영역(Overlapping domains of knowledge). 과학 또는 신앙 둘 중 하나가 우주의 기원을 완전하게 설명할 수 있다는 철학 관점. "상보적 지식 영역" 및 "상호 작용하는 지식 영역" 항목을 보라.

겹치지 않는 교도권(Nonoverlapping magisteria[NOMA]). 과학과 종교는 서로 다른 방법론을 사용해 서로 겹치지 않는 다른 질문에 답한다는 주장으로, 상보적 지식 영역 개념의 근본 주장이다.

경험적 증거(Empirical evidence). 오감을 통해 관찰되는 것. 감각을 확장 시켜주거나 수치화시켜주는 도구를 사용한 결과도 포함된다.

계획된 진화(Planned evolution[PE]). 창조주가 창조 이후로는 자신의 목 적을 달성하기 위해 세상에 개입할 필요가 없도록 완벽하게 피조물을 창조했다는 전제를 바탕으로 하는 모델.

계통수(Phylogenetic tree). 서로 다른 종과 집단의 진화 관계를 보여주는 도표로 나뭇가지처럼 뻗은 데서 유래함. 분자 및 형태상 유상성에 따 라 분류한다.

공생(Symbiosis). 두 유기체가 서로 협력 관계를 지속하는 것. 적어도 한 편 이상이 유익을 얻으며, 한편이 다른 한편 없이는 살 수 없는 경우도 종종 발생한다.

공통 조상(Common descent). 공통 조상으로부터 변화를 통해 후대 생명체가 생겼다는 주장으로 신다윈주의 및 비다윈주의 진화의 중심이 되는 견해.

과(Family). 분류학에서 속(genus) 바로 위. 한 과에 속하는 구성원은 식별할 수 있는 유사성을 보이나 그 크기와 형태는 다양하다(예. 고양이 속).

과학(Science). 자연 세계를 이해하고자 하는 노력으로, 경험적 증거와 필요한 전제를 바탕으로 논리적 추론에 의해 지식을 습득하는 방식. 실험이나 관찰, 역사, 이론 등의 방법론을 사용할 수 있다.

과학의 본질(Nature of science). 과학 교육에 쓰이는 용어로 과학철학과 과학사를 지칭한다. 과학이 무엇인지를 이해하고 과학을 하는 방식과 한계 등을 규정하는 것.

관찰 과학(Observational science). 자연적으로 일어나는 사건을 다룬다. 조건을 바꿀 수 없는 현상을 연구할 때 종종 쓰인다. 자연사라고 불리는 대부분이 이에 포함되고 살아 있는 생명체를 **현장**에서 연구할 때도 관찰 과학이라고 부른다.

귀납주의(Inductivism). 과학은 관찰된 특정 현상으로부터 일반적인 결론을 유추하는 귀납을 통해 이뤄져야 한다고 주장하는 철학적 견해. 프랜시스 베이컨 등이 주장함.

기계론적인(Mechanistic). 세상을 하나의 기계, 즉 부속품과 그것들의 작동 메커니즘으로 보는 세계관으로, 근대 사회를 지배했던 과학적 시각. 다른 문화나 시기에 만연했던, 세상을 유기적이고 신비한 것으로 보는 시각에 반대하는 관점.

네안데르탈인(Neanderthal). 인간과 비슷한 한 집단의 화석으로, 매우 인간(호모 사피엔스)과 유사하고 인간과 공존했으며 4만 년 전에 화석 기록에서 사라졌다.

논리 실증주의(Logical empiricism). 모든 참된 지식은 경험적 증거에 근거한 논리 추론에 의해서만 획득된다는 철학 관점으로, 비엔나 학파와 관련된다.

다중 우주론(Multiverse). 신이 없다는 전제하에 우주의 존재를 설명하기 위해 도입된 이론적인 실체로, 우리 우주는 수많은 우주 중 하나라는 주장. 오늘날 가장 대중화된 비신론적인(nontheistic) 설명이다.

단속 평형(Punctuated equilibrium). 화석 기록이 정체와 도약을 보이는 이유는 특정 시간대에 유기체의 급격한 변화 때문이지 화석 기록이 완벽하지 못하기 때문이 아니라는 주장.

단일 뉴클레오티드 치환(Single nucleotide substitution). DNA의 한 염기 서열이 다른 것으로 치환된 것. DNA 염기 서열의 길이를 바꾸지는 않는다.

단위체(Monomer). 고분자의 하위 단위로 긴 사슬처럼 서로 결합해 고분자를 형성한다. 예를 들어 아미노산은 단백질의 단위체이며 뉴클레오티드는 핵산(DNA와 RNA)의 단위체다. 무기화학에서는 단위체가 같으므로 순서가 중요하지 않으나, 유기화학에서는 단위체가 다양해 순서가 매우 중요하다.

다형성(Polymorphism). 어떤 개체군 안에 DNA 염기 서열이 한 가지 형태 이상 나타나는 것으로, 특히 중립 돌연변이가 이에 해당한다.

대량 멸종(Mass extinction). 화석 기록을 토대로 동시에 많은 종의 대량 멸종이 5번 정도 있었다고 추정됨. 지구와 그 생태계에 영향을 미친 엄청난 변화가 분명히 있었다고 여겨진다.

대립 형질(Allele). 유전체 내에서 하나의 형질을 나타내는 유전자의 한 형태(단위)로 다른 대립 형질은 DNA의 변형에 의해 형성되며 그 유전자로부터 발현되는 결과물(예: 단백질)의 변형을 초래할 수도 있다.

도메인(1) **또는 역**(2)(Domain). (1) 특정 역할을 가진 아미노산의 서열로 다른 분자와 결합하는 부분 또는 세포막 안에서 특정한 방향으로 단백질을 고정하는 역할을 하는 아미노산 서열. 각각의 엑손은 종종 한 도메인을 만들며, 다른 여러 도메인이 연결되어 최종 단백질을 형성한다. (2) 분류학 단위의 하나로 계(kingdom)의 상위 계념. 현재 고세균(archaea), 진정세균(eubacteria), 진핵생물(eukarya)의 3가지 역이 널리 인정된다. 앞의 두 역은 원핵생물을, 마지막 역은 모든 진핵생물을 포함한다.

도약 진화(Saltation). 화석 기록에서 특정 시간대에 나타나는 화석의 형태가 비교적 빨리 변하는 현상. 어떤 형태는 사라지고 어떤 형태는 나타나는 모습을 보인다.

독립 영양 생물(Autotroph). 무기물에서 스스로 에너지를 생산할 수 있는 유기체. 종종 광합성을 통해 에너지를 생산함.

동원체(Centromere). 염색체의 중간 부분을 가리키며, 복제된 염색분체가 같이 붙어 있는 부위를 말한다. 세포 분열 시 한 세포가 2개의 딸세포로 갈라지기 전까지 서로 붙어 있다.

동위원소(Isotope). 한 원소가 서로 다른 형태를 갖는 경우로, 같은 원소가 양성자의 수는 같고 중성자의 수는 다른 경우를 가리킨다.

동일과정설(Uniformitarianism). 과거에 있었던 일들을 오늘날 직접 관찰할 수는 없지만 과거와 현재의 사건은 비슷하므로 현재 일어나는 일들을 참고해 이해할 수 있다는 주장.

DNA. 디옥시리보핵산(deoxyribonucleic acid)의 약자. 이중 나선 구조를 가진 분자로 후손에 전달되는 형질(DNA의 유전 정보 또는 이와 관련된 후생유전학의 결과)의 요인이 된다.

라세미(Racemic). 화학에서 쓰이는 용어로, 2개의 거울 이미지로 배열된 분자가 왼손(d-form) 및 오른손(l-form) 형태가 같은 비율을 가지는 경우를 가리킨다.

마이크로-RNA(Micro-RNA). 아주 작은 부분으로 구성된 RNA로 길이가 긴 RNA에 붙어서 단백질 형성을 방해함으로써 유전자 발현을 조절한다.

말단소립(Telomere). 염색체 말단에 존재하는 특정 염기 서열로, 손상으로부터 염색체 말단을 보호하고 조절되지 않은 염색체 복제를 방지한다.

모델(Model). 어떤 현상이나 상황이 어떻게 그리고 왜 일어났는지를 설명하는 이상화되고 종종 단순화된 표현 방식.

목적론(Teleology). 자연 세계의 설계에 관한 연구 혹은 자연 세계가 창조주의 목적에 부합한다는 개념.

무신론(Atheism). 신의 존재는 없으며 따라서 창조자도 없다는 신념 체계.

알루 인자(Alu element). 영장류에만 발견되는 전이 인자(transposable element)의 한 형태로 인간 게놈에서 가장 흔하게 발견된다.

RNA. 리보핵산으로 불리며 DNA로부터 만들어진 한 가닥으로 된 분자로, 단백질을 만들고 유전자 발현을 조절하는 등 세포 내 많은 역할을 담당한다.

문(Phylum). 분류학에서 계의 하위분류. 같은 문의 구성원들은 일반적으로 기본 몸 구조를 공유한다(즉 다른 문의 구성원과는 다른 몸 구조를 보인다). 예를 들어 절지동물(갑각류와 곤충을 포함)의 연결된 외골격.

문헌적 증거(Documentary evidence). 다른 이들이 무엇을 보았는지 또는 어떤 생각을 했는지를 역사적·종교적 문서로 문자화하여 기록한 것.

물리 상수(Physical constants). 물리학에서 값이 변하지 않는 물리량, 즉 대략 26개 독립적인 수(number)를 말한다. 우주 또는 세상의 물리적 특성을 결정하며, 물리학의 기본 4가지 힘(강한 상호작용, 전자기 상호작용, 약한 상호작용, 중력), 빛의 속도 그리고 아원자 입자의 질량들이 이에 포함된다.

반증주의(Falsificationism). 어떤 이론이든 경험적 증거를 통해 그것을 추후 반증할 가능성이 있어야 과학적인 이론이라는 주장. 칼 포퍼 등이 주장함.

방법론적 자연주의(Methodological naturalism[MN]). 신이 이 세상을 창조했지만 대부분 간섭하지 않으므로, 과학은 창조 이후 일어난 모든 자연 현상에 관한 자연 인과를 찾을 수 있으며 결국 발견해내리라는 철학 관점.

방사성 동위원소 연대 측정(Radiometric dating). 물질의 연대 측정 방식. 불안정한 상태에 있으며 측정된 어떤 조건하에서도 일정한 붕괴 속도를 보여주는 특정 동위원소의 함유량을 통해 연대를 계산한다.

법칙(Law). 종종 수학적으로 표현되는 자료의 패턴으로, 어떤 일이 일어날지 예상할 수는 있으나 그 일이 왜 일어나는지를 설명할 수는 없다.

복제 수 변이(Copy number variation). 같은 종 또는 밀접하게 연관된 종 내에서 서로 다른 유기체에서 나타나는 인식 가능한 DNA 서열이 출현 하는 빈도가 다양함을 의의한다.

분류군(Taxon). 서로 다른 형태의 생물을 구분하는 분류 체계의 단계로 종, 속, 과, 목, 강, 문, 계 같은 분류 항목이 이에 속한다.

분류학(Taxonomy). 생물의 분류를 연구하는 학문. 초기에는 형태의 유사성을 기준으로 구분했으나 지금은 분자 수준의 유사성이나 예상되는 진화적 관계를 기준으로 하는 추세가 늘고 있다.

분자시계(Molecular clock). 2개의 진화 계통이 갈라진 이후 흐른 시간을 예측하는 것. 두 계통의 서로 다른 분자 개수와 이후 일어난 평균 돌연변이 속도를 예측해 결정한다.

불가지론(Agnosticism). 신의 존재 등과 같이, 궁극적인 실재는 우리가 알지 못하고 알 수도 없을 것이라는 신념 체계.

비목적론적 진화(Nonteleological evolution[NTE]). 기원을 설명하는 한 모델로, 창조자는 자연적 인과 관계에 간섭하지 않으므로 창조의 특별한 목적은 없다는 전제를 바탕으로 한다.

비일치주의(Nonconcordist). 성경을 해석하는 틀 가운데 하나로, 창세기는 창조 사건의 순서를 계시하지 않으며 단지 하나님이 창조주라는 사실만을 보여준다는 견해. 부록 2를 보라.

빅뱅(Big bang). 우주 팽창을 주장하는 모델. 우주는 한 점(특이점)에서 팽창해 형성되었다고 주장하는데, 이는 우주에 시작이 있음을 의미한다. 현재 가장 유력한 우주론 모델.

삽입(Insertion). 하나 또는 그 이상의 염기쌍이 DNA에 추가되는 변이.

상동성(Homology). 척추동물의 앞다리 뼈 구조와 같이 공통 조상에게서 왔다고 여겨지는 후손 간의 유사 형질.

상보적 지식 영역(Complementary domains of knowledge). 실증적으로 습득하는 지식과 비실증적으로 습득하는 지식이 서로 겹치는 부분 없이 완전히 상이한 질문을 다룬다는 철학적 주장. "상호 작용하는 지식 영역" 및 "겹치는 지식 영역" 항목을 참조하라.

상호 작용하는 지식 영역(Interacting Domains of knowledge). 경험적·비경험적 관점 둘 다 다룰 수 있는 주제들이 있으므로, 그 두 영역은 완전히 분리될 수 없다는 철학적 견해. "상보적 지식 영역" 및 "겹치는 지식 영역"을 참조하라.

생물 발생 이전의 진화(Prebiotic evolution). 유기체 분자들이 기능을 갖추도록 자연 선택될 수 있다는 이론적 주장으로, 같은 방식으로 종들 역시 적응을 위해 선택된다.

생식 세포(Germ-line cell). 생식 기관에서 생산되는 세포로 난자와 정자 (생식체)를 생산한다.

세포내공생설(Endosymbiosis). 원핵생물이 숙주 세포 안에서 공생 관계로 오랜 시간 존재해 둘이 따로 독립적으로 살수 없게 된 결과로 진핵생물의 미토콘드리아와 엽록체로 진화했다는 주장.

속(Genus). 분류학에서 종(species)의 상위 개념. 같은 속에 속한 구성원들은 지리적 고립, 외형적 차이, 짝짓기 시간이나 의식 등의 요인으로 대개 서로 짝짓기 할 수 없다. 그러나 강제로 교배시킬 경우 자손을 생산할 수 있는 자손을 낳기도 한다.

수렴(Convergence). 비슷한 선택압으로 인해 서로 다른 진화 계통 안에서 유사 형질이 형성되는 과정.

신다윈주의적 진화(Neo-Darwinian evolution). 종의 기원을 설명하는 한 모델로, 모든 생물체가 공통 조상으로부터 자연 선택을 따라 점차 진화되었다고 주장한다.

실험 과학(Experimental science). 어떤 변수가 미치는 영향을 알기 위해 다른 조건은 일정하게 유지하고 해당 변수만 조작해 반복되는 현상을 연구하는 것. 실험실에서 이뤄지는 과학뿐만 아니라 현장에서 이뤄지는 과학까지도 포함한다.

암흑 물질(Dark matter). 이론적으로 존재하며, 실존하는 물질 및 에너지와 매우 약하게 상호 작용하기 때문에 탐지되지 않는다. 은하 사이에 존재하는 만유인력이 왜 실존 물질 사이에 일어날 것으로 예측되는 힘보다 훨씬 더 큰지를 설명하기 위해 현재 이론에 필요한 물질.

암흑 에너지(Dark energy). 빅뱅 우주론이 우주 팽창 속도를 설명하는 데 필요한 이론적 실체로 중력의 영향에 반대되는 힘.

엑손(Exon). 단백질이 되는 부분을 코드화하는 DNA. 유전자 안의 엑손들은 인트론에 의해 나뉘어 있다.

역사 과학(Historical science). 역사적으로 우연히 발생한 독특한 현상을 실증적 흔적 또는 모델링을 통해 연구하는 학문. 아주 오래된 현상을 연구하는 해당 분야로는 고생물학, 일어난 지 얼마 안 된 현상을 다루는 예로는 수사과학이 있다.

역위(Inversion). 한 부분의 DNA가 끝과 끝이 뒤집혀 잘려진 그곳에 다시 끼어들어가는 유전자 변형.

염기쌍(Base pair). DNA 사다리(ladder)의 가로대(rung)를 형성하는 화학 결합으로 A-T 또는 C-G 간 결합만 일어난다. 염기쌍의 순서가 유전자 코드에 따라 구성된 단백질의 아미노산 순서를 결정한다. 염기쌍의 숫자는 DNA 한 부분의 길이를 결정하는데, 이를테면 인간의 게놈은 대략 30억 개의 염기쌍으로 구성된다.

오래된 지구 창조(Old-earth creation[OEC]). 기원을 설명하는 한 모델. 신이 창세기에 쓰인 순서대로, 하지만 오랜 기간에 걸쳐 창조했다는 전제를 바탕으로 함.

오비탈(Orbital). 원자의 핵 바깥 부분으로 전자가 발견되는 곳. 전자의 경로와 위치는 동시에 알 수 없다. 두 전자가 각 오비탈을 채우며, 오비탈이 다르면 에너지 준위도 다르다.

외삽(Extrapolation). 기존 데이터의 범위를 벗어나는 결과까지 확장하는 추론 방식. 따라서 본질적으로 오류의 위험이 있는 추론이다.

우주론(Cosmology). 우주의 기원과 구조를 연구하는 학문.

우주 배경 복사(Cosmic microwave background radiation[CMBR]) 별 사이 우주 공간에서 스펙트럼상의 초단파 영역에 해당하는 특정 파장의 복사가 관찰되는 현상.

원핵생물(Prokaryote). 세포막으로 둘러싼 핵과 다른 세포막으로 둘러싸인 세포 내 구조들이 없는 유기체이며, 박테리아와 고세균이 포함된다.

위유전자(Pseudogene). 단백질을 형성하는 유전자와 유사한 염기 서열을 지닌 DNA의 한 부분으로, 단백질을 만들지는 않는다. 많은 위유전자가 RNA를 형성하는데, RNA는 세포 내에서 조절 기능을 담당한다.

유물론(Materialism). 물질적인 세계만이 존재하는 유일한 대상이라는 철학적 주장.

유사점(Analogy). 물에서 사는 많은 동물이 유선형을 띠듯이 공통 조상에게서 전해진 것은 아니지만 비슷한 형질을 보이는 것.

유신론(Theism). 창조주가 한 위격으로 존재하며 그 창조주는 창조 세계를 초월하며 동시에 창조 세계에 내재한다는 세계관.

유전자(Gene). 원래는 하나의 단백질을 코드화하는 DNA 부분을 말하며, 지금은 염색체 특정 위치에 존재하며 특정한 기능을 지닌, 인식할 수 있는 DNA 서열을 의미한다.

유전자 발현(Gene expression). 조절 분자와 후생유전학 표지의 조합에 의해 발현될 수 있는 유전자의 활동을 측정하는 것.

유전자 수평 이동(Horizontal gene transfer[HGT]). 특정 부위의 DNA가 한 생물체에서 다른 생물체로 전이될 때 (수직으로 일어나는) 정상적인 유전을 통하지 않고, 이를테면 섭취, 감염, 공생이나 다른 과정을 통해 매우 다른 형태의 생물체 사이에서도 전이될 수 있다는 주장.

유전자 코드(Genetic code). 전령RNA에 있는 3개의 염기 서열과 그들이 코드화하는 아미노산 사이의 대응 규칙. 거의 모든 종에 나타난다.

이보디보(Evo-devo). 진화발생생물학의 약자. 배아의 발달 변화를 관찰해 발생 과정을 연구하는 학문. 가능한 진화 메커니즘을 설명하는 것이 목적이다.

이신론(Deism). 창조주가 우주에 대해 어떤 목적을 가지고 있지 않으며 창조 이후 어떤 관련을 맺고 있지도 않다는 믿음 체계.

이질염색질(Heterochromatin). 염색체의 한 부분. 나머지 DNA는 뻗어나가지만 이 부분은 세포 분열 이후에도 단단히 감겨 있는 형태를 유지한다.

이론(Theory). 폭넓은 실증적·수학적 지지를 바탕으로 보편적으로 받아들여지는 설명.

이론 과학(Theoretical science). (여러 이유로) 아직 관찰할 수 없지만, 수학 모델링에 기초해 예상할 수 있는 현상을 연구하는 학문. 물리학과 우주학에 속한 많은 분야가 이에 포함된다.

인도된 진화(Directed evolution). 신이 제2인과를 통해 끊임없이 활발하게 자기 목적을 이루기 위해 일한다는 전제를 바탕으로 하는, 기원을 설명하는 한 모델.

인류 원리(Anthropic principle). (우리 인간처럼) 지각 있는 생물이 존재한다는 점을 볼 때 우주는 우리가 존재하기에 적합한 조건을 반드시 가지고 있어야 한다. 그러므로 우주가 실제로 그러한 특징을 가지고 있는 것은 당연하다는 주장.

인트론(Intron). DNA의 한 부분으로 유전자에서 엑손 사이에 존재함. RNA로 복사되지만, 복사된 RNA 부분은 단백질이 형성되기 이전에 잘려나간다.

일치주의(Concordist). 신이 실제 창조 순서를 창세기에 계시해주었다는 성경 해석 방식. 부록 2를 참조하라.

자연 발생(Abiogenesis). 생명체가 무생물에서 기원했다는 주장.

자연 선택(Natural selection). 어떤 특정 환경에 더욱 잘 적응하는 생명체
가 더 많은 후손을 낳게 되는 과정으로, 결국 특정 형질을 지닌 개체가
증가한다. 신 다윈주의에 따르면, 진화의 주된 메커니즘이다.

자연 선택상의 이점(Selective advantage). 같은 종이지만 어떤 형질을 가
지고 있지 못한 어떤 유기체보다 특정 환경에서 자손을 더 잘 번식하
고 살아남는 유기체가 지닌 특징.

자연주의(Naturalism). 이 세상의 모든 것을 자연 인과로 설명할 수 있다
는 철학 관점.

자연주의적 진화(Naturalistic evolution[NE]). 초자연적인 것은 없으며 따
라서 창조주는 없다는 전제를 바탕으로 하는 진화의 한 모델로, 모든
것은 자연 원인으로 설명될 수 있다는 관점.

적색 편이(Red shift). 별이 더 멀리 있을수록 그 별에서 방출되는 빛이 스
펙트럼의 붉은색 쪽으로 치우치는 현상.

전이 인자(Transposable element). 게놈 안에서 한 부분에서 다른 부분으
로 움직일 수 있고, 가끔은 그 움직임을 통해 유전자를 방해하는 특정
한 DNA 부위. 알루 인자가 이에 속한다.

전제(Presupposition). 과학 연구를 수행하는 데 필수인 가정으로, 과학 전반에 필요한 보편 가설과 특정 과학 분야에 채택되는 특수 가설 등이 있다.

젊은 지구 창조(Young-earth creation[YEC]). 기원 모델 중 하나로 창세기에 기록된 순서대로 창조주가 하루 24시간인 6일 동안 창조를 마쳤고, 그 후로 채 만 년도 지나지 않았다는 주장

점진주의(Gradualism). 신다윈주의의 기본 주장 가운데 하나. 종 안에서 나타나는 변화는 작은 돌연변이가 수없이 누적되어 나타나므로 한 종에서 다른 종으로의 변화는 점진적이다.

정상 우주론(Steady state). 우주의 확장을 설명하는 모델. 우주가 팽창하면서 물질이 만들어져서 무한대로 시공간이 뻗어나갈 수 있게 되었다는 모델. 물질세계가 우주가 팽창하는 것과 같이 확장되었고 이로 인해 공간과 시간이 무한대가 됨. 우주 모델에서 이제는 지지자가 거의 없음.

정체(Stasis). 화석 기록상 화석이 비교적 오랫동안 변하지 않고 남아 있는 현상.

종(Species). 분류상 가장 하위 단계로, 종을 구분하는 방식은 많다. 예를 들어 생식적 격리(생물학)를 기준으로 하거나 형태에 따른 구분(고생물학)을 기준으로 한다. 하지만 모든 상황에 정확히 들어맞는 분류 체계는 없다.

종류(Kind). 생명체가 어떤 단계로 구분되어 창조되었는가를 설명하기 위해 창조 관련 모델이 사용하는 용어. 이들은 현존하는 모든 종이 제한된 공통 조상으로부터 각각 구분되어 창조되었다고 주장한다.

종속 영양 생물(Heterotroph). 다른 생물이 만든 에너지가 높은 유기물을 섭취해야 살 수 있는 생물을 말한다.

중립 돌연변이(Neutral mutation). 적합도(fitness)에 영향을 미치지 않는 변이. 유전자가 발현되지 않은 부분에 돌연변이가 일어나거나 발현된 단백질에 근소한 또는 아무 변화도 주지 않은 DNA상의 돌연변이.

중첩(Superposition). 퇴적암을 형성하는 새로운 퇴적층은 일반적으로 이미 존재하는 퇴적층 위에 쌓인다는 이론.

증거(Evidence). 어떤 명제가 참인지 거짓인지를 알려주는 것. "경험적 증거", "문헌적 증거"를 참조하라.

지적 설계 이론(Intelligent design[ID]). 자연계 속에서 설계를 경험적으로 탐지할 수 있다는 철학적 주장. 또는 이런 주장에 근거하여 방법론적 자연주의를 반대하는 운동.

진핵세포(Eukaryote). 세포막으로 둘러싸여 있고 그 안에 핵과 다른 구별된 내부 구조를 가진 유기체로 식물, 동물, 그리고 균류를 포함한다.

진화의(Evolutionary). 자연주의적 진화, 비목적론적 진화, 계획된 진화,

인도된 진화 모델과 관련된 단어. 이들은 하나 또는 소수의 조상으로 부터 모든 생물이 진화되었다고 주장한다.

창조의(Creationary). 젊은 지구 창조 및 오래된 지구 창조 모델과 관련된 단어. 이 두 모델은 생명체가 처음부터 따로 구별되어 많은 종류로 나뉘어 창조되었으므로 진화상의 분화는 한정되어 있다고 주장한다. "진화의" 항목을 참조하라.

처녀 생식(Parthenogenesis). 수정되지 않은 난자로부터 한 개체를 생성하는 것으로, 특정한 형태의 곤충과 식물에서 종종 일어나지만 그 외 다른 생명체에서는 거의 일어나지 않는다.

체세포(Somatic cell). 몸을 구성하는 세포로, 생식 세포를 제외한 모든 세포를 말한다.

추론(Inference). 증거를 기반으로 연역적 또는 귀납적으로 도출한 논리적 결론. 종종 어느 정도 드러난 또는 드러나지 않은 배경 지식과 가정이 포함되어 있다.

캄브리아기 대폭발(Cambrian explosion). 다양한 종류의 동물 화석이 갑작스럽게 출현한, 상대적으로 짧은 지질학적 기간.

코아세르베이트(Coacervate). 물속에서 지질로 둘러싸인 방울 형태 분자로 안에는 물 또는 유기물이 들어 있다.

퇴적암(Sedimentary rocks). 침전물이 굳어져 생성된 돌로서 주로 물에 의해 생성되지만 드물게는 바람에 의해 생성되기도 한다.

특이점(Singularity). 빅뱅 이론에 따르면, 우주가 팽창하기 전의 원래 상태를 가리킨다. 우주가 0 또는 거의 0에 가까운 부피로 압축되었을 때, 우주는 모든 물질과 에너지뿐만 아니라 시간과 공간도 포함하고 있었다.

특정화된 복잡성(Specified complexity). 반복적이지도 복잡하지도 않은 구조적 특성으로, 이를 만들기 위해서는 방대한 양의 정보가 필요하다.

판 구조론(Plate tectonic theory). 지구의 표면이 조각난 몇 개의 판으로 나뉘어 있다는 이론으로, 그 판들이 점차 이동하여 결국 (대서양 중앙과 같이) 새로 확장된 경계에서 새로운 지각이 생기며 (환태평양 지역같이) 2개의 판이 서로 충돌하는 부분에서는 지각의 섭입(하나의 암석권 판이 다른 판 밑으로 내려가는 과정)과 용해가 일어난다고 주장한다.

팽창 기간(Inflationary period). 빅뱅 우주론에서 위상 변위 때문에 매우 빠르게 우주가 팽창하는 동안 우주 역사 초기에 존재하는 이론적인 시간.

항상성 유전자(Homeotic gene). 생명체에서 초기 발생을 조절하는 유전자로 전체 몸 구조를 결정하는 것과 같이 배아의 주요 변화를 유발한다.

항성 핵 합성 이론(Stellar nucleosynthesis theory). 서로 다른 종류의 별들에 존재한다고 추론되는 조건하에 모든 원소가 점진적으로 생성된다는 이론.

해독틀(Reading frame). RNA 염기 서열을 트리플렛 코드로 나누는 3가지 방법 중 하나로, 각 프레임은 완전히 다른 아미노산을 만들 수 있다.

핵(Nucleus). (1) 모든 원자의 가장 가운데 부분으로 중성자와 양성자를 포함한다. "오비탈" 항목을 보라. (2) 진핵생물을 염색했을 때 중간에 검게 염색되는 부분으로 DNA와 그에 붙어 있는 다른 분자들과 함께 염색체를 형성한다.

형태(Morphology). 종의 기본이 되는 신체 구조로, 개인의 전체 부위나 특정 부분의 평균 크기나 형태를 기준으로 한다.

호미난(Hominan). 인간 혹은 인간의 혈통으로 인식되는 화석을 설명하기 위한 최신 용어. 호미닌이 원숭이를 포함하는 용어로 확장되면서 새로이 도입되었다.

호미노이드(Hominoid). 인간과 유인원 및 그들의 조상을 포함해 인간과 유사한 생물과 화석을 지칭하는 용어다.

호미니드(Hominid). 원래 인간 혹은 인간의 혈통으로 인식되는 화석을 설명할 때 쓰는 용어였으나, 지금은 유인원을 포함해 인간과 비슷한 모든 생물을 지칭한다.

호미닌(Hominin). 인간 혹은 인간의 혈통으로 인식되는 화석을 설명하기 위한 용어로, 호미니드가 유인원을 포함하는 용어로 확장되면서 도입되었다.

화성암(Igneous rock). 지하의 마그마 또는 지표면의 용암이 굳어져 생성된 돌.

화이트 홀(White hole). 우주의 팽창을 설명하는 한 모델로 지구의 나이는 몇 천 년이지만 별들은 어떻게 수억 년이 되었는지를 설명하기 위한 가설. 젊은 지구 창조 진영이 제안하는 주장이다.

확률론적인(Stochastic). 전체 형태는 예측할 수 있지만 어떤 특정 사건의 결과는 예측이 불가능한 무작위 과정.

환원 불가능한 복잡성(Irreducible complexity). 진화의 각 단계마다 확실하게 자연 선택의 가치가 있는 효용이 있고 그 단계들이 연속된다는 식의 점진 과정으로는 만들어질 수 없는 자연 구조가 존재한다는 주장.

효소(Enzyme). 화학 반응을 촉진하는 단백질. 반응을 시작하는 데 필요한 에너지의 양을 줄여 반응 속도를 높인다.

후기 경험주의(Postempiricism). 과학자는 주로 자신의 연구 방향 자체에 영향을 주는 어떤 특정 패러다임 속에서 연구할 수밖에 없다는 주장. 토마스 쿤 등이 주장했다.

후성유전학(Epigenetics). DNA 염기 서열의 변화가 아닌 염색체상의 변형(DNA에 붙는 여러 분자들 또는 핵 안에서의 위치 또는 밀도차에 의한 변형이 있다)으로 후대에 유전되는 현상을 연구하는 학문.

American Association for the Advancement of Science. 1993. *Benchmarks for Science Literacy*. Washington, DC: American Association for the Advancement of Science.

Austin, Steven A. 1995. *Grand Canyon: Monument to Catastrophe*. Institute for Creation Research.

Barbour, Ian G. 2000. *When Science Meets Religion: Enemies, strangers, or partners?* San Francisco: Harper.

Beckwith, Francis J. 2003. *Law, Darwinism, and Public Education: The establisment clause and the challenge of intelligent design*. Lanham, MD: Rowman & Littlefield.

Behe, Michael J. 1996. *Darwin's Black Box: The biochemical challenge to evolution*. New York: Touchstone.

_____. 2004. "Irreducible complexity: Obstacle to Darwinian evolution." In *Debating Design: From Darwin to DNA*. Edited by William A. Dembski & Michael Ruse, 352–70. Cambridge: Cambridge University Press.

_____. 2007. *The Edge of Evolution: The search for the limits of Darwinism*. New York: Free Press.

Berkman, M. B., Pacheco, J. S., & Plutzer, E. 2008. "Evolution and creationism in America's classrooms: A national portrait." *PLOS Biology* 6(5): e124.

Biello, David. 2009, August 19. "The origin of oxygen in earth's atmosphere."

Scientific American, www.scientificamerican.com/article.cfm?id=origin-
ofoxygen-in-atmosphere.

Bi mont, Christian. 2010. "A brief history of the status of transposable elements:
From junk DNA to major players in evolution." *Genetics* 186, 1085-93.

BioLogos Foundation. 2011. "At what point in the evolutionary process did
humans attain the 'Image of God'?" *BioLogos*, http://biologos.org/ques
tions/image-of-god.

Bradley, Walter L. 2004. "Information, entropy, and the origin of life." In
Debating Design: From Darwin to DNA. Edited by William A. Dembski &
Michael Ruse, 331-51. Cambridge: Cambridge University Press.

Brinster, R. L., Allen, J. M., Behringer, R. R., Gelinas, R. E., & Palmiter, R. D. 1988.
"Introns increase transcriptional efficiency in transgenic mice." *Proceedings
of the National Academy of Sciences USA* 85: 836-40.

Brown, J. R. 2003. "Ancient horizontal gene transfer." *Nature Reviews Genetics* 4:
121-32.

Brown, Walt. 2001. *In the Beginning: Compelling evidence for creation and the
flood*. 7th ed. Phoenix: Center for Scientific Creation.

Campbell, Neil J., & Reese, Jane. 2005. *Biology*. 7th ed. Upper Saddle River, NJ:
Pearson, Benjamin Cummings.

Carleson, Richard F., & Longman, Tremper, III. 2010. *Science, Creation and the
Bible: Reconciling rival theories of origins*. Downers Grove, IL: InterVarsity
Press.

Chapman, Bruce. 1998. "Postscript: The 21st century has arrived." In *Mere
Creation: Science, faith & intelligent design*. Edited by William A. Dembski,
454-59. Downers Grove, IL: InterVarsity Press.

Chimpanzee Sequencing and Analysis Consortium. 2005. "Initial sequence of
the chimpanzee genome and comparison with the human genome." *Nature*
437: 69-87.

Cleland, Carol E. 2002. "Methodological and epistemic differences between historical science and experimental science." *Philosophy of Science* 69(3): 447-51.

Coles, Peter. 2001. *Cosmology: A very short introduction.* Oxford: Oxford University Press.

Collins, Francis S. 2006. *The Language of God: A scientist presents evidence for belief.* New York: Free Press.

Conway Morris, Simon. 2003. *Life's Solution: Inevitable humans in a lonely universe.* Cambridge: Cambridge University Press.

Cornell, James, ed. 1989. *Bubbles, Voids and Bumps in Time: The New Cosmology.* Cambridge: Cambridge University Press.

Crick, F. H. C., & Orgel, L. E. 1973. "Directed panspermia." *Icarus* 19: 341.

Darwin, Charles. 1859. On the origin of species. In *The Complete Work of Charles Darwin Online*, http://darwin-online.org.uk.

Dawkins, Richard. 1996. *The Blind Watchmaker: Why the evidence of evolution reveals a universe without design.* New York: W. W. Norton.

_____. 2006. *The God delusion.* Boston: Houghton Mifflin.

de Duve, Christian. 1995. *Vital Dust: The origin and evolution of life on earth.* New York: Basic Books.

de Jong, W. W. 1998. "Molecules remodel the mammalian tree." *TREE* 13(7): 270-75.

Dembski, William A. 1999. *Intelligent Design: The bridge between science and theology.* Downers Grove, IL: InterVarsity Press.

_____. 2004. *The Design Revolution: Answering the toughest questions about intelligent design.* Downers Grove, IL: InterVarsity Press.

Dembski, William A., ed. 1998. *Mere Creation: Science, faith & intelligent design.* Downers Grove, IL: InterVarsity Press.

Dennett, Daniel C. 1995. *Darwin's Dangerous Idea: Evolution and the meanings of life.* New York: Simon & Schuster.

Denton, Michael. 1985. *Evolution: A theory in crisis.* Bethesda, MD: Adler & Adler.

DeYoung, Don. 2005. *Thousands⋯not Billions: Challenging an icon of evolution, questioning the age of the earth.* Green Forest, AR: Master Books.

Dorus, S., et al. 2004. "Accelerated evolution of nervous system genes in the origin of Homo sapiens." *Cell* 119: 1027-40.

Duschl, Richard, & Grandy, Richard. 2008. "Reconsidering the character and role of inquiry in school science: Framing the debates." In *Teaching Scientific Inquiry: Recommendations for Research and Implementation.* Edited by Richard A. Duschl & Richard E. Grandy, 1-37. Rotterdam: Sense Publishers.

Edwards, Rem B. 2001. *What Caused the Big Bang?* New York: RodOpi.

European Molecular Biology Laboratory. 2009, November 27. "First-ever blueprint of 'minimal cell' is more complex than expected." *ScienceDaily,* www.sciencedaily.com/releases/2009/11/091126173027.htm.

Falk, Darrel R. 2004. *Coming to Peace with Science: Bridging the worlds between science and faith.* Downers Grove, IL: InterVarsity Press.

Ferrier, D. E. K., & Holland P. W. H. 2001. "Ancient origin of the Hox gene cluster." *Nature Reviews Genetics* 2: 33-38.

"The fickle Y chromosome." 2010. *Nature* 463: 149.

Forster, A. C., & Church, G. M. 2006. "Toward synthesis of a minimal cell." *Molecular Systems Biology* 2: 45.

Fowler, Thomas B., & Kuebler, Daniel. 2007. *The Evolution Controversy: A survey of competing theories.* Grand Rapids: Baker Academic.

Futuyma, Douglas J. 2006. *Evolutionary Biology.* 3rd ed. Sunderland, MA: Sinauer.

Gauch, Hugh G., Jr. 2003. *Scientific Method in Practice.* Cambridge: Cambridge University Press.

Giberson, Karl W., & Yerxa, Donald A. 2002. *Species of Origins: America's search for a creation story*. Lanham, MD: Rowman & Littlefield.

Gibbs, W. Wayt. 2003. "The unseen genome: Gems among the junk." *Scientific American* 289(5): 26-33.

Gilbert, Steven W., & Ireton, Shirley Watt. 2003. *Understanding models in earth and space science*. Arlington, VA: NSTA Press.

Gonzalez, Guillermo, & Richards, Jay W. 2004. *The privileged planet: How our place in the cosmos is designed for discovery*. Washington, DC: Regnery.

Gould, Stephen Jay. 1999. *Rocks of ages: Science and religion in the fullness of life*. New York: Ballantine.

_____. 2002. *The structure of evolutionary theory*. Cambridge, MA: Belknap Press of Harvard University Press.

Gould, Stephen Jay, & Lewontin, R. C. 1979. "The spandrels of San Marco and the Panglossian paradigm: A critique of the adaptationist programme." *Proceedings of the Royal Society London B*. 205: 581-98.

Haarsma, Deborah B., & Haarsma, Loren D. 2007. *Origins: A reformed look at creation, design, & evolution*. Grand Rapids: Faith Alive.

Halvorson, Hans, & Kragh, Helge. 2011. "Cosmology and theology," in *Stanford Encyclopedia of Philosophy*. Edited by Edward N. Zalta. http:\\plato.stanford.edu/entries/cosmology-theology.

Ham, Ken, ed. 2006. *The new answers book* 1. Green Forest, AR: Master Books.

Hartwig-Scherer, Sigrid. 1998. "Apes or ancestors?" In *Mere creation: Science, faith & intelligent design*. Edited by William A. Dembski, 212-35. Downers Grove, IL: InterVarsity Press.

Haught, John F. 2010. *Making sense of evolution: Darwin, God, and the drama of life*. Louisville: Westminster John Knox Press.

Hooper, Judith. 2002. *Of moths and men: An evolutionary tale*. New York: Norton.

Howell, Kenneth J. 2003. *God's two books: Copernican cosmology and biblical interpretation in early modern science*. Notre Dame, IN: University of Notre Dame Press.

Hughes, J. F., et al. 2010. "Chimpanzee and human Y chromosomes are remarkably divergent in structure and gene content." *Nature* 463: 536-39.

Hui, Jerome, Peter, H. L., Holland, W. H., & Ferrier, David E. K. 2008. "Do cnidarians have a ParaHox cluster? Analysis of synteny around a Nematostella homeobox gene cluster." *Evolution & Development* 10(6): 725-30.

Johnson, Phillip E. 1991. *Darwin on trial*. Downers Grove, IL: InterVarsity Press.

_____. 1995. *Reason in the balance: The case against naturalism in science, law & education*. Downers Grove, IL: InterVarsity Press.

_____. 1997. *Defeating Darwinism by opening minds*. Downers Grove, IL: InterVarsity Press.

Kapranov, Philipp, Willingham, Aarron T., & Gingeras, Thomas R. 2007. "Genome-wide transcription and the implications for genomic organization." *Nature Reviews Genetics* 8: 1-11.

Keeling, P. J., & Palmer, J. D. 2008. "Horizontal gene transfer in eukaryotic evolution." *Nature Reviews Genetics* 9: 605-18.

Kuhn, Thomas S. 1996. *The structure of scientific revolutions*. 3rd ed. Chicago: University of Chicago Press.

Lamoureux, Denis O. 2008. *Evolutionary creation: A Christian approach to evolution*. Eugene, OR: Wipf & Stock.

Le Hir, H., Nott, A., & Moore, M. J. 2003. "How introns influence and enhance eukaryotic gene expression." *Trends in Biochemical Sciences* 28(4): 215-20.

Lederman, N. G. 2006. "Syntax of nature of science within inquiry and science instruction." In *Scientific inquiry and nature of science: Implications for teaching, learning, and teacher education*. Edited by L. B. Flick & N. G.

Lederman, 301-18. Dordrecht: Springer.

Lewis, C. S. 1938. *Out of the silent planet*. New York: Scribner.

Livingstone, David N. 1984. *Darwin's forgotten defenders: The encounter between evangelical theology and evangelical thought*. Vancouver: Regent College Publishing.

Martin, W., Baross, J., Kelley, D., & Russell, M. J. 2008. "Hydrothermal vents and the origin of life." *Nature Reviews Microbiology* 6: 805-14.

Mayr, Ernst. 2001. *What evolution is*. New York: Basic Books.

McComas, William F. 1998. "The principal elements of the nature of science: Dispelling the myths." In *The nature of science in science education: Rationales and strategies*. Vol. 5. Edited by William F. McComas. Boston: Science & Technology Education Library, Kluwer Academic.

Meyer, Stephen C. 2009. *Signature in the cell: DNA and the evidence for intelligent design*. New York: Harper One.

_____. 1994. "The methodological equivalence of design & descent." In *The creation hypothesis: Scientific evidence for an intelligent designer*. Edited by J. P. Moreland, 67-112. Downers Grove, IL: InterVarsity Press.

Meyer, Stephen C., & Keas, Michael Newton. 2003. "The meanings of evolution." In *Darwinism, design, and public education*. Edited by John Angus Campbell & Stephen C. Meyer, 135-56. East Lansing: Michigan State University Press.

Meyer, Stephen C., Ross, Marcus, Nelson, Paul, & Chien, Paul. 2003. "The Cambrian explosion: Biology's Big Bang." In *Darwinism, design, and public education*. Edited by John Angus Campbell & Stephen C. Meyer, 323-402. East Lansing: Michigan State University Press.

Miller, Kenneth R. 1999. *Finding Darwin's God: A scientist's search for common ground between God and evolution*. New York: Cliff Street Books.

_____. 2004. "The flagellum unspun: The collapse of 'irreducible complexity.'"

In *Debating design: From Darwin to DNA*. Edited by William A. Dembski & Michael Ruse, 81-97. Cambridge: Cambridge University Press.

Milton, Richard. 1997. Shattering the myths of Darwinism. Rochester, VT: Park Street Press.

Moreland, J. P., & Reynolds, John Mark. 1999. "Introduction." In *Three Views on Creation and Evolution*. Edited by J. P. Moreland & John Mark Reynolds, 7-38. Grand Rapids: Zondervan.

Morris, Henry M., & Parker, Gary E. 1987. *What is creation science?* Green Forest, AR: Master Books.

Morris, John, & Austin, Steve. 2003. *Footprints in the ash: The explosive story of Mount St. Helens*. Green Forest, AR: Master Books.

National Academy of Science. 1998. *Teaching about evolution and the nature of science*. Washington, DC: National Academy Press.

National Research Council. 1996. *National science education standards*. Washington, DC: National Academies Press.

_____. 2012. *A framework for K-12 science education: Practices, crosscutting concepts, and core ideas*. Washington, DC: National Academies Press.

Nord, Warren A. 2003. "Intelligent design theory, religion, and the science curriculum." In *Darwinism, design, and public education*. Edited by John Angus Campbell & Stephen C. Meyer, 46-58. East Lansing: Michigan State University Press.

Numbers, Ronald L. 1992. *The creationists: The evolution of scientific creationism*. Berkeley: University of California Press.

Numbers, Ronald L. , ed. 2010. Galileo goes to jail and other myths about science and religion. Cambridge, MA: Harvard University Press.

Oard, Michael. 1990. *An ice age caused by the Genesis flood*. Dallas: Institute for Creation Research.

Orr, H. Allen. 2009. "Testing natural selection." *Scientific American* 300(1): 44-

50.

Pearcey, Nancy R., & Thaxton, Charles B. 1994. *The soul of science: Christian faith and natural philosophy*. Wheaton, IL: Crossway Books.

Plantinga, Alvin. 2006, March 7. "Whether ID is science isn't semantics." *Science & Theology News*. Archived at www.discovery.org/a/3331.

Poe, Harry Lee, & Davis, Jimmy H. 2012. *God and the cosmos: divine activity in space, time and history*. Downers Grove, IL: IVP Academic.

Poythress, Vern S. 2006. *Redeeming science: A God-centered approach*. Wheaton, IL: Crossway Books.

Quintana, Elisa V., & Lissauer, Jack J. 2010. "Terrestrial planet formation in binary star systems." In *Planets in binary star systems*. Edited by Nader Haghighipour. New York: Springer. Abstract at http://arxiv.org/abs/0705.3444.

Rana, Fazale R. 2010. "Chromosome 2: The best evidence for human evolution?" *New Reasons to Believe*, 6-7.

Ratzsch, Del. 1996. *The battle of beginnings: Why neither side is winning the creation-evolution debate*. Downers Grove, IL: IVP Academic.

_____. 2000. *Science and its limits: The natural sciences in Christian perspective*. Downers Grove, IL: IVP Academic.

Ross, Hugh. 1991. *The fingerprint of God*. 2nd ed. Orange, CA: Promise Publishing.

_____. 1993. *The Creator and the cosmos: How the greatest scientific discoveries of the century reveal God*. Colorado Springs, CO: NavPress.

_____. 2004. *A matter of days: Resolving a creation controversy*. Colorado Springs, CO: NavPress.

_____. 2009. *More than a theory: Revealing a testable model for creation*. Grand Rapids: Baker Books.

Ross, Marcus R. 2005. "Who believes what? Clearing up confusion over intelligent design and young-earth creationism." *Journal of Geoscience Education* 53(3): 319-23.

Ruse, Michael. 2004. "The argument from design: A brief history." In *Debating design: From Darwin to DNA*. Edited by William A. Dembski & Michael Ruse, 13-31. Cambridge: Cambridge University Press.

Ryan, Frank. 2002. *Darwin's blind spot*. Boston: Houghton Mifflin.

Sanford, John C. 2008. *Genetic entropy & the mystery of the genome*. 3rd ed. Waterloo, NY: FMS Publications.

Schaefer, Henry F. 2003. *Science and Christianity: Conflict or coherence?* Athens: University of Georgia Printing.

Scherer, Siegfried. 1998. "Basic types of life." In *Mere Creation: Science, Faith and Intelligent Design*. Edited by William A. Dembski, 195-211. Downers Grove, IL: InterVarsity Press.

Schwartz, Jeffrey H. 1999. *Sudden origins: Fossils, genes, and the emergence of species*. New York: John Wiley.

Schweitzer, M. H., Whittmeyer, J. L., Horner, J. R., & Toporski, J. K. 2005. "Soft-tissue vessels and cellular preservation in Tyrannosaurus rex." *Science* 307(5717): 1952-55.

Scott, E. C. 1999. "The creation/evolution continuum." *NCSE Reports* 19(4): 16-17, 23-25.

Shapiro, James A. 2011. *Evolution: A view from the 21st century*. Upper Saddle River, NJ: FT Press Science.

Sire, James W. 2004. *Naming the elephant: Worldview as a concept*. Downers Grove, IL: InterVarsity Press.

Smoot, George, & Davidson, Keay. 1993. *Wrinkles in time*. New York: Avon Books.

Snelling, Andrew A. 2009. *Earth's catastrophic past: Geology, creation & the flood*. Dallas: Institute for Creation Research.

Sober, Elliott. 2008. *Evidence and evolution: The logic behind the science*. Cambridge: Cambridge University Press.

Tenesa, A., et al. 2007. "Recent human effective population size estimated from linkage disequilibrium." *Genome Research* 17: 520-26.

Thaxton, Charles B., Bradley, Walter L., & Olsen, Roger L. 1984. *The mystery of life's origin: Reassessing current theories*. Dallas: Lewis & Stanley.

Tompkins, Jeffrey P. 2011. "Genome-wide DNA alignment similarity (identity) for 40,000 chimpanzee DNA sequences queried against the human genome is 86-89%." *Answers Research Journal* 4: 233-41.

Van Till, Howard J. 1999. "The fully gifted creation ('theistic evolution')." In *Three views on creation and evolution*. Edited by J. P. Moreland & John Mark Reynolds, 159-218. Grand Rapids: Zondervan.

Vardiman, Larry, & Humphreys, D. R. 2011. "A new creationist cosmology: In no time at all, part 3." *Acts & Facts* 40(2): 12-14. www.icr.org/article/5870.

Vardiman, Larry, Snelling, Andrew A., & Chaffin, Eugene F. 2005. *Radioisotopes and the age of the earth*. Vol. 2. Dallas: Institute for Creation Research.

Venema, Dennis R. 2010. "Genesis and the genome: Genomics evidence for human-ape common ancestry and ancestral hominid population sizes." *Perspectives on Science and Christian Faith* 62(3): 166-78.

Vlcek, S., Dechat, T., & Foisner, R. 2001. "Nuclear envelope and nuclear matrix: Interactions and dynamics." *Cellular and Molecular Life Sciences* 58: 1758-65.

Walton, John H. 2009. *The lost world of Genesis one: Ancient cosmology and the origins debate*. Downers Grove, IL: IVP Academic.

Weart, Spencer. 2011, January. "Discovery of global warming: Rapid climate change." *American Institute of Physics*, www.aip.org/history/climate/rapid.htm.

Weissenbach, Jean. 2004. "Differences with the relatives." *Nature* 429: 353-55.

Wells, Jonathan. 2000. *Icons of evolution: Science or myth?* Washington, DC: Regnery.

_____. 2003. "Second thoughts about peppered moths." In *Darwinism, design, and public education.* Edited by John Angus Campbell & Stephen C. Meyer, 187–92. East Lansing: Michigan State University Press.

_____. 2011. *The Myth of Junk DNA.* Seattle: Discovery Institute Press.

Whitcomb, John C., & Morris, Henry M. 1961. *The Genesis flood: The biblical record and its scientific implications.* Phillipsburg, NJ: P & R.

Wilson, Edward O. 1998. *Consilience: The unity of knowledge.* New York: Vintage Books.

Windschitl, M., & Thompson, J. 2006. "Transcending simple forms of school science investigation: The impact of preservice instruction on teachers' understandings of model–based inquiry." *American Educational Research Journal* 43(4): 783–835.

Wise, K. P. 2002. *Faith, form, and time: What the Bible teaches and science confirms about creation and the age of the universe.* Nashville: Broadman & Holman.

Young, Davis A., & Stearley, Ralph F. 2008. *The Bible, rocks and time: Geological evidence for the age of the earth.* Downers Grove, IL: IVP Academic.

232

정보 32, 105, 120, 129-35, 227, 230-31, 238-40

정상 우주론 85n.3, 89, 92-94, 108

정의(definitions) 27, 44-47, 78, 139, 189, 235, 253, 266, 268

   과학의 ~ → "과학" 항목 중 "~의 정의" 항목을 보라.

   종의 ~ 51, 180, 190-91

   진화의 ~ → "진화" 항목 중 "~의 정의" 항목을 보라.

정체 152-53, 195

종교 25, 27, 28, 36, 38, 40, 48, 52, 55, 58-62, 64-68, 70-71, 75-79, 177, 195, 205-6, 208, 213, 243, 263-67, 271

종류 72, 179, 227-28, 244

중첩 150-51

증거 25-26, 29-40, 43, 46-47, 83-85, 148, 222, 224-25, 249, 267, 270

   간접적 ~ 86-87, 121-22

   경험적 ~ 30-32, 37, 74-77, 254-55

   예외 ~ 147-48, 151, 176, 182, 243-44

지동설 47, 89

지식 영역

   겹치는 ~ 70, 77

   상보적인 ~ 59, 61, 64, 70, 76, 258

   상호 작용하는 ~ 65, 67, 70, 77, 258, 260, 272

지적 설계 46, 65n.24, 73-79, 129, 134, 209n.33, 218, 230-31, 237, 239, 261-62, 266, 268-69

진리(진실) 28, 53, 248, 254, 267-68, 270, 272

진화

   계획된 ~ 55-57, 62-64, 68, 73-74, 105-7, 136-39, 173-76, 206-8, 226-28, 234-35, 241, 258, 261, 268

대~/소~ 172, 180, 184

비다윈주의적 ~ 176-78, 228-30

비목적론적 ~ 49, 54, 60-61, 62, 73-74, 105-7, 136-39, 173-76, 206-8, 226-28, 234, 258

생물 발생 이전의 ~ 119, 138-39, 239n.16

신다윈주의적 ~ 173-76, 226-28

유신 ~ 50-51, 60, 76, 213, 266

~의 정의 55-57, 159. 172-73

인도된 ~ 54-57, 64-67, 68, 73-74, 105-7, 142, 176-79, 205-6, 209-11, 228-29, 241, 258, 261, 269

자연주의적 ~ 49, 53-57, 58-61, 63, 70-71, 73-74, 108-11, 114, 136-39, 172-76, 205-6, 213, 226-28, 234-35, 245, 258, 261

ㅊ

창세기 30, 49, 62-64, 67-69, 105, 106, 108, 111, 142, 180, 182, 205-6, 212, 214-15, 242

창조

   ~ 안에서 하나님의 사역 39-40, 62-68, 71, 76, 105-8, 111-13, 136, 140-42, 176-78, 180, 205, 209-11, 234, 240-43, 261-62, 271-72

   오래된 지구 ~ 51, 53, 67-69, 75, 77, 84, 105-6, 140, 179, 182-83, 205, 211, 212n.37, 215n.41, 225, 230-31, 240, 242-43, 258, 261-62, 266

   젊은 지구 ~ 51, 53, 67, 69-72, 75, 77-78, 84, 105, 111-13, 123n.7, 140, 142, 150-51, 179, 182, 193, 196n.16, 201n.25, 205, 211-13, 215, 225-27, 231-33, 239-40, 242-45, 249-50, 256-5, 261-62, 266

처녀 생식 163

천동설 47, 88

철학 25, 79

  개인의 ~ 26, 27-30, 36, 120, 188, 216, 247, 259n.6, 264

  과학~ 32-37, 47, 73-79, 180, 231, 254, 256, 269

  기원 모델의 근거가 되는 ~ 39-40, 136, 140-41, 241

초파리 161-62, 169

추론 32-33, 35, 37, 39, 43, 53, 147, 197, 253-54

  귀납 ~ 32-33

  귀추 33

  연역 ~ 32-33

침팬지 189-192, 197-197-204, 211-12

ㅋ

캄브리아기 폭발 78n.42, 154, 182, 230, 231n.8

코아세르베이트 126-27

ㅌ

특이점 92, 94, 102, 104-5, 108

특정화된 복잡성 130, 132-34, 139, 142-43, 231

틈새의 신 67, 139

ㅍ

판 구조론 155, 232

포자 가설 138

ㅎ

하디-바인베르크 평형, 158

한정된 대기 122-23

항상성 유전자 161-62, 169, 181

항생제에 대한 저항성 157

항성 핵 합성 이론 93, 99-100

해독틀 163

허블 법칙 89-90

형태 148, 170

호모 사피엔스 192n.9, 196n.17, 210, 212

호미니드 188-97, 207-8

홍수 71, 182-83, 214, 232n.11, 233, 242-44, 266

화석 48, 68, 121, 140, 148-52, 174-76, 181-82, 188-94, 203, 208, 227-28, 233, 243-44

  유조직 151

  이행 ~ 152-53, 172, 183, 211

  준정합 151, 153n.6

  표준/지표 ~ 149

화이트 홀 우주론 112-13, 226n.5, 243

확률 32, 65, 85, 108, 114, 133-34, 137, 140-42, 178, 203, 234-40

환원 불가능한 복잡성 78n.42, 130, 134-35, 138, 140, 143, 181, 231

회색가지나방 156-57, 231n.8

효소 124-26

후기 경험주의 256

후성유전 168, 178-79, 184, 228

흔적 구조(기관) 166-67, 231n.8

플란팅가, 앨빈(Plantinga, Alvin) 260
플랑크, 막스(Planck, Max) 174n.40

ㅎ

하스마, 데보라/로렌(Haarsma, Deborah & Loren) 31n.5, 66,
햄, 켄(Ham, Ken) 50n.10, 70n.32, 71-72, 111, 234nn.10,11, 259n.3
허블(Hubble, Edwin) 89-90
험프리스, 러셀(Humphreys, D. Russell) 72, 112n.42, 228n.5
헥켈, 에른스트(Haeckel, Ernst) 164-65
호트, 존(Haught, John) 61

한눈에 보는 기원 논쟁

우주, 생명, 종, 인간의 시작에 관한 여섯 가지 모델

Copyright ⓒ 새물결플러스 2016

1쇄발행_ 2016년 8월 12일

지은이_ 제럴드 라우
옮긴이_ 한국기독과학자회
펴낸이_ 김요한
펴낸곳_ 새물결플러스
편   집_ 왕희광·정인철·최율리·박규준·노재현·최정호·한바울·유진·신준호
디자인_ 서린나·송미현·박소민
마케팅_ 이승용·임성배
총   무_ 김명화·최혜영
영   상_ 최정호·조용석

아카데미_ 유영성·최경환·황혜전

홈페이지 www.hwpbooks.com
이메일 hwpbooks@hwpbooks.com
출판등록 2008년 8월 21일 제2008-24호
주소 (우) 07214 서울특별시 영등포구 양평로 11, 5층(당산동5가)
전화 02) 2652-3161
팩스 02) 2652-3191

ISBN 979-11-86409-68-8 93230
책값은 뒤표지에 있습니다.

이 도서의 국립중앙도서관 출판예정도서목록(CIP)은 서지정보유통지원시스템 홈페이지
(http://seoji.nl.go.kr)와 국가자료공동목록시스템(http://www.nl.go.kr/kolisnet)에
서 이용하실 수 있습니다(CIP제어번호: CIP2016018746).